U0916873

高等学校规划教材

GAODENG XUEXIAO GUIHUA JIAOCAI

XIANDAI FANDIAN JINGYING GUANLI

现代饭店经营管理

主　编　秦远好

副主编　刘德秀

陈绍友

西南师范大学出版社

XINAN SHIFAN DAXUE CHUBANSHE

主编简介

秦远好 男，汉族，四川乐至人，博士，教授，硕士生导师，西南大学经济管理学院旅游管理系主任。曾任重庆市北碚区旅游局副局长，现兼任民革北碚区委主委，北碚区政协副主席。近年来致力于饭店管理和旅游环境管理的研究，先后在《光明日报》理论版、《学术论坛》、《经济地理》、《水土保持学报》等重要学术刊物或国际学术会议上发表《我国旅游企业如何应对"入世"的挑战》、《饭店顾客服务质量期望研究》、《饭店服务质量期望差距管理研究》、《重庆市旅游饭店业的现状与对策研究》、《旅游业与贫困地区的"新农村"建设》、《旅游业的环境影响研究》等学术论文20余篇，其中"A Study on Managing the Gaps of Hotel Service Quality Expectations"被EI、ISTP检索。主持主研重庆市社科规划项目《三峡库区旅游业的环境影响及控制系统研究》及其他纵、横向项目近20项，编著出版《现代饭店服务管理》，主审教材《旅游心理学》等。

序

厉无畏

现代饭店是为宾客提供住宿、餐饮、购物、休闲娱乐和其他服务的综合性服务企业，是一个国家和地区旅游产业或服务业的重要组成部分。饭店业的发展程度不仅体现着一个国家或地区旅游产业的规模与发展水平，而且反映了一个国家或地区的经济发达程度。

饭店经营管理从本质上讲是饭店在有效的市场研究，认清自身面临的市场环境和顾客的需求状况，确定饭店的经营宗旨与目标的基础上，科学地组织和调配人力、物力与财力，开发饭店服务与产品，形成有效的接待能力，最大限度地满足市场需求，扩大市场占有率，实现饭店既定经营宗旨与目标的一系列活动。在饭店的经营管理过程中能否抓住和抓好主好业务的经营管理问题不仅影响饭店全局的运营管理，而且直接关系到饭店的兴衰成败。为此，本书的作者在全面介绍饭店行业的发展历程与趋势、饭店经营管理的理论基础、饭店经营管理思想与方法以及饭店经营管理目标与任务的基础上，将饭店的三大主营业务部门——房务部、餐饮部和康乐部的经营管理活动作为全书的主线，全面探讨饭店主营业务部门的经营管理的理论与方法体系，并以对三大主营业务部门的运营产生直接影响的综合职能部门的管理理论与实践作为主营业务经营管理的支持系统，不仅在理论架构与方法体系上有别于现有的饭店管理书籍，而且抓住了饭店经营管理的核心与实质问题，从而使本书具有更强的理论与实践指导意义，能更好地满足高等院校旅游管理专业的课程体系改革和饭店行业经营管理实践的需要。

（厉无畏：研究员、博士研究生导师、全国人大常委会委员、民革中央副主席、上海社科院部门经济研究所所长）

CONTENTS 目录

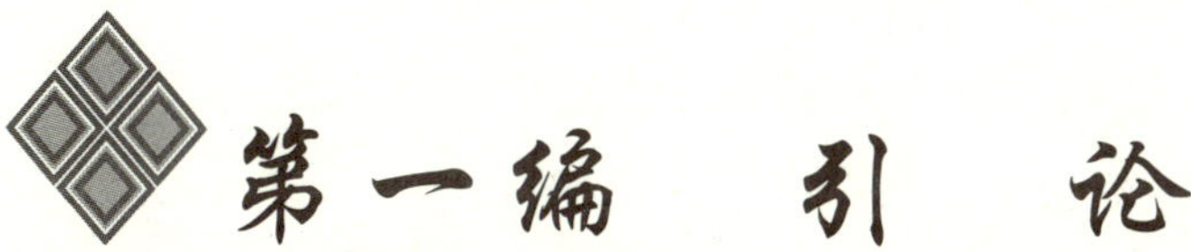

第一编　引　论

现代饭店业为旅游者提供住宿餐饮、休闲娱乐和购物等服务，可满足旅游者的食、住、娱、购等多方面的需求，是一个国家或地区旅游产业的重要组成部分。饭店业的发展程度不仅体现着一个国家或地区旅游产业的规模与发展水平，也体现着一个国家或地区的经济发达程度。因此，在探讨现代饭店业的经营管理活动时，我们首先应当了解和认识饭店业的基本状况、发展规律与发展方向，把握饭店业经营管理活动的基本理念、规律与方法。

本编主要内容

◎饭店业概览

◎饭店经营管理概论

第一章　饭店业概览

饭店业是一个国家或地区旅游产业的重要组成部分，也是解决旅游者食宿、学习工作、休闲娱乐的重要场所。饭店经营管理者在经营管理过程中有必要全面认识和了解饭店行业的基本状况与发展方向。因此，本章围绕饭店及其功能，饭店业的历史、现状与发展趋势，饭店的等级与类型以及饭店集团等问题展开讨论，力求展现饭店业的基本面貌。

第一节　饭店及其功能

一、饭店及其必备条件

（一）饭店的内涵

饭店（Hotel）一词源于法语，原指达官贵人在乡间招待客人的别墅、公馆等，是法国富人、名流聚集的地方。最初，饭店就是为顾客提供住宿和餐饮服务的场所。随着饭店业的不断发展，饭店业的活动内容也越来越丰富，现代饭店已发展成为集吃、住、游、购、娱乐、通信和商务为一体，能满足各类顾客不同需求的综合体。

由此可见，饭店是依托一定的建筑物和相关设备，通过为顾客提供食宿和其他服务而获取收益的经济实体。

（二）饭店的必备条件

饭店是一种以提供住宿、饮食为主要经营业务的经济实体或企业组织。尽管在社会经济和旅游业的发展变化进程中，饭店也发生了很大变化，但饭店要进行有效经营，必须具有以下基本条件。

一是饭店必须有由一个或一群建筑物所组成的服务设施，它们构成饭店产品的实物部分，是饭店赖以存在的物质基础，在饭店经营中起着促进销售、提供服务条件的基础性作用。

二是饭店必须具有提供以住宿、餐饮、娱乐等为主的综合性服务体系，这是饭店产品的核心部分，在饭店的经营过程中起着主导作用。

三是作为一个自主经营、自负盈亏的经济实体，要在承担一定社会责任的前提下，确立以追求经济利益为目的的经营目标，谋求合理的利润，促进饭店的自我积累和发展。

四是饭店必须是经政府批准的具有合法经营资格的经济实体。

二、饭店的功能

随着社会经济的发展和消费者需求的不断变化，饭店的功能经历了一个逐步发展的过程，现代饭店在突出食宿核心功能的基础上逐渐融入反映社会需求和时代风尚的各种功能。

1. 食宿功能

食宿功能是饭店初始时期就已具备的一种传统性功能。这一功能要求饭店必须具有向客人提供舒适方便、安全卫生的居住和休息空间，供应可口的膳食，提供相关服务的功能。

2. 集会功能

集会功能要求饭店能为集会、文化交流和信息传播等活动提供场所和相关服务，现代饭店的会议设施和会议服务功能也在不断地完善和发展，满足着不同层次客人的需要，有些饭店已发展成为专门为会议展览等活动服务的会展型饭店。

3. 文化娱乐功能

文化娱乐功能表现在举办文化活动、提供康体康乐设施，实现客人的休闲和康体消费目的。随着生活水平的提高，人们对文化、娱乐、康体、休闲的要求越来越高，现代饭店逐渐成为人们文化交流、社交娱乐的高级场所。

4. 商务服务功能

商务服务功能要求饭店具有为客人的商务活动提供各种设施和服务的功能，它包括为客人的商业活动提供展览厅、写字间等操作场所，为客人提供程控电话、传真、上网工具等现代化的通信设施设备。

5. 购物服务功能

购物服务功能也是现代饭店的一个常见功能，饭店可以根据自身的特点和客源结构，组织一些适应客人需要的旅游纪念品、普通生活用品、高档消费品，以满足客人的日常生活和旅游购物之需。

6. 交通服务功能

现代饭店尤其是高档饭店通常要为客人提供市内交通工具，为客人提供火车票、船票、机票等交通客票的预订服务，免除客人的后顾之忧。

三、饭店业的地位与作用

1. 饭店业是旅游业的重要组成部分

首先，饭店是一个国家或地区旅游综合接待能力的重要构成要素。饭店的档次高低、规模大小、数量多寡，反映了一个国家(地区)旅游业的发展水平，是一个国家(地区)旅游接待能力的重要标志之一。其次，饭店是旅游收入的重要来源。现代饭店由于具备多种服务功能和提供多种服务项目，能满足旅游者食、住、行、购、娱等多方面的需要，其创收能力强，其收入在旅游收入中占相当大的比例。据统计，2005 年全国 11 828 家星级饭店拥有固定资产原值 3 756.04亿元，占全国旅游企业的 60.26%；创造的营业收入高达 1346.69 亿元，约占全国旅游总收入的 18%，占全国旅游企业营业收入的 42.13%；上缴税金 77.16 亿元，占全国旅游企业上缴税金的 53.6%。与此同时，现代饭店提供的服务性劳务具有就地的“劳务出口”的性质，因此，现代饭店成为赚取外汇和回笼货币的重要场所和手段。

2. 饭店业为社会创造就业的机会

饭店业属于劳动密集型行业，可以直接为社会广大青年提供就业机会。国外的经验表明，饭店每间客房可为 1.5 人提供就业岗位。按目前我国饭店的人员配备状况，平均每间客房配备 1.5～2 人。2005 年全国星级饭店的直接从业人员达 151.71 万人，约占全国旅游直接从业人员的 58.3%。同时，由于饭店的建造和经营活动的开展，需要建筑、商业、农副产品加工，以及煤、水、电等众多行业的配合，因此，饭店业的发展可为社会提供更多的间接就业机会。根据国际统计资料显示，高档饭店每增加一个房间，可直接或间接为 5～7 人提供就业机会，中低档饭店每增加一个房间，则可以为 4～5 人提供就业机会。

3. 饭店业具有明显的产业关联效应，可带动其他行业的发展

据有关资料统计表明，一家饭店住客近 60%的开支花费在饭店以外的社会其他行业，而且住客在饭店消费的物品大都是由社会其他相关行业提供的。因此，饭店业的发展，会间接地刺激建筑、装饰装修、家具制造、机械制造、轻工、纺织、化工、农业、食品加工、邮电通讯、能源以及交通运输等行业的发展。

4. 饭店业的发展促成社会消费方式和消费结构的变化

饭店是为旅游者和饭店所在地区居民提供食、住、行、购、娱等服务功能的重要场所，成为当地的社交活动中心。利用饭店提供的各种服务满足自身的工作与生活之需的人们会越来越多，从而促进人们消费方式和消费结构发生变化，刺激社会经济的发展。

第二节　饭店业的过去、现在与未来

一、饭店业的发展历程

(一)世界饭店业的兴起与发展

人类的旅行活动古已有之，为旅行者提供过夜休息、餐饮的设施便应运而生。从古代设备简陋的客栈，到今天的豪华饭店，饭店业已有 1000 多年的历史，其发展进程大约经历了以下 4 个时期。

1. 客栈时期(12～18世纪)

中世纪中后期,由于商业的发展,旅行和贸易的兴起,对客栈的需求大增,因此,客栈业得以迅速发展。代表这个时期典型特征的国家是英国。客栈时期饭店的特征是设备简陋,规模小,能满足客人住宿和饮食两项最基本的生理需求,不讲究舒适,更谈不上提供令人满意的服务。

2. 大饭店时期(18～19世纪末)

18世纪后期,欧美国家步入工业化时代,商贸活动急剧增加,饭店业迅速发展,世界饭店业进入了大饭店时期。19世纪50年代诞生的法国巴黎大饭店就是这个时期开始的标志。1794年,在纽约建成的首都饭店,有73套客房,富丽堂皇,俨然一座大宫殿。1829年,在波士顿建成的特里蒙特饭店被视为世界上第一座现代化饭店,该饭店设有前厅,方便客人入住登记;餐厅有200个座位,供应法式菜肴;拥有170间客房,房门可以加锁,客房内备有脸盆、水罐和肥皂等,从而为新兴的饭店行业确立了较为明确的行业标准。

大饭店建立在繁华的大都市,规模宏大,建筑与设施豪华,装饰讲究,服务一流,讲究礼仪,主要接待王公贵族、官宦和社会名流。投资者和经营者的目的不在于追逐经济效益,而在于通过和社会名流的交往来提高自己的社会地位和社会名望。饭店收费昂贵只是为了将接待对象限制于富有的上流阶层,并不进行经济核算和合理化的经营。

3. 商业饭店时期(20～20世纪50年代)

20世纪初,国际贸易和经济交往活动更加频繁,仅供特权阶层享用的豪华饭店已远远不能满足日益增长的商务往来需求。1908年,斯塔特勒在美国纽约州布法罗城建造了第一家由他自己设计并用他自己名字命名的斯塔特勒饭店,并把"提供普通民众能付得起费用的世界第一流的服务"作为经营目标,每套客房都带浴室(仅售1.5美元),这在当时是闻所未闻的。斯塔特勒提出"客人总是对的","饭店从根本上来说,只销售一样东西,这就是服务"等经营理念,从而开创了商业饭店时期。

在商业饭店时期,饭店管理发生了根本性变革。在管理中运用科学的管理方法,将图表、数字等定量管理手段运用到饭店管理中。第一次明确了饭店的产品就是服务,讲究服务质量,努力提高服务效率,在饭店建立标准化服务设施和实行程序化服务。饭店设施不再追求豪华,而把目标放在如何使顾客感到舒适上。

4. 现代饭店时期(20世纪50年代～现在)

"二战"之后,随着世界经济的复苏,航空运输及高速公路日益普及,人们在国内、国际旅游活动日益频繁,世界各国相继兴建了许多大型高层的现代化饭店,公路沿线的汽车旅馆星罗棋布,世界饭店业从此步入现代饭店时期,其主要特点表现为:

(1)服务对象大众化。"二战"后,由于旅游业的迅猛发展,饭店业除为商务旅游者服务外,更多的是为以观光度假为目的的普通旅游者服务。

(2)服务功能多元化。随着现代旅游业的迅猛发展,旅游者需求的多样化,饭店不仅是为客人提供食宿服务的场所,还要满足客人对娱乐、健身、购物、通信和商务等多种需求,饭店成为当地食宿、社交、会展、商务等活动的场所。

(3)饭店类型多样化。为了满足不同客源市场的需要,饭店业开始多样化发展,出现了多种类型的饭店,如商务饭店、度假型饭店、长住式饭店、会议饭店、汽车旅馆、BB家庭式饭店、青年旅馆等。

(4)饭店经营集团化。随着世界饭店业的发展和饭店业竞争的不断加剧,饭店业走上集团化的发展道路。一些有实力的饭店公司，以签订管理合同、授让特许经营权等形式，进行国内甚至跨国的连锁经营，逐渐形成了一大批使用统一名称、统一标识，在饭店建造、设备设施、服务程序和管理方式等方面实行统一标准的饭店联号公司。当今世界上的许多饭店被一些大的饭店集团所控制，如洲际酒店集团、圣达特饭店公司、希尔顿饭店公司、马里奥特国际饭店集团、凯悦国际饭店公司等。

表 1-1　世界饭店业发展阶段及其特征

发展阶段	市场	交通方式	位置	特征
客栈时期	传教士 宗教信徒 信使、商人 外交官	步行 骑马 驿车	古道边 车马道路边 驿站附近	1. 简陋仅提供基本食宿 2. 服务项目少，质量差 3. 声誉差，被视为低级行业 4. 不安全，常有抢劫发生
大饭店时期	贵族度假者 上层阶级公务者 旅行者	火车 轮船	铁路沿线 海港附近	1. 规模大、设施豪华 2. 服务正规，具有一定接待仪式不定规格的礼貌礼节
商业饭店时期	公务旅行者	汽车 火车 飞机	城市中心 公路沿线	1. 设施方便、舒适、清洁、安全 2. 服务健全，但较简单 3. 经营方向开始以顾客为中心，价格合理
现代饭店时期	大众旅游者	汽车 火车 飞机	城市中心 机场附近 铁路公路沿线 旅游胜地	1. 规模扩大，饭店集团占据着越来越大的市场 2. 类型多样化，开发了各种类型的住宿设施 3. 服务综合性，饭店提供住、食、旅游、通讯、商务、康乐、购物等服务

（资料来源：姚李忠，齐新征. 饭店管理实务. 合肥工业大学出版社 2005 年. 第 8～9 页）

（二）中国饭店业的兴起与发展

1. 中国古代的饭店设施

我国是世界上最早出现旅店的国家之一，早在西周时期，为了传递公文、满足来往的官员住宿以及少量的商业贸易需要，设置了许多驿站、客栈，当时就有“凡国野之道，十里有庐，庐有饮食；三十里有宿，宿有路室；五十里有市，市有候馆”的记载。元朝时，一些客栈和旅店的管理已有了一套比较完整的制度，如“将寄宿客人的姓名登记在一个簿子上，注明他来去的日期”等。

2. 中国近代饭店业

1840 年鸦片战争后，中国沦为半殖民地半封建社会，近代饭店业兴起。这一时期的饭店有 3 种类型：

（1）西式饭店，即由外国人投资建造和经营的饭店。这类饭店规模大、设备豪华、设施完善，专为贵族服务。据统计，到 1939 年，在北京、上海、南京、广州、天津、沈阳、汉口、长沙等 23 个城市中，已有外国资本建造和经营的西式饭店近 80 家。

（2）中西式饭店，即由中国工商业者投资兴建的兼具中西风格的饭店。这类饭店在建筑式样、店内设备、服务项目和经营方式上都受到了西式饭店的影响。20 世纪 30 年代，中西式饭店的发展达到了鼎盛时期，在当时的各大城市中，均可见到这类饭店。

（3）招商客栈，即中国传统的客店。近代交通工具尤其是铁路的兴建，刺激了中国传统客店的发展。据统计,在 1934 年全国各铁路线见于记载的客栈和饭店大约有 1 057 家。

3. 中国现代饭店业

新中国成立后,随着国民经济的恢复和发展,我国对一些旧的饭店进行了改造和扩建,一度促进了饭店业的发展。十年动乱时期,旅游业几乎处于停滞状态,饭店业也停滞不前。1978 年以来,随着我国对外开放政策的实行和商品经济的发展,我国饭店业进入了一个迅速发展的新时期,无论是行业规模或设施质量,还是经营观念或管理水平都已取得了长足的进步。到 2005 年底,我国星级饭店就已达到 11 828 家,客房 133.21 万间,床位 257.17 万张,固定资产原值 3 756.04 亿元,占全国旅游企业的 68.3%。20 多年来中国饭店业经历了以下几个发展阶段:

(1)起步阶段(1980～1988 年)。由于入境旅游的迅速发展,旅游饭店成为中国旅游业发展的瓶颈,各界都决心要大力发展旅游饭店,同时看好这个市场机遇,努力进入这个市场,使旅游饭店快速增长,饭店数由 1980 年的 203 家增加到 1988 年的 1 496 家,客房由 31 788 间增至 220 165 间。由于饭店的基数较小,所以每年增长包含的绝对量并不大。经过这一阶段的发展,饭店的瓶颈制约状况有所缓解。

为了满足旅游业高速增长的需要,饭店业的体制发生了重大变革。一些接待型的饭店纷纷摘掉了招待所的帽子,由事业单位转为企业,成为经营实体,与新建饭店一起成为我国饭店业的主体。随着外资饭店的开业和境外管理的引进,中国饭店业开始了从招待所式的管理向现代饭店管理的转变过程。从市场角度看,这一时期还处于产品观念阶段,一些饭店仍然有"皇帝女儿不愁嫁"的心态,等客上门是不少饭店的经营之道。

(2)起伏阶段(1989～1991 年)。由于 1989 年政治风波的影响,世界上一批发达国家对中国实行经济制裁,使旅游业蓬勃发展的势头突然跌入低谷,从而导致饭店业市场的大起大落。旅游饭店的增长速度显著下降,客房增长率从 1989 年的 21.5%降为 1990 年的 9.83%、1991 年的 9.28%、1992 年的 9.32%。与此同时,这一阶段也是市场秩序比较混乱、竞争比较无序的阶段,恶性竞争行为不断发生。

由于饭店经营者面临前所未有的市场压力,激烈的市场竞争迫使饭店将管理的重心转向强化内部管理、提高饭店档次和服务水平、增强市场竞争力上来。与此同时,国家旅游局根据形势发展的需要,在全行业推行了星级评定工作,这一工作的实施使我国的饭店在软硬件的建设上都有了对照标准。所以,这一时期既是我国饭店业增长速度减缓,也是以质的提高为核心内容的发展时期。

(3)腾飞阶段(1993～1996 年)。旅游饭店发展的黄金时期,饭店的发展速度较为迅速,饭店业市场增幅在 15%以上,经营效益稳步增长。

(4)经营效益下滑阶段(1997～现在)。这一时期,饭店的数量和规模大幅度增长。仅以星级饭店为例,1997 年全国共有 2 724 家,客房 40.35 万间,到 2005 年增加到 11 828 家,客房 133.21 万间。饭店数的年均增长率超过 20%,客房年均增长率高达 16.5%。1996～1998 年间饭店业共增加 7 万间客房,增长幅度高达 56.25%,而同期客源的增幅只有32.29%,由于供大于求,导致饭店之间过度竞争。从 1996～1998 年全国饭店的平均出租率和利润率逐年下降,1998 年开始出现全行业亏损,直到 2005 年全国星级饭店才基本摆脱全行业亏损的困境。

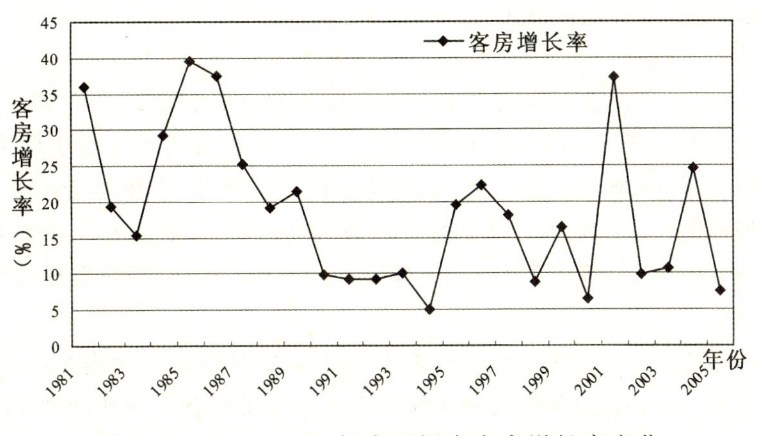

图 1-1　1981～2005 年中国饭店客房增长率变化

二、饭店业的现状及其发展趋势

（一）国际饭店业的现状及发展趋势

1. 国际饭店业的地区布局

世界饭店业分布的地区格局可以简单地表述为：欧洲和美洲是饭店业最为发达的两个地区，1995 年，这两个地区所拥有的客房数量分别占了世界总量的 44.36％和 35.86％；亚洲太平洋地区占 16.62％，非洲饭店业的规模很小，只占 3.16％。但从 1999～2003 年的客房数量变化来看，美洲饭店业的客房数量在世界客房总量中的比例虽然没有明显变化，但是已发展成为世界上拥有客房数量最多的地区，2003 年已拥有客房 619 万多间，占世界客房总量的 36.87％；欧洲则由 90 年代中期的世界总量第一，下降为世界总量第二，甚至 2003 年的客房量还低于 1995 年的客房量（558.3 万间），在世界客房总量中的比例至少减少 10 个百分点；而亚洲太平洋地区由于社会经济尤其是旅游产业的快速发展，饭店业的增长迅速，在世界饭店客房总量中的比例较 90 年代中期增长了 10 个百分点；非洲虽然 2003 年的客房量较 1995 年增长了 50％，但在世界客房总量中的比例增长不明显，仍然是世界上客房规模最小的地区（表 1-2）。

表 1-2　1999～2003 年世界各地饭店客房数量比较　　（单位：万间）

时间	非洲		美洲		亚太地区		欧洲	
	客房	占世界总量比（％）	客房	占世界总量比（％）	客房	占世界总量比（％）	客房	占世界总量比（％）
1999	51.45	3.35	547.10	35.62	410.65	26.74	526.52	34.29
2000	55.44	3.50	571.74	36.05	426.99	26.93	531.70	33.53
2001	57.46	3.58	588.28	36.67	420.87	26.23	537.86	33.52
2002	61.89	3.74	611.40	36.99	433.26	26.21	546.33	33.05
2003	60.47	3.60	619.75	36.87	445.95	26.53	554.53	32.99

［资料来源：世界旅游组织．世界旅游统计概览（1999～2003）．中国旅游出版社，2005］

2. 国际饭店业的主要运营模式

(1)独立饭店

独立饭店是指为个人或企业独立享有所有权并独立经营管理的饭店。这类饭店既不为联号所有,也不参加任何一个特许经营系统。由于独立饭店不是饭店联号的成员,也不能加入属于某一联号的统一预订系统,显得较为孤立。因此,在旅游者的心目中的品牌认同度较低,它们解决这一问题的办法就是加入饭店战略联盟,如世界一流饭店组织(Leading Hotels of the World)、最佳西方国际(Best Western International)等获得预订和营销支持。

(2)联号饭店

联号饭店是指属于某一饭店联号的饭店。这类饭店包括 3 种类型:①公司联号饭店(Corporate chain hotels)。这类饭店通常为饭店联号公司所有并管理,使用联号统一的品牌和标识,管理者来自联号内部。②特许经营联号饭店(Franchised chain hotels)。由不同的公司所有,联号只提供特许经营许可及技术支持,一般情况下,不对联号饭店进行管理。③管理合同联号饭店(Management contract chain hotels)。通常由不同的公司所有并统一由另一家公司(饭店管理公司)进行管理,通常没有统一的品牌。

3. 国际饭店业的经营扩张模式

(1)特许经营

特许经营的历史始于 1900 年里兹发展公司(Ritz Development Company)向纽约的一家饭店出售了第一份 Ritz-Carlton 品牌的特许经营许可。但国际饭店业中的大规模特许经营扩张始于 20 世纪 50～60 年代。特许经营的出让方提供品牌、生产及经营中必须遵循的方法和标准,提供组织及预订、营销方面的帮助,从而确保业务有效运行,并定期对受让方进行检查,以保证市场中同一品牌的饭店产品保持质量的一致性;以品牌为主要纽带将受许饭店吸收到饭店联号之中;而受让方的财产权和财务仍保持独立,不受饭店联号的控制。目前,国际饭店联号前 10 名中的圣达特(Wyndham Worldwide)、精品国际(Choice Hotels International)等都是单一的特许经营联号,他们所有的饭店都是通过特许经营的方式加入联号的。

表 1-3　2006 年特许经营饭店的 10 家公司中特许经营饭店的比例

排名	公司名称	特许经营饭店数	饭店总数	特许经营饭店所占比例(%)
1	Wyndham Worldwide	6344	6344	100
2	Choice Hotels International	5897	5897	100
3	InterContinental Hotels Group	3047	3606	84.5
4	Hilton Hotels Corp.	2115	2817	75.1
5	Marriott International	1707	2741	62.3
6	Accor	1046	4065	25.7
7	Carlson Hospitality Worldwide	884	992	89.1
8	Golden Tulip Hospitality/THL	465	498	93.4
9	Global Hyatt Corp.	399	731	54.6
10	Tharaldson Enterprises	349	349	100

[资料来源:Strauss, K. and M. Scoviak. Hotels'325. Hotel, 2006(7),39]

(2)管理合同

管理合同是指饭店所有者和饭店经营者之间的书面协定。饭店所有者雇佣经营者(通常是饭店管理公司)经营饭店,对饭店的经营和管理负全部责任。饭店管理公司包括隶属于饭店联号的饭店管理公司和独立饭店管理公司。饭店联号一般都拥有一家饭店管理公司,对联号下属的饭店进行管理。独立饭店管理公司主要为独立所有饭店或加入了特许经营联号但又没有接受联号管理的饭店提供管理服务,美国的里奇菲尔得饭店管理公司(Richfield Hotel Management, Inc.)就是世界上最大的独立饭店管理公司,管理着希尔顿、喜来登、雷迪逊等特许经营联号中的大量饭店。

近年来,饭店管理公司受到了饭店所有者不断提高的对经营业绩要求的压力,业主要求尽快提高饭店的业绩以在激烈的市场竞争中立足,要求尽快收回投资并不再愿意和饭店管理公司签订长期管理合同。

表 1-4　2006 年饭店管理公司管理饭店数前 10 名

排名	饭店公司名称	管理饭店数	饭店总数	管理饭店所占比例(%)
1	Marriott International	934	2741	34.1
2	Extended Stay Hotels	672	672	100
3	Varitage Hospitality Group (Americas Best Value Inn)	610	610	100
4	Accor	525	4065	12.9
5	InterContinental Hotels Group	504	3606	14.0
6	Starwood Hotels & Resorts Worldwide	378	845	44.7
7	Westmont Hospitality Group	360	360	100
8	Tharaldson Enterprises	349	349	100
9	Hilton Hotels Corp.	332	2817	11.8
10	Societe du Louvre(Starwood Capital Group)	321	819	39.2

[资料来源:Strauss, K. and M. Scoviak. Hotels'325. Hotel, 2006(7),39]

(3)所有并管理饭店

所有并管理饭店表现为饭店所有者自行管理饭店(即单体饭店)或由所有者对拥有的饭店进行管理,同时管理的饭店数量达到了两家以上,并形成联号。近年来,由于所有并管理的饭店在规模扩张时通常采取兴建或购买饭店的方式,需要大量的资金,不像采取特许经营和管理合同方式的公司,可以快速扩张,一些历史悠久的所有并管理饭店的联号如美国的汽车饭店 6(Motel 6)和红屋顶客栈(Red Roof Inns)也纷纷采用特许经营和合同管理的方式扩张。单体饭店由于由没有饭店管理经营经验的非专业人士(那些富有的投资者和机构)进行管理,其经营管理水平较差,目前,这类饭店也纷纷聘请专业的管理公司来管理饭店。

(4)租赁

这种经营管理方式是由承租人(饭店管理公司)向租赁方(饭店所有者)签订租赁合同,租赁期间由承租人向租赁方支付一定数量的固定租金,饭店的所有者只对饭店资产保留所有权,而资产使用权、经营权让渡给承租人。于饭店管理公司而言,这种经营方式有很大的风险，不像特许经营和管理合同那样可以给公司带来稳定的收入。因此，在国际饭店业中采取租赁经营的方式比较少。

(5)拥有部分股权的管理合同

一些饭店管理公司在和饭店业主签订管理合同的同时购买饭店的部分股权。这种方式的优点在于将管理公司和饭店捆绑到一起，饭店管理公司可以参与到饭店业主的决策中，防止饭店业主做出不利于管理方的决策。同时，在饭店的战略计划制定过程中起关键作用，减少战略决策失误而给业主和管理方带来损失的可能性。

在不同国家和地区，饭店的经营模式有较大的区别。美国和加拿大的饭店多采用特许经营方式，欧洲尤其是西班牙和英国主要采用所有并管理饭店的经营方式，而亚洲国家多依赖于管理合同。租赁和拥有部分股权的管理合同的方式在世界范围内都只占了很小的比例。

4. 国际饭店业的发展趋势

(1)联号经营成为主导性发展方向

在饭店业发展初期，许多饭店是家族所有并自行经营管理的，而现在饭店联号所经营的饭店数量巨大。1998 年全世界前 100 名饭店联号所经营的饭店为 29 460 家，拥有客房 368.9 万多间，到 2005 年增加到 43 832 家，客房 578 万多间，分别增加了 48.78%和 56.68%。2006 年美国的前 25 家联号经营的饭店 23 905 家，拥有客房 287.9 万间，分别占美国饭店和客房总量的 50.23%和 65.41%。

表 1-5　2006 年世界饭店联号前 10 强

排名	集团名称	总部所在国	饭店(座)		客房(间)	
2006			2006	2005	2006	2005
1	Intercontinental HG	英国	3 606	3 532	537 533	532 701
2	Cendant	美国	6 344	6 396	532 284	520 860
3	Marriott Intl	美国	2 672	2 564	485 979	469 218
4	Accor	法国	4 065	3 973	475 433	463 427
5	Hilton Corp.	美国	2 747	2 228	472 720	354 668
6	Choice	美国	5 132	4 987	417 631	403 806
7	Best Western	美国	4 195	4 097	315 875	308 131
8	Starwood Hotels	美国	845	733	257 889	230 667
9	Carlson Hospitality	美国	922	890	147 129	147 093
10	Global Hyatt	美国	738	355	144 671	111 651
	总 计		31 266	29 755	3 787 144	3 542 222

(资料来源：The 2006 Ranking of the Top 10 Hotel Groups Worldwide. http:// www.hotel－online.com/)

(2)多品牌战略扩张

在没有实行多品牌战略以前，由于每一家饭店的市场定位不同，同一品牌的饭店往往提供的是差别极大的产品，这严重地模糊了消费者对饭店形象的认知。为了解决这一问题，许多饭店联号采取在不同的细分市场采用不同品牌的多品牌战略，使每一类饭店有自己独特的品牌和标识，和饭店联号内的其他饭店区分开来。如马里奥特饭店品牌中的庭院饭店(Courtyard)和仙境客栈(Fairfield Inn)的服务对象是价格敏感度较高的中低收入者，马里奥特饭店/度假饭店/全套间饭店(Marriott Hotels/Resorts/Suites)分别是高档饭店/度假饭店/长住饭店。

表 1-6　2006 年世界前 5 名饭店联号及其品牌

饭店联号	排名	品 牌
Inter-Continental Hotel Group	1	Candlewood, Centra, Crowne Plaza, Forum Hotel, Holiday Inn, Holiday Inn Express, Holiday Inn Garden Court, Holiday Inn Select, Hotel Indigo, Inter Continental, Parkroyal, Posthouse, Staybridge Suites, Sunspree Resorts & Toby Hotels.
Cendant Corporation	2	Amerihost Inn, Days Hotel, Days Inn, Days Serviced Apartments, Howard Johnson, Howard Johnson Express, Knights Inn, Ramada, Ramada International Plaza, Ramada International Hotels & Resorts, Ramada Limited, Ramada Limited, Ramada Plaza, Super 8, Thriftlodge & Travelodge.
Marriott International, Inc.	3	Courtyard, Fairfield Inn, Marriott Conference Centers, Marriott Executive Apartments, Marriott Hotels and Resorts, Renaissance Hotels & Resorts, Residence Inn, SpringHill Suites, The Ritz－Carlton & TownPlace Suites
Choice Hotels International, Inc.	4	Clarion, Comfort Inn, Comfort Suites, Econo Lodge, MainStay Suites, Quality, Quality Suites, Rodeway Inn, & Sleep Inn
Hilton Hotels Corporation	5	Conrad, Doubletree, Doubletree Club, Embassy Suites, Embassy Vacation Resort, Hampton Inn, Hampton Inn Suites, Hilton, Hilton Gaming, Hilton Garden Inn, Homewood Suites & Scandic Hotel

（资料来源：Top 50 Hotel Companies. http://www.ahla.com/）

(3)国际化经营程度越来越高

“二战”结束以后，由于国际航空业和洲际旅游业的快速发展，使饭店业走上了国际化经营的道路。起步虽晚，但发展速度惊人，到 2006 年，洲际、喜达屋、希尔顿、雅高等饭店集团管理的饭店分布的国家都在 90 个以上(见表 1-7)。

表 1-7　2006 年前 15 名饭店分布国家最多的饭店管理公司

排名	饭店公司名称	分布国家数	排名	饭店公司名称	分布国家数
1	InterContinental Hotels Group	100	9	Rezidor SAS Hospitality	49
2	Starwood Hotels & Resorts Worldwide	95	10	Golden Tulip Hospitality/THL	47
3	Hilton Hotels Corp.	93	11	Gobal Hyatt Corp.	43
4	Accor	92	12	Choice Hotels International	42
5	Bestwest International	78	13	Club Mediterranean	40
6	Carlson Hospitality Worldwide	69	14	Four Season Hotels & Resorts	32
7	Marriott International	67	15	TUIAG/TUI Hotels & Resorts	30
8	Wyndham Worldwide	50			

[资料来源：Strauss, K. and M. Scoviak. Hotels'325. Hotel,2006(7),38]

(4)经济型饭店迅速增长

近年来，经济等饭店在欧美地区发展较为迅速。以美国为例，从 1987～1998 年间经济型饭店的数量从 42 万多间增加到 72 万多间，增长了 73.8%；同一时期，高档饭店的增长仅为 26.4%，其营业收入占美国饭店业的 64%，在美国零售业中排位第三。2000 年美国的经济型饭店占美国饭店总量的 57%，1998～2001 年经济型饭店的营业收入上升了 21%，客房供给与需求量分别增长了 11.1%和 11%。许多大的饭店公司为了进入经济型饭店这一细分市场，对主要的经济型饭店联号进行并购。1992 年在美国饭店业排名前 15 位的联号中的经济型饭店公司都被其他的多样化公司(指同时在不同档次的细分市场中都有业务的公司)收购,如天天客栈(Days lnns of American)和超级汽车饭店8(Super 8 Motels)、汽车饭店6(Motel 6)和红屋顶客栈(Red Roof Inns)就分别为膳宿特许经营系统(HFS,圣达特的前身)和雅高兼并。

除凯悦和最佳西方等少数主要经营高档饭店的联号以外,世界上规模最大的饭店公司基本上在其品牌系列中都包括了一个甚至多个经济型饭店品牌(见表1-8)。如雅高集团中的Ibis、Etap、Formulel、Red Roof、Motel 6都是经济型饭店,2002年该集团的经济型饭店占其总量的55%。

表1-8 2005年世界经济型饭店品牌及规模统计

品牌	饭店数(家)	客房数	排名	所在饭店集团	集团排名
假日饭店(Holiday Inn)	1484	278 787	1	洲际	1
舒适客栈(Comfort Inns)	2415	182 034	2	精选国际	5
天天客栈(Days Inns of American)	1872	15 3701	3	圣达特	2
汉普顿客栈(Hampton Inn)	1290	130 398	4	希尔顿	6
快捷假日(Express Holiday Inn)	1512	126 035	5	洲际	1
速8(Super 8 Motel)	2076	125 844	6	圣达特	2
品质客栈(Quality Inns)	966	98 432	7	精品国际	5
汽车饭店6(Motel 6)	893	92 949	8	雅高	4
宜必思(Ibis)	692	75 606	9	雅高	4

(资料来源:2005年全球经济型酒店品牌排行榜. http://www.inn.net.cn/)

(5)并购成为饭店发展的基本手段

收购兼并愈来愈成为大企业进入某一地区的手段。国际化经营趋势使更多的饭店公司认识到,要成为一家世界范围内的大饭店公司,仅在一个或几个地区展开经营是不够的,必须尽快向某些市场中的空白地区扩张,而通过收购兼并就成为这种进入目标的主要手段。1998年以英国的巴斯为母公司的美国的假日公司(Holiday Hospitality Corp.)耗资0.814亿美元,购买了澳大利亚的4家饭店,实现它在澳大利亚和新西兰的5年战略扩张。同年,美国的爱国者美洲公司(Patriot American Hospitality Inc.)在美国和加勒比海地区以外进行了第一次并购,用1.5亿美元购买了英国的阿卡蒂安国际公司(Arcadian International PLC.),获得了进入欧洲的机会。富豪国际饭店集团(Regal Hotels International)通过购买并改造更新于1996年大规模进入美国市场,在洛杉矶、芝加哥、波士顿及二级市场中的一些城市购买了饭店,并继续沿着购买的模式前进,在美国市场寻找300间客房以上中高档星级的饭店。近年来国际饭店业的并购行为主要有以下几个显著特点。

①并购的金额越来越大。近十几年来,饭店业中的收购兼并不仅仅局限于某一饭店集团对某一家饭店的收购,而是更多地表现为饭店联号之间的收购兼并。这种饭店联号之间的兼并收购数额巨大,涉及金额动辄上亿美元,甚至数十亿美元。这说明世界饭店业逐渐被规模巨大的少数几家饭店联号所控制,越来越多的客房不断地集中到少数饭店联号手中。据不完全统计,1987～1999年间发生的并购金额超过10亿美元,饭店并购案至少有18宗,其中Park Place Entertainment购买Caesars耗资30亿美元。

②产品线、品牌线收购增加。饭店集团采用同一类型饭店产品和品牌系列的收购扩张,以调整和完善现有饭店的经营结构。巴斯、雅高等大型饭店集团的发展正是沿着这一趋势推进的。雅高对红屋顶客栈和汽车饭店6的收购,就是为了完善雅高在经济型饭店的产品和品

牌系列以及扩大饭店规模而进行的。通过一系列的兼并活动，雅高的品牌渗透到了90多个国家，进入了从一星级到五星级的几乎每一个细分市场。1998年3月，在巴斯(Bass)参与的一次收购活动中，巴斯的皇冠广场饭店联号将增加25家饭店，从而提高了巴斯的这一高档品牌的实力，改善巴斯主要集中于中档饭店的一贯定位。这说明，除了为了获得某种规模经济方面的兼并收购以外，许多大的饭店联号从企业发展战略着手，利用兼并收购开始对企业的经营结构进行完善和调整。

③对不包括不动产的品牌的收购增加。进入20世纪90年代，特许经营和管理合同两种饭店公司扩张方式日益流行，饭店业的收购兼并带来了新的趋势。当某一家从事特许经营和饭店管理的联号被收购时，往往不涉及不动产产权的转移，只是对以品牌为代表的一系列知识产权和经营权利的收购。假如当某一家饭店联号不能在短时间内建立品牌而又确实希望进入某一市场，则往往通过购买品牌的方式达到目的。

④跨国收购加剧。20世纪80年代末期，日本的Seibu/Saison Group购买洲际饭店(Inter—Continental Hotels)，英国的巴斯(Bass PLC)和莱德布洛克(Ladbroke Group PLC)对假日和希尔顿国际(Hilton International)的收购是国际间最早的大规模并购活动。此后，国际间的饭店兼并收购行为不断增加。雅高(Accor)收购的两家经济型饭店红屋顶客栈(Red Roof Inns)和汽车饭店6(Motel 6)都是美国公司；1998年4月，纽约的黑石饭店投资公司(Black Stone Hotel Investment)花费8.6亿美元买下了伦敦的萨伏依(Savoy Group)的5家饭店。通过跨国收购活动，洲际、喜达屋、希尔顿、雅高等饭店联号管理的饭店分布的国家都在90个以上。

(二)中国饭店业的现状及其发展

到2005年末，全国共有星级饭店11 828家，拥有客房133.21万间，床位257.17万张，固定资产3 756.04亿元，员工151.71万人，全员劳动生产率为8.88万元/人，客房出租率60.96%，年营业总收入1 346.69亿元，上缴税金77.16亿元。全国饭店行业呈现出以下几个显著特点。

(1)中低档次和中小规模饭店占据主导地位

改革开放初期，我国饭店业为了适应海外旅游者的需要，兴建的多是单体规模较大，档次较高的饭店。随着国内旅游的繁荣和满足国内旅游者的消费需要，近年来中小规模和中低档饭店发展迅速，并逐渐占据了主导地位。2005年全国11 828家星级饭店中，高档饭店(四、五星级)拥有客房34.69万间，约占全国星级饭店客房总量的26%，而三星级以下的中低档饭店拥有客房98.52万间，占全国星级饭店客房总量的74%；大型饭店(客房数在500间以上)共有客房8.14万间，约占全国星级饭店客房总量的6%；中小型饭店(客房数499间以下)的客房数125.07万间，占全国星级饭店客房总数的94%。

(2)空间分布呈阶梯状态

中国饭店业发展水平与地区社会经济发展程度和旅游业的发达程度具有密切联系，在空间分布上呈现出明显的三级阶梯状态：第一阶梯是位于东部沿海经济发达地区，第二阶梯是中部地区，第三阶梯是西部经济落后地区，整体态势是东多西少。2005年全国11 828家星级饭店中，东部沿海11个省市拥有5 933家，客房747 355间，床位1 411 771张，分别占全国星级饭店总量的56.11%和54.90%；中部8个省拥有2 782家，客房269 257间，床位559 198张，分别占全国星级饭店总量的20.21%和21.74%；西部12省市区拥有3 113家，客房315 471间，床位600 695张，分别占全国星级饭店总量的23.68%和23.36%。

(3)由卖方市场转向买方市场,市场竞争激烈

由于在建饭店持续增加和房地产、培训中心及社会旅馆转项等因素导致了饭店数量的快速增长。20世纪80年代,每增加10万间客房需4～5年时间,但在1994年以后,几乎每年增加近10万间客房。尽管国际国内旅游客源对饭店的消费需求也在逐年增长,但增长速度相对缓慢,过快的饭店供给增长导致供给大于需求,造成供求失衡,市场竞争加剧。我国饭店业由20世纪90年代中期以前的卖方市场转向了买方市场,再加上国际竞争国内化、国内市场国际化等因素的影响,饭店行业内的价格竞争十分激烈,房价持续走低,饭店行业的平均利润率不断下降。1994年中国饭店的平均利润率为9.82%,1995年降为6.55%,1996年降为4.6%,1997年降为1.1%,1998年后出现行业性整体亏损,直到2005年饭店行业才扭亏为盈,终结了全行业利润率负增长的局面。

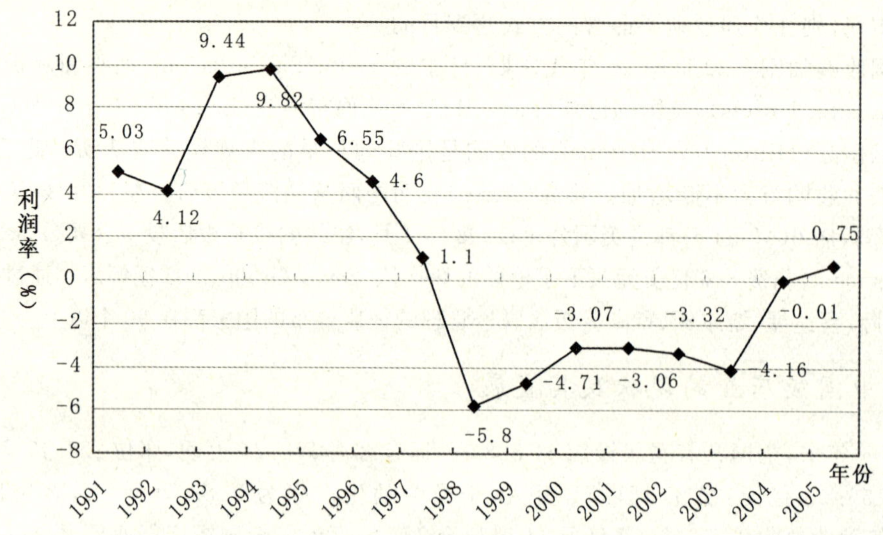

图1-2 1991～2005年中国饭店业利润率变化趋势

第三节 饭店的类型与等级

一、饭店的类型

饭店的类型是由饭店的经营规模、经营性质、投资费用、投资来源、计价方式和客源市场性质等多种因素决定的,依据的分类标准不同,饭店的类型划分也有一定的差异。

(一)根据饭店特色及客源市场特点分类

1. 商务饭店

商务饭店以商务旅游者为主要服务对象,多位于城市中心区,靠近商业繁华地段。饭店外观讲究,内部设施高档豪华、富丽堂皇,不仅有一流的住宿、餐饮设施,而且配置了商务活动

所必需的各类服务项目和设备设施，如国际直拨电话、传真、互联网、电脑、录放机、幻灯机、投影仪、会议室、业务洽谈室、产品展销厅、各类餐厅、宴会厅、商务套房、行政楼层、商务中心、商务秘书、翻译人员等。健身房、游泳池、网球场、桑拿浴室等康乐设施也是这类饭店关注的重点。我国一些较有名的大型高档饭店，如北京的香格里拉饭店、长城饭店、西苑饭店，南京的金陵饭店，广州的中国大酒店、花园酒店、白天鹅宾馆，上海的花园饭店都属于这一类型。

2. 度假饭店

度假饭店以接待休闲度假旅游的客人为主，多位于海滨、名山、温泉、海岛、森林等自然环境优美的旅游胜地和风景区。这类饭店除了提供一般饭店所应有的服务项目以外，为招徕宾客，通常设有各种娱乐体育服务项目，如划船、潜水、冲浪、滑雪、骑马、狩猎、垂钓及高尔夫球、网球、台球、保龄球，等等。在我国南方一些城市已建起了一些非常典型的度假型饭店，其设施和服务已达到国际水平，如深圳的西丽湖度假村、香蜜湖度假村，珠海的珠海度假村酒店及长江宾馆、游乐中心等。

3. 长住饭店

长住饭店主要以接待长住的商务和度假客人为主，客人一般要和饭店签订一份协议或合同，具体写明居住的时间和饭店提供的服务项目。长住饭店的建筑布局与公寓相似但又有区别，客房多采用家庭式布局，以套房为主，配备客人长住所必需的家具、电器设备以及供客人自理饮食的厨房设备。

4. 会展饭店

会展饭店专门承接各种会议、展览活动，通常建在大都市，或交通方便的游览胜地，要求每一楼面均设置一个或多个会议厅或大的多功能厅，可根据需要用作会议厅、舞厅或宴会厅，有的饭店还设展览厅。这类饭店不仅要求提供舒适方便的客房和各种美味的餐饮，同时还要配备大小规格不等的会议室、演讲厅、展览厅等场所，以及相应的会议设备，如投影仪、扩音设施、录放像设备和视听设备等，接待国际会议的饭店还要求配备同声传译装置。会展饭店一般都配备工作人员帮助会议组织者协调和组织会议各项事务，提供高效率的接待服务。

5. 汽车旅馆

汽车旅馆常见于欧美国家公路干线上。早期，这类饭店设施简单，规模较小，有相当一部分仅有客房而无餐厅酒吧，以接待驾车旅行者投宿为主。现在，有的汽车旅馆不仅设施方面大有改善，且趋向豪华，多数可提供现代化的综合服务。美国的假日饭店集团、华美达饭店集团、霍华德·约翰逊集团等均拥有大量的汽车旅馆。

6. BB 家庭式饭店

BB(Beb and Breakfast)家庭式饭店是一种家庭式的可向客人提供住宿和早餐的饭店。“BB”是英文的缩写，意为“住宿和早餐”。它最早流行于欧洲，后逐渐传到美国。目前，美国各地都设有专门从事“BB”家庭式饭店订房服务的公司，旅游手册上也常有许多这种饭店的名称和电话号码，游客可提前预订房间。

（二）根据饭店规模分类

饭店规模一般是以饭店拥有的客房数来表示的。根据客房数量，国际上通常将饭店划分为 3 种类型。

1. 小型饭店

小型饭店通常指客房在 300 间以下的饭店，这类饭店提供一般性服务，房价较低廉，适合经济型旅游团居住。

2. 中型饭店

中型饭店是指拥有300～600间客房的饭店，它提供较齐全的设施和服务项目，适合中、高收入的客人入住。

3. 大型饭店

这类饭店一般拥有600间以上的客房，设施豪华，外观气派，内部装修极为考究，综合设施和服务项目齐全，一般都设有豪华的总统套间，适合豪华团队和商务客人居住。

（三）根据饭店计价方式分类

1. 欧式计价饭店

欧式计价是指饭店客房价格仅包括房租，不包含食品饮料等其他费用。我国及世界各地绝大多数饭店都采用此类计价方法。

2. 美式计价饭店

这类饭店的客房价格中包括房租，一日三餐的费用。目前，尚有一些地方偏远的度假型饭店归属此类。

3. 修正美式计价饭店

修正美式计价是指饭店客房价格中包括房租和早餐、午餐或晚餐中任意一餐的费用。这种计价方式的饭店在我国比较少见。

4. 欧陆式计价饭店

欧陆式计价是指饭店客房价格包括房租，以及欧陆式早餐费用。

5. 百慕大计价饭店

百慕大计价是指饭店客房价格包括房租，以及美式早餐费用。

二、饭店的等级

饭店等级是指一家饭店的豪华程度、设施设备水平、服务范围和服务质量。由于各国家、各地区之间饭店业的发达程度和出发点不同，各种等级制所采用的标准亦不尽相同。

（一）国际上常见的饭店等级制

目前据统计，世界各国共有80多种等级制，有的是各地饭店协会制定，有的是各国政府部门制定。由于各地区、国家间饭店业发达程度和出发点不同，各种等级制度所采用的标准不尽相同。法国的饭店分为“1～5星”五级，意大利的饭店采用“豪华、1～4级”五级制，瑞士的饭店依据价格的高低分为“1～5级”，奥地利的饭店使用“A1，A，B，C，D”五级制，而有的国家和地区采用“豪华、舒适、现代”或“乡村、城镇、山区、观光”或“国际观光、观光”等分等制，可谓形形色色。但在美国，由于复杂的政治和社会结构以及饭店业的千姿百态，至今尚未有统一的、被普遍接受的饭店等级标准，较有影响的则是美国汽车协会及美国汽车石油公司分别制定并使用的“五钻”和“五星”等级制（表1-9）。

表 1-9　世界部分国家饭店的等级制

国家	饭店等级名称与标识	制定执行机构
法国	五星、四星、三星、二星、一星	政府部门
	五屋、四屋、三屋、二屋、一屋	米哲林轮船公司
意大利	豪华、第一、第二、第三、第四	政府部门
奥地利	A1,A,B,C,D	饭店协会
英国	五皇冠、四皇冠、三皇冠、二皇冠、一皇冠、列名	政府部门
	五星、四星、三星、二星、一星、三玫瑰、二玫瑰、一玫瑰	英国汽车协会
爱尔兰	A+,A,B+,B,C+	政府部门
希腊	A,B,C,D,E	政府部门
挪威	乡村、城市、山区、观光	政府部门
以色列	五星豪华、五星、四星、三星、二星、一星	政府部门
美国	五星、四星、三星、二星、一星	美国汽车石油公司
	五钻、四钻、三钻、二钻、一钻	美国汽车协会

(二)中国饭店的星级与评定

1. 饭店星级的评定依据

饭店星级的高低主要取决于两个方面:一是饭店的硬件设施,包括饭店的建筑、外观、设施设备、装潢、布局、面积和环境等;二是饭店的软件,包括饭店的服务质量、服务与管理制度等。

为了适应我国旅游业的快速发展,提高旅游饭店的服务质量和管理水平,国家旅游局于1988年制定了《中华人民共和国评定旅游涉外饭店星级的规定》,并于1988年9月1日起执行;1993年9月1日国家技术监督局将《旅游涉外饭店星级的划分与评定》批准为中华人民共和国国家标准(GB/T14308—93),于同年10月1日起实施;1996年10月对其进行首次修订,于1998年5月1日起执行, 即GB/T14308—1997;2002年进行了第二次修订,并于2003年6月2日发布了《旅游饭店星级的划分与评定》(GB/T14308—2003),同年12月1日起执行,替代GB/T14308—1997。

2003年12月1日起实施的《旅游饭店星级的划分与评定》明确规定本标准适用于正式营业的各种经济性质的旅游饭店,即能够以夜为时间单位向旅游客人提供配有餐饮及相关服务的住宿设施。旅游饭店的等级用星的数量和设色表示,星级分为5个等级,即一星级、二星级、三星级、四星级、五星级(含白金五星级),最低为一星级,最高为白金五星级;预备星级作为星级的补充,其等级与星级相同。星级以镀金五角星为符号,用一颗五角星表示一星级,两颗五角星表示二星级,三颗五角星表示三星级,四颗五角星表示四星级,五颗五角星表示五星级,五颗白金五角星表示白金五星级。

饭店的星级评定工作是一项复杂的系统工程,我国旅游饭店星级评定依据的文件包括:《旅游饭店星级的划分与评定》;3个规范性附录,即《设施设备及服务项目评分表》(附录A)、《设施设备维修保养及清洁卫生评定检查表》(附录B)和《服务质量评定检查表》(附录C);1个资料性附录《服务与管理制度评价表》(附录D)。

饭店设施设备及服务项目的评价涉及饭店的地理位置、周围环境、建筑结构、功能布局、共用系统、前厅、客房、餐饮、会议展览设施及商务中心、公共及健康娱乐设施、安全设施、员工设施等 10 个方面。总分 610 分，各星级饭店应得的最低分数为一星级 70 分，二星级 120 分，三星级 220 分，四星级 330 分，五星级 420 分。

饭店设施设备维修保养及清洁卫生的评定涉及饭店的周围环境、楼梯、电梯厅、存衣处、走廊等公共场所，公共卫生间，前厅，客房，餐厅酒吧，厨房和公共娱乐及健身设施等 8 个方面。各星级饭店规定的得分率为一、二星级 90%，三星级 92%，四、五星级 95%。饭店的设施设备的维修保养及清洁卫生的评定除综合得分率达到规定外，在前厅、客房、餐厅(酒吧)、厨房和公共卫生间等 5 个部分也应达到相应的得分率，若其中任何一个部位达不到所申请星级规定的得分率，就不能获得所申请的星级。

饭店的服务质量评定涉及服务人员仪容仪表，前厅服务质量(态度、效率)，客房服务质量(态度、效率、周到)，餐厅(酒吧)服务质量(态度、效率、周到、规格)，其他服务(康乐服务、理发美容、商务服务、邮政电信服务、婴儿看护室及儿童娱乐室服务，商品服务、书店、鲜花店、歌舞厅服务、会议服务等)，饭店安全，饭店声誉和饭店服务综合效果等 8 个方面。各星级饭店规定的得分率为一、二星级 90%，三星级 92%，四、五星级 95%。服务质量的评定除综合得分率达到规定外，在服务人员的仪容仪表、前厅服务、客房服务、餐厅(酒吧)服务、会议康乐服务等 5 个部分也应达到相应的得分率，若其中任何一个部位达不到所申请星级规定的得分率，就不能获得所申请的星级。

饭店服务与管理制度的评价要求一、二星级饭店具备员工手册、组织结构图、主导性管理制度、部门化运营规范、服务和专业技术人员岗位工作说明书、工作技术标准说明书和其他可以证明饭店质量管理水平的证书或文件等 7 个方面。三星级饭店除具备一、二星级饭店要求的 7 项外还应当有服务项目、程序与标准说明书。四、五星级饭店在三星级的基础上又增加了与饭店的设施设备、空间区域的维修保养与清洁卫生有关的其他作业技术标准说明书。

2. 我国饭店星级评定的责任分工

我国旅游饭店星级评定工作由全国旅游星级饭店评定机构统筹负责，其责任是制定星级评定工作的实施办法和检查细则，授权并督导省级以下旅游星级饭店评定机构开展星级评定工作，组织实施五星饭店的评定与复核工作，保有对各级旅游星级饭店评定机构所评饭店星级的否决权。

省、自治区、直辖市旅游星级饭店评定机构按照全国旅游星级饭店评定机构的授权和督导，组织本地区旅游星级饭店的评定与复核工作，保有对本地区下级旅游星级饭店评定机构所评饭店星级的否决权，并承担推荐五星级饭店的责任。同时，负责将本地区所评星级饭店的批复和评定检查资料上报全国旅游星级饭店评定机构备案。

其他城市或行政区域旅游星级饭店评定机构按照全国旅游星级饭店评定机构的授权和所在地区省级旅游星级饭店评定机构的督导，实施本地区旅游星级饭店的评定与复核工作，保有对本地区下级旅游星级饭店评定机构所评饭店星级的否决权，并承担推荐较高星级饭店的责任。同时，负责将本地区所评星级饭店的批复和评定检查资料逐级上报全国旅游星级饭店评定机构备案。

3. 我国饭店星级评定的范围

凡在中华人民共和国境内，开业 1 年后的饭店可申请星级，经星级评定机构评定批复后，可以享有 5 年有效的星级及其标志使用权。开业不足 1 年的饭店可以申请预备星级，有效期为1年。

4. 我国饭店星级的申请

申请星级的旅游饭店，应执行《旅游统计调查制度》，承诺履行向全国旅游星级饭店评定机构提供不涉及本饭店商业秘密的经营管理数据的义务；应向相应评定权限的旅游星级饭店评定机构递交星级申请材料（饭店星级申请报告、自查自评情况说明及其他必要的文字和图片资料），申请四星级以上的饭店，应按属地原则逐级递交申请材料。

5. 饭店星级的评定规程

（1）受理

接到饭店星级申请报告后，相应评定权限的旅游星级饭店评定机构应在核实申请材料的基础上，于14天内做出受理与否的答复。对申请四星级以上的饭店，其所在地旅游星级饭店评定机构在逐级递交或转交申请材料时应提交推荐报告或转交报告。

（2）检查

受理申请或接到推荐报告后，相应评定权限的旅游星级饭店评定机构应在1个月内以明查和暗访的方式安排评定检查。检查合格与否，检查员均应提交检查报告。对检查未予通过的饭店，相应星级评定机构应加强指导，待接到饭店整改完成并要求重新检查的报告后，于1个月内再次安排评定检查。对四星级以上的饭店，检查分为初检和终检。

初检由相应评定权限的旅游星级饭店评定机构组织，委派检查员经暗访或明查的形式实施检查，并将检查结果及整改意见记录在案，供终检时对照使用；初检合格，方可安排终检。

终检由相应评定权限的旅游星级饭店评定机构组织，委派检查员对照初检结果及整改意见进行全面检查；终检合格，方可提交评审。

（3）评审

接到检查报告后1个月内，旅游星级饭店评定机构应根据检查员意见对申请星级的饭店进行评审，评审的主要内容包括审定申请资格、核实申请报告、认定本标准的达标情况、查验违规及事故、投诉的处理情况等。

（4）批复

对于评审通过的饭店，旅游星级饭店评定机构应给予评定星级的批复，并授予相应星级的标志和证书。对于经评审认定达不到标准的饭店，旅游星级饭店评定机构不予批复。

（5）星级的复核及处理

星级复核是星级评定工作的重要补充部分，其目的是督促已取得星级的饭店持续达标，其责任划分完全依照星级评定的责任分工。

对已经评定星级的饭店，旅游星级饭店评定机构应按照本标准及附录A、附录B和附录C进行复核，每年一次。

复核工作应在饭店对照星级标准自查自纠、并在将自查结果报告旅游星级饭店评定机构的基础上，由旅游星级饭店评定机构以明查或暗访的形式安排抽查验收。旅游星级饭店评定机构应于本地区复核工作结束后进行认真总结，并逐级上报复核结果。

对严重降低或复核认定达不到本标准相应星级的饭店，按以下办法处理：旅游星级饭店评定机构根据情节轻重给予签发警告通知书、通报批评、降低或取消星级的处理，并在相应范围内公布处理结果；凡在1年内接到警告通知书3次以上或通报批评2次以上的饭店，旅游星级饭店评定机构应降低或取消其星级，并向社会公布；被降低或取消星级的饭店，自降低或取消星级之日起1年内，不予恢复或重新评定星级；1年后，方可重新申请星级；已取得星级的饭店如发生重大事故，造成恶劣影响，其所在地旅游星级饭店评定机构应立即反映情况或在权限范围内做出降低或取消星级的处理。

饭店接到警告通知书、通报批评、降低星级的通知后，必须认真整改并在规定期限内将整改情况报告处理机构。

旅游星级饭店评定机构对星级饭店进行处理的责任分工依照星级评定的责任分工办理。全国旅游星级饭店评定机构保留对各星级饭店的直接处理权。

凡经旅游星级饭店评定机构决定提升或降低、取消星级的饭店，应立即将原星级标志和证书交还授予机构，由旅游星级饭店评定机构做出更换或没收的处理。

自 1989 年我国开始星级饭店的评定工作以来，饭店业的服务质量与经营管理水平大幅度提高，星级饭店不断增多。截止 2005 年底，全国共有旅游星级饭店 11 828 座，其中：五星级饭店 281 座，客房 10.65 万间，占全国星级饭店客房总数的 8.00%；四星级饭店 1 146 座，客房 24.04 万间，占 18.05%；三星级饭店 4 291 座，客房 54.22 万间，占 40.70%；二星级饭店 5 497座，客房 41.11 万间，占 30.85%；一星级饭店 613 座，客房 3.19 万间，占 2.40%。

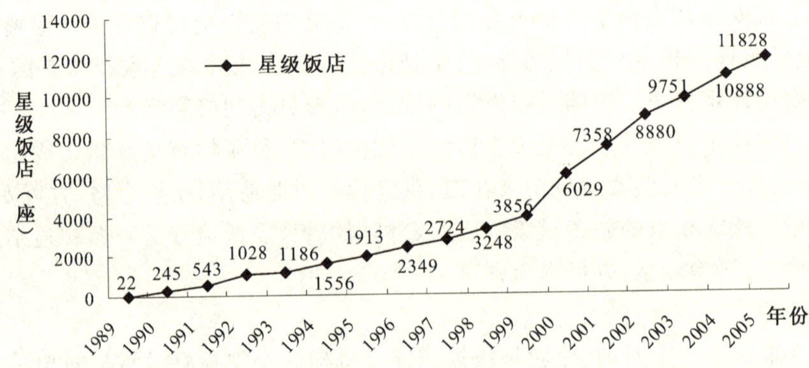

图 1-3　1989～2005 年我国星级饭店的增长情况

第四节　饭店集团

一、国外饭店集团的发展历程

（一）区域发展阶段

二战后，由于社会渐趋稳定，经济日趋繁荣，私人汽车和短途商用飞机日渐普及，直接刺激了国际商务和休闲旅游市场的蓬勃发展。为满足市场需求并获得更大的经济效益，一大批称雄于某一区域内或某一国界内的现代饭店集团在欧美地区应运而生。美国希尔顿集团于"二战"结束后不久为满足国内商务旅游市场的需求就从其发源地——美国南部德克萨斯州，逐步扩展到美国西部的洛杉矶和美国东部的纽约，到 20 世纪 50 年代末发展成为美国最大的以委托管理形式为主的饭店集团。假日饭店集团则是在战后美国州际高速公路网逐步完善的基础上，于 1953 年由其创始人凯蒙斯·威尔逊(Kemmons Wilson)通过特许经营方式在美国田纳西州的孟菲斯市成立的，20 世纪 50 年代末就一举成为美国最大的以特许经营形式为主的饭店集团，主要经营当时方兴未艾的汽车旅馆。由于这一时期各国的商务与休闲旅游大多局限于本国境内及周边邻国范围内，饭店集团基本处于巩固和发展其各自国内市场或周边区域市场阶段。这些饭店集团的出现，加速了饭店管理和饭店服务的标准化、规范化和程序化，也为饭店集团的洲际化、国际化发展奠定了坚实的基础。

(二)洲际发展阶段

20 世纪 60 年代，欧美的洲际民航业进入了辉煌发展的鼎盛时期。1958 年由泛美航空公司投入使用划时代的波音 707 喷气式客机，速度高达 605 英里/时，大大缩短了“地球村”内各国“村民”间的距离。1969 年波音公司推出载客量高达 300 人的波音 747 巨型客机，使跨国洲际空中旅行变为现实，商务和休闲旅游也从本土性和区域性向洲际性和国际性发展，于是，一些饭店集团纷纷将其扩展目标转向了国际市场。1960 年假日集团第一家境外饭店在加拿大蒙特利尔开业，1968 年假日集团进入欧洲市场，1973 年和 1974 年假日集团先后进入亚洲和南美市场，到 1975 年假日集团属下的饭店超过 1 700 家，短短 10 年内，饭店数增加了 2 倍多，实现了超常规快速发展。

(三)多元化经营的跨国集团发展阶段

随着交通工具的改善，国际商务与休闲旅游业的迅速兴起，给饭店业提供了更为广阔的市场空间，市场前景可观。一些国际上著名的航空、电报、电信公司以及其他行业的跨国公司在经济利益的诱惑下，纷纷投资或兼并那些已初具规模的饭店集团，实行跨地区、跨行业的多元化经营，以获得更大限度、更大范围的规模经济效益。其间，希尔顿国际饭店集团曾于 1967 年被美国环球航空公司兼并，喜来登国际酒店集团也于 1968 年被美国国际电话电报公司兼并。这些依托于其他行业跨国公司的饭店集团以其范围经济优势迅速占领了市场，开创了饭店业与其他行业强强联合的新时代。而尚未与其他行业的跨国公司进行联合的饭店集团，也纷纷走上了多元化经营的道路，假日集团从 1970 年开始明确规定将“从餐饮、住宿公司发展成与旅游、交通相关联的集团”，先后买下了“大陆之旅汽车旅行公司”和“三角洲轮渡公司”，最后在 1989 年又被英国最大的酿酒公司“巴斯”一举兼并，而今天的巴斯公司又并入了洲际集团。

二、国外饭店集团的主要类型

(一)饭店联号

饭店联号是指两家或两家以上在同一品牌下运转的饭店的联合体。从 1908 年斯塔特勒(Statler) 开始建立美国第一家商业饭店联号——Statler Hotel Chain 开始到二战结束前，主要的饭店联号如斯塔特勒、希尔顿、喜来登等基本上是通过购买不动产的方式来实现扩张，即联号公司拥有属下饭店的所有权。20 世纪 50 年代后，饭店联号开始以管理合同和特许经营方式对外扩张，到 20 世纪 90 年代中期，越来越多的饭店组织利用特许经营和管理合同方式发展规模。目前，国际上最大的饭店集团基本上是依靠管理合同和特许经营方式形成的。

从成员饭店同联号总部的所有权关系划分来看，饭店联号可分为3种类型。(1)公司所有型联号，即由一家母公司(同时也是饭店联号总部)拥有所有的成员饭店。(2)特许经营联号，即所有成员饭店都是通过特许经营协议和联号总部形成联结关系。(3)混合型饭店联号，即饭店联号中一部分成员饭店是母公司所有，另一部分则通过特许经营方式成为联号成员。在联号饭店中，公司所有型饭店联号饭店中的成员饭店大部分由母公司经营管理，而特许经营的联号饭店可由联号管理，也可由成员饭店自行选择管理者。

(二)饭店管理公司

饭店管理公司主要有2种类型。一类是联号管理公司，它依托于饭店联号而存在，既向联号拥有所有权的饭店提供管理服务，也向联号特许经营的饭店提供管理服务。一般情况下，这种饭店管理公司所管理的饭店具有相同的品牌，成员饭店既同联号签订特许经营协议，又与联号签订管理合同。另一类是独立饭店管理公司，兴起于20世纪60～70年代，它是不依托任何联号而独立存在、单纯提供管理服务的管理公司，在同拟接受管理的饭店签订管理合同的时候，不能够向饭店提供品牌及与品牌相关的营销和预订服务。因此，被独立饭店管理公司管理的饭店往往会同某个饭店联号另外签订一份特许经营合同，使用其品牌和预订系统。例如美国的州际饭店公司(Interstate Hotels Corp.)就是一家典型的独立饭店管理公司，其管理的饭店多达100余家，其中受特许的品牌超过了25个，包括马里奥特、希尔顿、喜来登、雷迪逊、假日皇冠等著名品牌。

(三)饭店公司

饭店公司是指拥有多个饭店联号的大型饭店组织，世界上规模最大的几个饭店组织，如Intercontinental Hotels Group，Cendant Corp.，Marriott International，Accor，Hilton Corp.，Choice Hotels International，Best Western等都是拥有数千家成员饭店的典型的饭店公司。由于饭店公司由多个饭店联号构成，因此，一个公司拥有的联号中有的可能是特许经营联号，有的可能是混合型联号，也有一些可能是公司所有型联号，但特许经营联号是多数饭店公司的主体和主导性发展方向。

(四)饭店联盟

饭店联盟(Hotel Consortia)是向成员饭店提供营销和销售服务为主的松散型饭店组织，是一种由加入该联盟的独立饭店构成的松散的饭店联合体。它或为成员饭店提供有限的品牌——营销服务(仅限于有统一品牌和标识的饭店联盟)，或向成员饭店提供与品牌相关的有限营销服务。饭店联盟一般都具有较长的发展历史，这类饭店联盟有世界一流饭店组织(Leading Hotels of The World)、世界小型豪华饭店(Small Luxury Hotels of the World Ltd.)、超国界饭店联盟(Supranational hotels)等。

20世纪90年代后期，由于信息技术渗入饭店预订和营销领域，基于信息技术的战略管理、预订、购买、顾客关系管理及电子商务等各种新技术对于饭店业的经营发挥着越来越重要的作用。在这种背景下，一些为单体饭店提供各种信息技术服务转化的饭店联盟迅速崛起。世界上最大的饭店联盟——飞马解决方案公司(Pegasus Solutions)就是向饭店提供一个全面普遍的电子化预订转换系统，将各个不同的饭店预订系统连接到主要的全球分销系统如萨伯(Sabre)和伽利略(Galieo)等上面，依靠强大的技术优势，运用各种信息技术手段为成员饭店提供营销——销售技术服务。

表 1-10　各类饭店集团的特征比较

饭店组织类别	主要联结手段	规模	组织紧密程度	组织有无对成员饭店管理权	组织边界灵活性	成员饭店有无统一品牌
饭店联号						
公司所有型联号	资本、管理、品牌及营销	较小	紧密	有	不灵活	有
特许经营联号	品牌及营销	大	较紧密	不一定	灵活	有
混合型联号	资本、管理、品牌及营销	大	较紧密	不一定	较灵活	有
饭店管理公司						
联号管理公司	管理合同	较大	较紧密	有	较灵活	有
管理合同	较小	较紧密	有	较灵活	一般没有	
饭店联盟	有限的品牌—营销	较大	较松散	无	灵活	有限品牌
	营销—销售技术服务	大	松散	无	灵活	无
饭店公司	资本、管理、品牌及营销;品牌及营销	大	紧密或较紧密	不一定	较灵活	有
饭店战略联盟	合作协议、合资企业	不一定	不一定	不一定	灵活	无

(五)饭店战略联盟

饭店战略联盟是一种互补型饭店组织,它是企业之间为达到共同拥有市场、共同使用资源等战略目标,在竞争中求合作、实现双赢的前提下,通过各种协议、契约而结成优势互补、风险共担的合作伙伴关系。1996 年,四季—丽晶饭店公司(Four Seasons－Regent Hotels and Resorts)和卡尔逊公司(Carlson Hospitality World Wide)建立了伙伴关系,共同发展、管理和营销所有的丽晶饭店。四季仍将运营和管理所有现存和新建的丽晶饭店,并为以后发展的饭店保持高水准的服务质量,而卡尔逊则获得了在世界范围内使用丽晶品牌的权利,从而获得了一个高档的饭店品牌,完善了在高端细分市场的品牌谱,四季则可以从所有新发展的饭店中得到一定比例的收入。这种合作既可以利用卡尔逊全球范围内的营销和预订网络更好地发展丽晶品牌,四季长期以来经营高档品牌的经验也有利于丽晶品牌的质量一致,这种战略联盟使卡尔逊公司和四季公司都从中获益。

三、饭店集团的优势

(一)市场优势

(1)利用集团的品牌形象和市场声誉吸引客人。饭店品牌知名度的高低,市场声誉的好坏,会直接影响旅游者的投宿选择。饭店集团往往在世界各地的品牌知名度高,享有盛名,旅游者有安全感(表 1-11)。譬如希尔顿、里兹-卡尔顿等品牌在世界各国旅游者心目中已成为"高质量"的代名词。假日饭店价格适中,尤以温馨、温情、温暖服务闻名于世,深受中等消费阶层客人的欢迎。

表 1-11　2006 年世界知名饭店品牌前 20 名

排名	品牌名称	所属集团	总部所在国	饭店(座)	客房(间)
1	Best Western	Best Western	USA	4 195	315 875
2	Holiday Inn	Intercontinental HG	GB	1 435	267 816
3	Marriott Hotels	Marriott International	USA	507	183 455
4	Comfort Inns & Suites	Choice	USA	2 418	182 473
5	Hilton Hotels	Hilton Corp.	USA	496	169 636
6	Days Inn of America	Cendant	USA	1 844	150 302
7	Hampton Inn	Hilton Corp.	USA	1 336	134 121
8	Sheraton Hotels	Starwood Hotels	USA	389	134 007
9	Express By Holiday Inn	Intercontinental HG	GB	1 590	133 554
10	Super & Motels	Cendant	USA	2 040	124 031
11	Ramada Worldwide	Cendant	USA	916	108 937
12	Quality Inn Hotels	Choice	USA	1 056	105 790
13	Courtyard	Marriott International	USA	692	99 669
14	Radisson	Carlson Hospitality	USA	415	96 135
15	Hyatt Hotels	Global Hyatt	USA	214	95 145
16	Motel 6	Accor	FRA	905	93 946
17	Mercure	Accor	FRA	738	87 233
18	IBis	Accor	FRA	720	78 780
19	Novotel	Accor	FRA	398	69 255
20	Crown Plaza	Intercontinental HG	GB	235	65 404

(资料来源：The 2006 Ranking of the Top 10 Hotel Groups Worldwide. http:// www. hotel－online. com/)

(2)拥有先进的客源预订网络。饭店集团的预订系统通过电脑把本集团在世界各地的成员饭店连在一起，客人可以利用预订系统事先订好旅行目的地饭店的客房，从而不必担心在旅行目的地的住宿问题。集团内成员饭店之间可以互相推荐客源，从而为成员饭店提供了更广泛的客源渠道。

(3)强大的宣传推销优势。宣传推销是饭店占领市场和巩固市场的重要手段，饭店集团有更大的可能和实力组织世界范围的宣传推销活动，为成员饭店开辟更为广阔的市场空间。

(二)财务优势

(1)容易筹集资金。饭店集团在财务方面的优势主要表现在筹集资金方面。一般来讲，饭店集团实力雄厚，不动产资本庞大，集团信誉及资信良好，因而它更容易从金融机构或其他途径得到贷款或资金。在美国，这些以集团形式经营的连锁饭店可能会得到利息较低的贷款。

(2)得到集团的资金支持。集团以入股、控股、合资、合作、贷款、集资等形式在资金上支持饭店。集团对其成员饭店有责任和义务协助它们盈利，以防止出现财务困境。一旦成员饭店发生经济危机，集团也会千方百计给予支持，防止其倒闭。

(3)促进财务制度完善。饭店集团在长期的经营活动中，逐渐形成和建立了一套较完备、较先进的财会制度，成员饭店可以充分加以利用，以保证财务成果的实现。

(三)经营管理优势

(1)相互借鉴和吸收先进的经营管理经验。饭店集团经过多年的经营管理活动，一般都形成了自己的一套管理模式，如有一系列先进的行之有效的管理方法，建立了一整套高标准的服务规范，以及设备标准、信息系统、培训教材等文字资料。这些资料作为一种经典和法规是每个连锁饭店所必须遵循的，这十分有利于饭店管理水准的稳定和提高。

(2)共同提高服务质量。饭店集团对成员饭店的服务质量控制较严，要求饭店服务质量的规格水平要与集团的水准相一致，绝对不允许有损害饭店集团声誉的状况存在。很多饭店集团总部均有质量控制机构，为了确保服务质量，集团经常派检查员到各地的饭店明查暗访，进行质量检查，并及时将检查结果报告给总部。如检查不合格，由总部决定对饭店采取整改措施。美国的假日集团每年对所属饭店至少要进行2～4次检查。这种检查对饭店服务质量的高标准要求，对饭店管理水平的不断提高无疑是一种有力的促进。

(四)人力资源优势

(1)拥有充足的专门人才。饭店集团依赖于自己庞大的系统拥有各类专门人才，它可以在集团内部合理调配使用，使各种专门人才能充分发挥自己的专长。某一饭店缺乏某种人才时，集团可以轻而易举地在内部进行调配，加以解决，从而保证饭店人员的素质。

(2)促进管理人员的知识更新。集团对各成员饭店管理人员定期进行更换，包括地区、饭店、岗位，以防止饭店管理人员知识的老化，管理模式和服务风格的陈旧化。

(3)系统的培训服务。集团通常设有人才培训中心，拥有强大的师资，高质量的教材，充足的资金，先进的实习基地等等。定期培训成员饭店的经营管理人员，不断更新观念和知识，提高经营管理水平。美国的假日集团在本国设有假日旅馆大学，世界各地假日饭店的管理者都要定期到那里学习2～5周。喜来登集团在世界3个洲设有5个培训中心，专门培训中高级管理人员。

复习思考题

1.简述饭店业的地位与作用。

2.综述国际饭店业的发展趋势。

3.依照计价方式，饭店可分为哪些类型？

4.综述国际饭店集团的发展历程、主要类型及其具有的优势。

参考文献

1.中华人民共和国国家旅游局.中国旅游统计年鉴(1989～2006年).北京：中国旅游出版社，1989～2006

2.中华人民共和国国家旅游局.中国旅游统计年鉴(副本)(1989～2006年).北京：中国旅游出版社，1989～2006

3.王仁兴.中国旅馆史话.北京：中国旅游出版社，1984

4.郑向敏.现代饭店管理.北京：中国财政经济出版社，2005

5.杜建华.饭店管理概论.北京：高等教育出版社，2003

6.谷慧敏，秦宇.世界著名饭店集团管理精要.沈阳：辽宁科技出版社，2001

第二章　饭店经营管理概论

经营管理是决定饭店行业收益率高低与成败的关键因素。本章全面阐述了饭店经营的基础理论、现代饭店经营管理思想与方法以及饭店经营管理的主要目标与工作任务，意在为饭店经营管理活动奠定坚实的理论与方法基础。

第一节　饭店经营管理的理论基础

一、古典管理学理论

（一）泰罗的科学管理理论

科学管理始于19世纪末20世纪初的美国，创始人是美国人泰罗（Frederick W. Taylor，1856～1915）。研究的主要领域是基层作业管理，其核心内容包括：(1)动作和工时研究。意在为工人寻找科学、合理、最有效的操作工具、程序和动作，使工人在不增加劳动强度的情况下，大幅度地提高生产效率。(2)差别计件工资制。按照作业标准和时间定额，规定不同的工资率。对完成工作定额的工人，以较高的工资率计件支付工资；对没有完成定额的工人，则按较低的工资率支付工资，以调动工人的积极性。(3)科学地选择和培训工人。管理者应根据每个工人的自身特点，为其安排最适合的工作和培训，激励他们尽最大的力量工作。(4)作业人员和管理者的分工协调。泰罗主张把计划职能从工人的工作中分离出来，由专业的计划部门去做，以提高计划的科学性、可行性，也便于工人去执行。

泰罗的科学管理理论的显著特点是实行标准化管理。这种管理方法可以在饭店经营管理中有选择性地加以运用。如时间与动作研究对操作程序固定的饭店客房整理工作具有指导意义，有助于提高饭店客房整理的工作效率。

（二）法约尔的一般管理理论

法约尔（Henri Fayol，1841～1925）曾在较长时间内在法国的一家大型煤矿公司担任高层领导职务，对大企业的管理积累了丰富的经验，并于 1916 年以《工业管理和一般管理》一书奠定了古典管理理论的基本框架。他认为要经营好一个企业，既要改进生产现场的管理，更要注意改善企业的技术活动、商业活动、金融活动、安全活动、财务活动和管理活动，提出了普遍适用的 14 项企业组织管理原则，即劳动分工、权力与职责、纪律、统一指挥、统一领导、整体利益高于个人利益、人员报酬、集中化、等级序列、秩序、公平、人员任期固定制、自主性和团队精神。法约尔首次从一般角度阐述了管理理论，构建了管理理论的基本框架，对管理理论的发展产生了巨大影响，他的理论也是饭店管理的基本理论基础。

二、行为科学理论

行为科学研究人的行为产生的原因和影响行为的因素，意在激发人的积极性、创造性，以实现组织目标。饭店属于服务行业，饭店从业人员除了具有人的一般行为特征之外，饭店服务的劳动强度大和服务人员的地位属性导致饭店从业人员队伍的不稳定性，这与其心理、行为有密切关系。因此，饭店日常管理如何更好地考虑和满足从业人员的心理需求，提高饭店的经营管理绩效，行为科学理论有其重要的借鉴意义。

（一）梅奥的人际关系学说

美国哈佛大学的教授梅奥（G. E. Mayol，1880～1949）于 1924～1932 年应美国西方电器公司的邀请，在该公司设在芝加哥附近霍桑地区的工厂进行了著名的“霍桑试验”。通过这次试验，创立了人际关系学说。该学说认为：(1)职工是“社会人”。工人并非只是单纯追求金钱收入，他们也有追求友情、安全感、归属感和尊重等社会、心理方面的需求。(2)企业中的“非正式组织”影响职工行为和生产效率。职工在共同生产和工作中，会产生相互之间的人群关系和共同的感情，自然形成一种要求个人服从的行为准则，从而构成“非正式组织”。这种非正式组织对工人的行为和生产效率都有较大影响。(3)满足工人的社会需求，提高工人的士气，是提高生产效率的关键。梅奥等人认为“士气”高低取决于安全感、归属感等社会、心理需求的满足程度。满足程度越高，“士气”就越高，生产效率也就越高。(4)采用新型的领导方法。即组织好集体工作，通过提高职工的满足度，提高职工的士气，达到提高生产率的目的。因此，管理活动应重视“人的因素”，采用以“人”为中心的管理方式。

（二）马斯洛的需求层次论

美国威斯康星大学的心理学家马斯洛（A. Maslow，1908～1970）于 1943 年提出了的人需求层次理论。他认为大多数人的需要可分为生理需要（衣、食、住、性等生理机能的需要），安全需要（摆脱失业、疾病暴力的威胁、老年保障等），社交需要（友谊、忠诚、归属等），尊重需要（社会地位、名望、个人能力及成就得到社会承认，自主地工作和生活等），自我实现的需要（个人理想的实现，最大限度地发挥自己的才干）等 5 个层次。这 5 种需要是按次序逐级上升，低一级需要基本满足以后，高一级的需要就成为行为的主要驱动力。

（三）赫茨伯格的双因素理论

美国心理学家赫茨伯格（Herzberg）认为，影响人的工作动机的主要因素有两类，即满意因素和不满意因素。满意因素指可以使人得到满足和激励的因素，也就是激励因素；不满意因素指如果缺少它就容易产生意见和消极影响的因素，也就是保健因素。保健因素属于员工工作环境和工作关系方面的因素，如工资报酬、工作条件、人际关系、企业政策与企业管理等方面，这些因素能防止员工产生不满，但不能激发职工提高工作效率。激励因素属于员工工作本身和工作内容方面的因素，如工作成就、被重用、富有挑战性的工作和光明的前途等，这些因素能对员工构成激励，使员工对工作感到满足。

赫茨伯格的激励因素相当于马斯洛的较高层次的需要，保健因素相当于较低层次的需要，但两者的侧重点有所不同，马斯洛侧重分析需要或动机，赫茨伯格侧重分析满足这些需要的目标或诱因。这两种理论都没有把个人需要的满足同组织目标的达成这两点联系起来。

（四）麦格雷戈的X理论和Y理论

美国麻省理工学院的教授麦格雷戈（Magregor，1906～1964）从人性的角度提出了X理论和Y理论。他把传统的管理观念称为X理论，即：(1)一般人有不喜欢工作的本性，只要可能，他就会逃避工作。(2)绝大多数人必须加以强迫、控制、指挥，以惩罚相威胁，以便使他们为实现组织目标而付出适当的努力。(3)一般人宁愿受指挥，希望逃避责任，较少有野心，对安全的需要高于一切。

他认为传统的管理理论之所以对人有如此的认识，关键在于对人性作了错误的假设。为此，他提出与X理论相反的Y理论作为传统的X理论的替代物。Y理论的主要观点是：人并不是懒惰的，他们对工作的喜欢和憎恶取决于这个工作对他是一种满足还是一种惩罚，在正常情况下，人们愿意承担责任，人都热衷于发挥自己的才能和创造性。鉴此，管理者就要创造一个能多方面满足工人需要的环境，使人们的智慧和能力得以充分地发挥，以更好地实现组织和个人的目标。

（五）洛尔施和莫尔斯的超Y理论

在麦格雷戈提出了X理论和Y理论之后，美国的洛尔施（Joy Lorsch）和莫尔斯（John Morse）对两个工厂和两个研究所进行对比研究后发现，采用X理论或Y理论都存在效率高和效率低的现象。因此，他们认为Y理论不一定都比X理论好。为此，他们提出了超Y理论，其核心观点在于不同的人对管理方式的要求不同。有人希望有正规化的组织与规章条例来要求自己的工作，而不愿参与问题的决策去承担责任，这种人欢迎以X理论为指导的管理方式。有的人却需要更多的自治权和发挥个人创造性的机会，这种人则欢迎以Y理论为指导的管理方式。此外，工作的性质、员工的素质也影响管理理论的选择。不同情况应采取不同的管理方式。

（六）威廉·大内的Z理论

Z理论由美国日裔学者威廉·大内（William Ouchi）提出，他研究的核心是人与企业、人与工作的关系。他通过对以美国为代表的西方国家的价值观和以日本为代表的东方国家的价值观对管理效率的不同影响的对比研究，把由领导者个人决策，员工处于被动服从地位的企业称为A型组织，并认为当时研究的大部分美国机构都是A型组织，而日本的J型组织则具有与其相对立的特征。不同类型的组织特征是其所处的文化环境的产物，因为每种文化都赋予其人民以不同的行为环境，从而形成不同的行为模式。

超Y理论和Z理论的实质在于权变，管理方法的选择和运用必须符合企业自身的特点，才能收到满意的效果。

三、管理科学理论

管理科学理论是运用现代科学技术和方法研究生产、作业等方面的管理问题，以决策为主要的着眼点，以经济效果标准作为评价的根据，依靠数学模型和电子计算机作为处理问题的方法和手段，意在提高管理的定量化水平，增强管理的科学性。尤其是通过建立数学模型，使部分管理工作成为程序化的工作，从而大大提高管理工作的效率。这些理论于饭店的投资策划和可行性研究具有重要的参考价值。

（一）决策理论模型

决策理论模型的核心在于为所有决策的共同部分提供一个系统结构，以便决策者能更好地分析有多种方案和可能后果的复杂情况。该模型是规范性的，并含有各种随机的变量。

（二）盈亏平衡模型

盈亏平衡模型是确定性的描述性模型，该模型意在帮助决策者确定一个公司特定产品的生产量与成本、售价之间的关系，得到一个确定的盈亏平衡点，以便在这个水平上实现盈亏平衡。

（三）库存模型

库存模型集中解决库存量的多少，何时进货与发货等问题。目的在于使库存量既能满足生产与销售的需求，又能减少仓储费用，该模型的可行解便是企业的经济采购批量。

（四）资源配置模型

资源配置模型是规范性的、变量确定的模型。常用的资源配置模型是以线性规划的方式，在给定边界约束条件的情况下，对企业的自然资源和实物资源进行匹配，要求产出、利润最大，或者成本最小。

四、当代管理理论的发展

（一）权变管理理论

20世纪70年代，以不变应万变的管理模式很难应对复杂多变的环境。因此，在管理的指导思想上出现了强调灵活应变的“权变观念”。权变管理理论主张成功管理无定式，一定要因地、因时、因人而异；强调应针对不同情况，采用不同的管理模式和方法，反对一成不变、千篇一律的通用管理模式。

（二）战略管理理论

20世纪50年代以前企业管理的重心在生产，60年代是市场，70年代则是财务，而80年代后，企业管理的重心则转移到战略管理上。该理论认为企业仅仅依靠传统的计划方法来制定未来的计划已很难适应外部环境的变化，而应高瞻远瞩，审时度势，对外部环境的可能变化做出预测和判断，并在此基础上制定出企业的战略计划，才可能谋求长远的生存和发展。

（三）企业文化理论

企业文化理论是20世纪80年代管理理论注重比较管理学和管理哲学的重要体现，它认为在把企业是文化现象普遍存在的特殊社会组织，文化代表着组织成员所共有的信仰、价值观、态度和行为，是企业最稳定的核心部分，体现着企业的行为方式和经营管理风格。

（四）学习型组织理论

20世纪80年代以后，信息革命、知识经济时代进程的加快，企业面临的竞争环境更加复杂多变，传统的组织模式和管理理念难以满足新形势下的企业发展需要。因此，研究企业如何适应知识经济时代，增强竞争能力，延长组织寿命，成为世界企业界和理论界关注的焦点。1990年美国人彼得·圣吉(Perter Senge，1947～)出版了《第五项修炼——学习型组织的艺术与实务》，圣吉认为学习型组织是通过培养弥漫于整个组织的学习氛围，充分发挥员工的创造性思维能力而建立起来的一种有机的、高度柔性的、扁平的、符合人性的、能够持续发展的组织。要使企业茁壮成长，企业必须变成一种学习型的组织，以增强企业的整体能力，提高整体素质。为此，他提出了建立学习型组织的五项修炼，即自我超越、改善心智模式、建立共同愿景、团队学习和系统思考；学习型组织的出现不是简单地依靠各项修炼，而是五项修炼整合而成的新质。

（五）企业再造理论

企业再造理论是1993年最先在美国出现至今仍在发展的一种关于企业经营管理方式的新理论和新方法。企业再造是指为了在企业的产品质量和服务质量、顾客满意度、成本、员工工作效率等绩效衡量的关键指标上取得显著改善，从根本上重新思考，彻底改造业务流程。企业再造理论在欧美企业中已经受到高度重视，因而得到迅速推广并且带来了显著的经济效益。

第二节　饭店经营管理思想与管理方法

一、西方饭店经营管理思想的演进

（一）服务理念

1.“客人永远不会错”

“客人永远不会错”(The guest is never wrong)是瑞士籍饭店业主里兹提出的，在19世纪欧洲大饭店时期具有代表的服务理念。当时饭店的建筑设施豪华，装饰考究，强调一流的服务，尽全力满足客人的要求，这一理念的提出标志着现代饭店经营意识的诞生。

2.“客人总是正确的”

“客人总是正确的”(The guest is always right)是由商业饭店创始人斯塔特勒提出的，至今仍为饭店业主们推崇恪守的现代饭店时代的至理名言。虽然“客人总是正确的”和“客人永远不会错”的表达方式不同，但其实质一致，都是强调为客人提供完善的设备设施和优质服务，只不过里兹时代服务的顾客是以王室贵族为代表的上流社会，而斯塔特勒的服务对象则是商业旅游者。

3.“为淑女和绅士服务的淑女和绅士”

“客人永远不会错”和“客人总是正确的”虽然已成为业界推崇的至理名言，但也从中推导出了服务员与顾客之间是平民与上帝的关系，无形中增加了服务人员的心理压力和服务行业的低级职业感，不利于饭店员工充分发挥的积极性。如何增强饭店员工的职业自豪感，激励员工的积极性，促进员工的心理平衡便成为提高饭店服务水平的重要前提之一。于是，里兹·卡尔顿饭店提出了“我们是为淑女和绅士服务的淑女和绅士”的座右铭，它强调的是顾客与员工是平等的，不是主人与仆人而是主人与客人的关系；饭店提供的是人对人的服务，不是机器对人的服务，应当突出服务的个性化与人情味。

4.“超值服务”

“超值服务”是指饭店为顾客提供超出服务产品本身的价值、超出顾客期望值的服务。世界金钥匙饭店联盟提出的“满意加惊喜，将极至服务进行到底”的口号就是这一服务理念的典范。超值服务理念强调为宾客提供超越其期望的，超越常规和超越内外界限的服务。

（二）服务标准

1. 豪华服务

豪华服务发端于大饭店时期的豪华饭店。当时，豪华、高级、时髦是著名饭店的代名词。饭店的经营目的在于为王室、贵族、大资产阶级的豪华生活服务，追求的都是最为繁华的建筑与设施、考究的装饰、一流的服务，竭尽全力地满足客人的要求。

2. 标准化服务

20 世纪初，美国出现了“一间客房加浴室，售价 1.5 美元”的斯塔特勒饭店，从而开创了商业饭店时代和饭店产品与服务标准化的先河。标准化服务强调为客人提供完善、舒适、方便、清洁、安全实用、价格合理的设施设备和优质服务，其市场基础是大众旅游者。特别是 20 世纪 50 年代以来，随着大众旅游在世界范围内的普遍化，饭店业供不应求，各式饭店只要能够扩大规模，就能够获得稳定的收益，在市场中获得更大的份额。于是，形成了面向大众推广产品与服务，通过扩大规模最大限度地占有市场并获得大份额的市场收益的饭店集团，饭店的设计、服务程序、培训、设施家具及娱乐活动都实现了标准化。

3. 个性化服务

20 世纪 90 年代以来，个性化成为时代特征，饭店业为了适应个性化时代顾客的需求，在标准化服务的基础上特别关注对客人的个性化。个性化服务首先要求满足顾客的个性需要，也就是在承认顾客是有不同个性与需求的基础上，有针对性地设计与提供产品与服务。其次是在对顾客服务过程中要充分表现服务人员的个性，创造性地为顾客提供针对其个性需求的服务。

4. 定制化服务

定制化服务是饭店从客人的需要出发，通过现代科技手段及管理体系，为客人提供人性化、极致个性化的服务，以满足客人具体的、独特的或潜在的需要和期望，使宾客全方位满意的一种服务方式，它是21世纪饭店业追求的目标与努力的方向。

(三)服务质量——全面质量管理

全面质量管理起源于制造业，目的在于减少顾客的投诉，提高顾客的满意度。20世纪80年代以来，由于饭店的供给量急增，竞争更加激烈，大多数饭店经营者更为关注服务质量，并专门设立质量管理监督部门，来保证饭店的服务质量。为了真正能实现产品质量、员工服务、顾客需求与满意度的高度一致，饭店行业提出了全面质量管理。

全面质量管理虽然始于饭店高层，但所有员工都要积极参与服务质量的改进，并且饭店管理高层要确保每一个员工都投身于全面质量管理过程。譬如里兹·卡尔顿饭店全面质量管理的基本原则是以顾客为中心、不断改进服务、全员参与、服务和一次到位，全面质量管理的信条是全员承诺保证质量、关注顾客满意、建立企业文化、给员工以充分授权和监测质量改进效果。

全面质量管理的标准既不是饭店业的内部质量标准，也不是饭店认为的标准化服务的标准，而是顾客的百分之百的满意。百分之百的满意要求对顾客的服务必须准确无误，一步到位，绝不允许有事后的弥补。因此，全面质量管理的第一步是质量——不断地满足顾客的要求，第二步是全面质量——以低成本来实现高质量，第三步是全面质量管理——通过每个人的参与及每个人的承诺来实现顾客的百分之百满意。

(四)服务营销

1. 服务上流社会

服务上流社会是大饭店时期最豪华饭店的经营目的，其生产服务活动是为了满足王室贵族、大资产阶级的奢华生活，其营销对象就是上流社会人士。

2. 大众营销

大众营销在于大多数饭店强调产品服务的标准化，采用单一的服务标准，销售单一品牌的产品，把所有顾客都看成是具有相同需求的消费大众。大众营销针对的是对价格较为敏感、追求标准化的旅游服务，要求获得同等价格的消费项目和消费内容的大众旅游者。假日饭店集团基本上是采用大众营销方式推销它的服务，它强调其产品与服务价格适中、物有所值。该集团创始人威尔逊曾说过：我得到一个别人没有得到的机会，我看见我的公司采用我的标准化住宿概念，把它变成了世界上最大的饭店联号集团。

3. 客户关系管理

20世纪80年代以后，饭店产品供大于求，饭店市场竞争日益激烈，而消费者即我们通常所称的客户却变得越来越挑剔，市场营销逐渐由销售导向客户导向转化，饭店的产品不仅必须更具竞争力，而且要真正认清客户要求，唤起和满足客户期望，把客户作为整个市场活动的起点和中心，因此，客户关系管理应运而生。客户关系管理(customer relationship management, CRM)是指通过培养企业的最终客户、分销商和合作伙伴对本企业及其产品更积极的偏爱或偏好，留住他们并以此提升企业业绩的一种营销策略。CRM的营销目的已从以一定的成本取得新顾客转向想方设法地留住现有顾客，从取得市场份额转向取得顾客份额，从发展一种短期的交易转向开发顾客的终生价值。总之，CRM的目的是从顾客利益和公司利润两方面实现顾客关系的价值最大化。

二、西方饭店经营管理的新模式

(一)全面质量管理

全面质量管理(Total Quality Management)起源于20世纪60年代的日本,70年代引入美国,80年代在全世界普及。全面质量管理以管理整个业务过程的方式,通过一套完整的分析方法和持续不断的员工培训,全员参与质量管理的过程,并承诺在技能不断改进的支持系统配合下来实现产品的高质量和超额服务。全面质量管理强调饭店的一切经营活动应以顾客满足为核心目标,以提供无差错服务和不断改进服务、提高服务质量来实现百分之百的顾客满意。

里兹·卡尔顿饭店集团是世界上最豪华饭店的管理公司之一。20世纪80年代中期该集团确立了第一个质量目标,它的全面质量管理集中表现在它的黄金标准,这一标准包括一个信条,一句座右铭,服务三步曲和20条基本准则。

1. 信条

对里兹一卡尔顿饭店的全体员工来说,使宾客得到真实的关怀和舒适是其最高的使命。员工保证为宾客提供最好的服务和设施,使宾客始终享有热情、轻松和优美的环境与气氛。使宾客在里兹一卡尔顿饭店的经历充满愉快和幸福,甚至要尽量做到使宾客未表达的愿望和需要都得到满足。

2. 格言

“我们是为淑女和绅士提供服务的淑女和绅士”。

3. 服务三步曲

(1)热情和真诚地问候宾客,如果可能的话,做到使用宾客的名字问候客人。

(2)对客人的需求作出预测并积极满足宾客的需要。

(3)亲切地送别,热情地说再见,如果可能的话,做到使用宾客的名字向宾客道别。

4. 基本准则

(1)要做到使每一位员工都知道、拥有和履行饭店的信条。

(2)我们的座右铭是:“我们是为淑女和绅士服务的淑女和绅士。”实施互助合作的团队工作和侧面服务,即员工与员工互相联系沟通。

(3)全体员工都应该遵循三步曲的服务程序。

(4)所有员工都要成功地完成培训证书课程,来保证他们懂得如何在他们自己的岗位上履行里兹-卡尔顿饭店的标准。

(5)每一位员工要掌握制定在每一份战略计划里的有关他们的工作范围和饭店目标。

(6)所有的员工要知道他们的内部宾客、同事和外部的宾客、顾客的需要,这样就可以保证按照他们的期望来提供产品和服务,并要注意使用宾客所喜欢的便笺来记录宾客的需要。

(7)每一位员工要不断地认识整个饭店存在的缺点,这些缺点可以称为“比佛先生”(Mr. BIV),即错误、重复做的工作、损坏、无效率行为和差距。

(8)任何员工接到顾客投诉以后应该接受投诉并进行处理。

(9)全体员工要保证使投诉的宾客立即得到安抚。要快速行动,立即纠正问题,并要在处理好问题以后20 min内再打一个电话给宾客核实一下问题是否已经解决到了使宾客满意的程度。要做一切你可能做的事，决不要失去顾客。

(10)要用宾客问题一览表来记录和处理宾客不满意的每一件小事。每一位员工被授权去解决问题和防止问题的重复发生。

(11)严格遵循清洁卫生标准是每一位员工的责任。

(12)“要微笑，因为我们是在舞台上表演。”要使用适当的语言与宾客沟通。如使用下列语言：“早晨好”，“行”，“我高兴这样做”和“我乐意这样做”。

(13)在工作场所内外，每一位员工要成为自己饭店的大使，始终说积极的话语，不应有消极的评论。

(14)要陪同顾客到饭店的一个区域去，而不应仅指明如何到那个区域去的方向。

(15)每一位员工要掌握回答顾客询问所需要的有关饭店的信息，如不同设施经营的时间等。要始终先介绍饭店内的零售、食品、饮料和设施，然后再介绍饭店外有关的设施。

(16)在接听电话时要注意礼节，要做到铃响三下内回答，并伴随着微笑。在需要时，要对打电话者说：“请您拿着电话等一会儿好吗?”不要筛选电话。在可能的情况下要尽量接通电话，而消除再转的电话。

(17)制服要干净整洁、没有污点，要穿合适、干净、擦亮、安全的鞋子，佩戴好自己的名牌。要以自己的容貌为骄傲，遵循所有的修饰标准。

(18)要十分清楚在紧急情况下员工的角色作用，知道在火灾和生命危险情况下的反应程序。

(19)当发现存在危险情况和设备受到损坏时，当需要各种帮助时，应该及时通知主管。要注意节约能源，维护、保养好饭店的财产、设备。

(20)保护好里兹-卡尔顿饭店的财产是每一位员工的责任。

饭店强调每个员工都需要以最快的速度对顾客的要求作出迅速的反应，培训员工能够识别顾客的反应，并迅速做相应的服务。员工要把顾客的好恶记录在小纸片上并保存在计算机中心的顾客档案上。当员工发现顾客有什么不快时，饭店允许员工放下正常工作，立即采取积极的措施，不惜一切去满足顾客。如果需要其他部门员工协助，其他部门的员工应立即放下手上的正常工作协助满足顾客，这就是饭店的边缘服务规则。

(二)收益管理

收益管理起源于20世纪70年代美国航空业，由于饭店行业具有供应能力相对稳定、顾客的需求波动大且可以清楚地分类、产品或服务具有时效性且可以预售、产品或服务本身的成本和销售成本低等适用收益管理的典型特征，因而饭店行业成为继航空业之后运用收益管理这种经营管理策略最为广泛的行业之一。于饭店业而言，收益管理主要是指饭店以最快速的反应和最恰当的价格细分，在不增加饭店经营成本的情况下，使饭店每天都能以尽可能高的价格出售尽可能多的产品，从而使饭店收入实现最大化。

饭店收益管理的具体目标包括：

潜在利润最大化。潜在利润最大化意味着饭店必须抓住每一次盈利机会以达到既定目标，应尽可能售出更多房间减少空置客房从而获得更多的潜在利润。

日均价最优化。即将日均价优化到适当水平有助饭店以最大盈利的价格售出房间，从而提高饭店的盈利。因此，为了实现收益最大的目标，需要饭店尽可能以顾客能接受的更好的价格将客房售出。

延长停留期。饭店获得高利润的理想途径是旅客能有更长的停留期。当饭店有更多的长期留宿顾客,前台和客房部人员就可以节省更多劳动时间。虽然对短期留宿的顾客开出的日房价一般较停留一周或一个月的日房价高，但长期而言，饭店可以从更多的长期留宿顾客身上赚取更多利润。

从本质上讲,收益管理是一种控制房价与出租率以实现收入最大化的经营管理策略,其关注的焦点是如何找到房价与出租率的最佳结合点,也就是在准确地预测需求的基础上,将产品和顾客进行适当搭配,有效地平衡对服务的供给和需求,使饭店可以最大限度地提高资源的利用率,做到在适当的时间、以适当的价格、把适当的产品销售给适当的顾客,从而实现饭店收入最大化的目标。

收益管理是一种市场导向的经营管理策略,通常是在需求高峰日注重平均房租最大化,有时还采取适当的超额预订;在需求低潮,同时设立高房租与低房租,提高出租率。

(三)企业再造

企业再造是美国管理学家哈默和钱比于 1994 年在《再造企业——工商管理革命宣言》中提出的一新企业经营管理策略。他们认为企业再造是指为了在衡量绩效的关键指标,如产品和服务质量、顾客满意度、成本、员工工作效率等方面取得显著改善,从根本上重新思考,彻底改造业务流程。

就饭店而言,企业再造的重点在于业务流程再造和组织结构的扁平化。其中,业务流程再造是饭店以输入各种设施与服务产品和顾客需求为起点,通过流程再造,到饭店创造出对顾客有价值的产品(或服务)为终点的一系列活动;通过重新设计业务流程,建立一个扁平化的、富有弹性的新型组织。

饭店的企业再造一般要经历从顾客角度确定流程的目标到程序再造,最后采用新程序的过程。

三、中外饭店经营管理模式差异分析

(一)经营宗旨

西方国家的饭店从根本利益看股东利益最大化是最为重要的,但并没有把股东利益最大化作为饭店的经营宗旨,而是强调顾客利益、股东利益与员工利益之间的统一。在实际运营过程中,多数饭店的经营宗旨则是把顾客放在至高无上的位置,其次是员工的利益,最后才是企业利润,即股东利益放在最后。饭店顾客利益放在第一位,把满足顾客作为饭店经营宗旨的核心内容,强调一切服务管理、组织设计、人力资源配置都以客人满足为基本依据,根本目的在于保证饭店的长远效益的实现;把员工利益考虑在股东利益之前,实际上则是为了保证股东利益的长期性与稳定性。

我国大多数饭店强调“顾客至上”的经营宗旨,提出要创造出“宾至如归”的饭店气氛,力图建立起“顾客至上,服务第一”的饭店管理体系。但一些饭店经营者通常在名义上把顾客的利益放在饭店经营的第一优先地位,在实际经营过程中仍然存在很多偏差。如国营饭店的职工较合资、外资饭店的职工服务意识差,内地饭店的职工服务意识比沿海发达地区差,许多饭店甚至不是真正的商业饭店,带有浓厚的政治接待色彩。饭店的经营目的不是盈利而是为接待上级服务，是对上级服务而不是对顾客服务。这些现象只有在我国饭店业今后的发展进程中逐渐加以克服，才可能真正实现“顾客至上、服务第一”的经营宗旨，真正实现与国际饭店业的接轨。

（二）服务标准

西方饭店业早在20世纪70年代就基本上完成了饭店服务标准化进程，20世纪80年代后，实施个性化服务成为西方高档饭店的重要服务标准，90年代后期追求定制化服务则成为西方饭店业的努力方向。

相形之下，服务标准化则是我国饭店目前的普遍追求，试图通过饭店服务的标准化来达到饭店的星级要求，既可评定星级以满足大众的消费需求，又能在入世后与国际饭店业接轨。所以，各种等级的饭店都在想方设法实现饭店服务的标准化。与此同时，国内的一些饭店仍然停留于情绪化服务阶段，仍然是“我想怎样服务就怎样服务”，连服务标准化都未能变成现实。因此，从总体上讲，我国饭店业仍然在呼唤标准化服务，也只有真正实现了饭店服务的标准化，才有可能创建个性化服务体系。

（三）内部管理

西方饭店内部管理注重的是管理层与员工的沟通，目的在于满足顾客的需要，对顾客的需要能作出最快速的反应，要求员工以最少的时间与费用获得最大的效能与效率。为此，在饭店内部管理上，饭店让员工了解经营情况，明确自己工作状况，对一线员工充分授权，以便员工能更快速地对顾客的需求及其变化作出准确的反应。常用的管理方法有巡视管理、信息共享与参与管理。

巡视管理的目的是弄清现场实际工作情况，弄清员工的实际困难，协助员工解决问题。信息共享是把饭店的某些经营信息传递给每一位员工，如饭店战略规划、工作重点、新技术、预算、各部门经营业绩等，利用新技术手段实现信息的上传下达与横向沟通，让员工在各种状态下懂得如何快速准确地满足顾客的需要。参与管理的重点在于给予员工充分授权，减少饭店管理层级，缩减管理的中间层次，形成组织结构的扁平化，把更大的权力下放给员工，让员工参与决策。

我国饭店的内部管理重模式、重监控，要求员工按模式行事，管理层的重要责任是监督员工严格按照模式操作，侧重对员工的监控。常用的管理方法是重监控、轻授权的监督式管理。许多饭店往往强调我国员工素质还未达到能完全自觉自律的程度，而拒绝充分的授权管理，甚至很多西方饭店业行之有效的管理方法运用于中国饭店业，仍然演变成了监控管理。

（四）市场竞争策略

西方的饭店注重用外部扩张（连锁经营、特许经营、合同管理及战略联盟）等手段来获取规模效益，采用品牌延伸的方式来适应差异化的顾客需求。因此，西方大多数饭店针对顾客需求的变化，激烈的市场竞争，通常把产品放在中心位置，以产品塑造饭店形象，增强顾客的品牌忠诚，实行产品与品牌差异策略，将市场竞争的重点放在产品差异化竞争上，并通过差异化竞争，提高产品的附加值。

我国饭店面对日趋激烈的市场竞争，往往把竞争重点放在客源市场结构调整、饭店产品改造升级与削价竞争上，看重饭店的档次，花大成本提升饭店星级水平，以低效率的人员推销为主要营销手段,企业形象及品牌建设意识较差,很少考虑饭店产品的差异化竞争。

(五)人力资源管理

西方饭店人力资源管理的重点在于激励、安抚员工,挖掘员工潜能。人力资源管理的核心不在管人而在得人,谋求人与事的最佳结合。现代西方饭店人力资源管理突出内部营销(公司向员工传播其企业经营价值、经营哲学、经营准则与长远目标,让员工了解当前饭店的经营状况等),员工关系项目(在员工中间形成共同的价值观与共同的目标,让管理者清楚地了解员工的感受与需要),交叉培训,建立团队精神与充分授权就是这种管理理念的具体体现。

我国饭店人力资源管理的重点在培训、调整劳资关系和稳定员工队伍。员工培训侧重于服务操作技能与管理技能两个方面,针对频繁的员工跳槽,饭店也在努力地改善劳资关系和创造良好的组织环境,来稳定员工队伍。

表 2-1　中西方饭店管理模式比较

	中国饭店(成长成熟期)	西方饭店(稳定成熟期)
战略意识	关注现金流量,力争在保持已有市场份额的基础上稳步提高,缺乏明确科学的战略,发展规划流于形式化、简单化	关注企业核心竞争力增长,以形成长久竞争优势为战略目标,强调以战略管理作为基本模式,以对市场的控制力为规划依据
组织结构	典型的科层式结构,组织沟通主要通过汇报、会议等正式手段,决策反应相对滞后	倾向于扁平式结构,以流程作为组织设计依据,强调建立基于现代 IT 信息技术的学习型组织,鼓励基层员工参与管理
管理体制	所有权与经营权分离不彻底,行政干预随意性大,职业经理人尚未成为主流	所有权与经营权分离,董事会和股东代表大会是最高决策机构,职业经理人群体则担负起日常营运管理责任
规模经济	以单店经营为主,集团化进程缓慢	集团化、连锁化经营为主,产品高度标准化
人力资源素质	基层员工相对素质高于管理人员,缺乏系统的职业生涯设计,培训手段原始	专业教育资源丰富,人力资源市场规范,培训系统,员工有良好的职业预期
技术研发	以简单的模仿创新为主,企业研发在经费、人员、组织等要素上缺乏制度保障	集团总部职能以集中研发和提供智力服务为主,对社会技术资源获取反应敏捷
市场策略	以低效率的人员推销为主要营销手段,企业形象及品牌建设意识较差	注重对顾客群体忠诚度的长期培育,会员俱乐部制度盛行,围绕着企业市场定位的企业形象及品牌意识强烈
成本水平	劳动力成本低,但规模偏小、硬件更新频率高、员工流失造成成本结构严重不合理	劳动力成本较高,但规模经济显著,硬件更新周期较为合理,财务预算机制健全
价格策略	以竞争对手为参照的"随行就市",缺乏严谨的成本分析,价格变动及执行很随意	以自身的成本水平和财务预期作为价格基础,价格变动及执行严格制度化,价格进攻以变相的信号试探为主
服务质量	大力提倡个性化、定制化服务,但受制于员工素质,服务质量不稳定,顾客投诉多	稳定的服务质量基于较高的员工素质和流程的合理化,大规模定制成为趋势
国际化竞争能力	侧重于在本地区或国内范围内扩张	近年来侧重向发展中国家和地区扩张

(资料来源:于春玲.国内外酒店管理模式比较分析.吉林大学硕士论文,2005 年,第 39~40 页)

第三节　饭店经营管理的目标与任务

一、饭店经营管理的目标

饭店经营管理是指旅店经营管理人员根据市场需求，对饭店的全部经济活动进行计划、组织、指挥、协调和控制，以充分利用和优化配置饭店的资源和设施，形成最大的接待能力和最佳服务水平，满足宾客需求，提高饭店经济收益和社会效益，实现饭店经营目标的全部活动。饭店经营管理活动应当实现的主要目标在于：

（一）科学安排饭店的业务活动，有效满足顾客需求

饭店经营管理的核心是经营，因此，饭店必须以市场为中心，根据顾客的需求来确定饭店的发展方向、经营目标、经营战略和重点，制定经营计划，有效地配置和组合各种资源，运筹谋划饭店的经营业务，为顾客提供优质产品与服务，满足顾客不断变化的需求。

（二）加强饭店的业务管理，提高经济效益和社会效益

经济效益是饭店的有效经营成果与取得这一成果的劳动消耗和资源占用之间的比率关系。追求经济效益，既是市场经济规律的客观要求，也是确保饭店可持续发展的内在动力。要提高饭店的经济效益，就必须运用科学合理的工作方法和现代化的管理手段，不断加强饭店的各项业务管理。

饭店在追求经济效益的同时，还应当重视社会效益。饭店既要满足公众对旅居生活及各种饭店消费的需求，又是一个国家或地区对外开放的“窗口”，反映着一个国家、地区或城市的面貌，反映着社会经济、文化及意识形态的状况。因而饭店的社会效益不仅对饭店自身的经济效益产生影响，而且对所处地区或城市的健康发展具有同样的影响。

二、饭店经营管理的主要任务

（一）主营业务管理

饭店的主营业务是指为宾客提供的食宿、休闲娱乐等综合性服务。主营业务部门直接对客服务并创造营业收入，如前厅、客房、餐饮、康乐等业务部门的管理。业务管理是饭店营业活动的日常管理，目的是按期、保质、保量地完成生产任务，增加营业收入，实现经营利润。主营业务管理的重点在于：

1. 成本控制

即业务部门管理者对提供对客服务所需的物料成本和人工费用等的管理和控制，其核心在于加强对客服务过程中所需物料和人力资源进行科学预算，杜绝资源浪费，以降低饭店的经营管理成本，实现增收的目的。

2. 服务过程管理

其关键在于针对各项服务的每一个环节确定质量标准，操作程序，使服务行为有章可循，检查评估有法可依，保证饭店随时为宾客提供符合质量标准的服务。

（二）营销管理

饭店的产品和服务只有提供给宾客消费才能实现其价值和使用价值。饭店营销工作的重点是促进产品销售和树立饭店的良好形象。促进产品销售是通过客源市场需求以及产品分析研究，对饭店产品的定价、包装组合、销售渠道、促销手段的正确选择和运用得以实现；而饭店的良好形象主要依靠公共关系活动来提高知名度和美誉度。营销管理的核心在于对顾客的需求、产品的创新与开发过程、产品的价格、分销渠道、促销方式等进行管理，确保饭店经营目标的实现，进而促进饭店的发展。

（三）安全管理

饭店作为宾客的“家外之家”，确保宾客的人身财产安全尤其重要。安全工作似乎不直接产生经济效益，但缺乏安全保障，宾客的愉悦感和舒适感就要受到严重影响，饭店的产品和服务就没人敢购买，饭店也就无以为继。

1. 治安管理。指为防偷盗、防破坏、防流氓滋事，保护宾客生命、财物安全，使饭店财产免遭损失，维护饭店经营秩序的管理活动。

2. 消防管理。指火灾的预防和火警、火灾事故的处理。重点是火灾的预防。

3. 劳动保护。指为保护员工在劳动过程中的安全和健康所采取的各种技术措施和组织措施。

（四）客户关系管理

客户是饭店的生命之源，主要是指与饭店经营管理活动相关的供应商、营销中介商和服务产品的直接购买者——顾客。客户关系管理旨在改善饭店与客户之间关系，提高客户满意度和忠诚度，进而巩固饭店的市场。

（五）收益管理

饭店行业具有供应能力相对稳定，顾客的需求波动大且可以清楚地分类，产品或服务具有时效性且可以预售，产品或服务本身的成本和销售成本低等典型特征。由于大多数饭店的经营活动具有较为明显的季节性，顾客需求的波动与饭店的供给相对固定之间的矛盾比较突出，因而对饭店实施收益管理，保证饭店能以最快速的反应和最恰当的价格细分，在不增加饭店经营成本的情况下，使饭店每天都能以尽可能高的价格出售尽可能多的产品，从而使饭店收入实现最大化，这对于饭店的生存和发展是十分重要的。

复习思考题

1.综述饭店经营管理可资借鉴的管理理论。

2.综述西方饭店经营管理思想的演变。

3.试比较中西方饭店经营管理模式的差异。

4.综述饭店经营管理的主要目标与工作任务。

参考文献

1.邹统钎.饭店战略管理——理论前沿与中国的实践.广州:广东旅游出版社,2002

2. 袁学娅.中外饭店管理比较.沈阳:辽宁科技出版社,2002

3.(美)帕翠珊·B·希伯尔德.客户关系管理理念与实例.叶凯译.北京:机械工业出版社,2002

4. 郑向敏.现代饭店管理.北京:中国财政经济出版社,2005

5. 杜建华.饭店管理概论.北京:高等教育出版社,2003

6.谷慧敏,秦宇.世界著名饭店集团管理精要.沈阳:辽宁科技出版社,2001

7.张宗道.现代饭店文化与饭店管理.广州:广东旅游出版社,1999

8.(美)詹姆斯·斯通纳,爱德华·弗雷曼,丹尼尔·小吉尔伯特.管理学教程.北京:华夏出版社,2001

9.林壁属.旅游饭店实务管理.北京:清华大学出版社,2005

第二编 饭店主营业务管理

客房是饭店的核心产品,餐饭与康乐是饭店提供给宾客的助消产品。饭店行业的长期实践表明,房务部、餐饮部和康乐部是饭店营业收入和利润的最主要创造者,因此,客房、餐饮和康乐成为现代饭店的三大主营业务。本编将全面探讨饭店房务部、餐饮部和康乐部三大主营业务部门的经营管理理论与方法实践。

本编主要内容

◎饭店房务管理导论

◎饭店前厅与客房环境设计

◎饭店房务服务管理

◎饭店餐饮运营筹划管理

◎饭店餐饮生产管理

◎饭店餐饮服务管理

◎饭店康乐业概述

◎饭店康乐项目管理

第三章　房务管理导论

饭店房务管理，包括前厅管理和客房管理，是饭店经营管理活动的重要组成部分，是影响整个饭店管理质量的关键因素之一。房务管理是对围绕饭店主要产品——客房服务的生产和销售所展开的各项事务的管理，它是将客房服务产品的生产过程和销售过程完美结合的管理活动。

第一节　房务管理的地位和作用

一、饭店前厅部的地位与作用

前厅部(Front Office)设在饭店大堂，是负责销售饭店产品与服务，组织接待工作，调度业务经营，以及为客人提供订房、登记、行李、电话、退房、管理客账、问询等各项服务的场所，为饭店提供综合性的信息。前厅部在饭店管理中有接触面广、业务复杂、综合性强、政策性强、关系全局、循环性和重复性等七大特点。前厅部的主要任务是以热情的态度、饱满的精神接待前来饭店的每一位客人，为客人提供综合性服务，使客人在饭店能够感受到家庭式的温暖与便利。

前厅部是销售饭店产品，联系和协调饭店其他部门对客服务，为宾客提供综合性服务的一个重要部门。前厅部业务及管理的好坏，在整个饭店管理中，起着举足轻重的作用。

(一)前厅部是饭店的门面

前厅部是客人接触饭店的第一个部门，有的客人在未进入饭店之前就通过预订部来认识饭店；同时前厅部也是客人离开饭店的最后一个接待部门，它是决定客人从饭店带走什么印象的关键部门。饭店前厅布置是否温馨，装饰是否具有特色，大堂是否清洁卫生，服务员的着装是否整洁，态度是否热情周到，服务项目是否完善，都会给客人带来第一感觉，客人会依据它来判断饭店服务质量的优劣。由此可见，前厅部的服务质量是客人衡量整个饭店服务质量的重要标准，它直接影响饭店的社会效益和经济效益。前厅部是否能提高工作效率、服务质量和管理水平，是饭店增强竞争能力，可持续发展的重要条件。

(二)前厅部是饭店业务经营的中心枢纽

前厅部是饭店为宾客提供服务的中心环节，是饭店各种业务活动的神经中枢。前厅部的业务涉及推销、预订、公关、财务、银行金融等，通过为客人提供综合性的服务项目，并调动饭店各业务部门协同合作来完成饭店的经营活动。前厅部管理工作对整个饭店的业务活动起着重要的调度和指挥作用。前厅部与客人直接广泛地接触，以优质热情的服务来保证饭店拥有充足的客源，是饭店创造良好经济效益的基本保证。

(三)前厅部是饭店信息的集散中心

前厅部是对客服务的起始点和终结点，由于它所处的特殊位置，能接触到各方面的信息，包括业务情报、市场信息、客户资料、客户对饭店的意见和建议等等。前厅部收集整理的这些宝贵资料，是饭店及时调整经营策略，提供个性化服务，不断完善自我的重要依据。

二、客房部的地位与作用

客房是一个经济实体，是人们外出旅居的场所。它是饭店的基础设施，是饭店产品的重要组成部分。作为一种特殊的商品，它通过出租特定空间和提供劳务服务而获得一定的经济收入。客房部是饭店中最主要的部门之一。客房产品具有所有权相对稳定性、生产和消费同步性、使用价值的不可储存性以及季节性等特点。客房部的主要职责就是为宾客提供典雅、舒适、清洁、卫生、便利的房间和热情周到的服务。

在饭店对客提供的住宿、餐饮、康乐、商务、会议等各种产品中，客房是最主要的产品之一。客房部是饭店经营活动的重要部门，其经营管理和服务质量的好坏，直接关系到整个饭店的经济效益和社会形象。

(一)客房收入是饭店收入的重要来源

从饭店的历史沿革来看，住宿和餐饮是饭店对客服务的传统项目。再加上我国旅游业起步晚，起点低，饭店的综合服务项目较少，所以，一直以来饭店的经济收入主要来源于客房收入、餐饮收入和其他综合服务的收入三大部分。其中客房收入是饭店收入的重要来源。20 世纪 90 年代以前，饭店经营主要以客房为主，客房的建筑面积占饭店的主建筑面积的 70%左右，中低档饭店较之高档饭店来看，比例更高，甚至达到 80%～90%，饭店中客房销售额远高于其他各项收入。20 世纪 90 年代以后，饭店的综合性功能得到充分体现，餐饮、康乐、商务、会议等收入所占比例大大上升。此外，客房具有反复销售、创利率高、收益大的特点。

(二)客房部的管理直接影响整个饭店的运行

客房部是为客人提供住宿服务的部门，包括客房楼层、公共区域卫生、洗衣房等几个组成部分。客房部不仅负责管理客房，还负责整个饭店的公共区域的清洁，同时负责饭店员工制服的清洁、修补和更换，并为餐饮部提供各类布巾等。它为饭店各部门的正常运行创造了良好的物质条件。另外，客房部是饭店中人员最多的部门，因此，如何控制好劳动力成本，培养和提高客房服务员素质，稳定员工队伍，协调客房部与其他各部门的关系都会影响整个饭店的经营管理。

（三）客房管理水平决定饭店的档次

客房是客人在饭店中逗留时间最长的地方，所以对于客房的要求比较高。客房是否舒适、温馨、便利、安全，设施是否齐全，服务员态度是否热情周到，都会影响客人对饭店的评价和是否再次光顾。此外，饭店公共区域清洁也是客房部的责任范围，不仅包括住店客人，来宾们也会直接感受到公共区域的清洁和舒适状态，并给予一定的评价。所以饭店客房的管理水平决定饭店的档次。

第二节　房务管理的组织机构与职能

房务工作在饭店的经营活动中，起着决定性作用，其工作质量的高低，直接体现一个饭店管理的水平，影响客人对饭店的印象，关系到饭店的经济效益。因此，房务部各级管理者及全体员工必须树立"宾客至上，质量为本"的服务宗旨，恪于职守，团结协作，尽最大努力为客人提供热情周到的服务和完美的旅居环境。

一、前厅部

（一）前厅部的组织机构

依据饭店拥有客房数量的多少，可将饭店分为大、中、小型三类。不同国家界定的标准各不相同。根据我国目前饭店发展的实际情况，客房数量在500间以上为大型饭店，200～499间是中型饭店，200间以下是小型饭店。各种类型饭店的前厅设置各不相同。

1. 大型饭店前厅部组织机构

在大型饭店中，前厅部往往设有部门经理、主管、领班、服务员四个层次，不同饭店前厅部的设置会因为具体情况不同而有所差异（图3-1）。

2. 中型饭店前厅部组织机构图

中型饭店较之大型饭店，其前厅部下设编制有所减少，设有部门经理、领班、服务员三个层次（图3-2）。

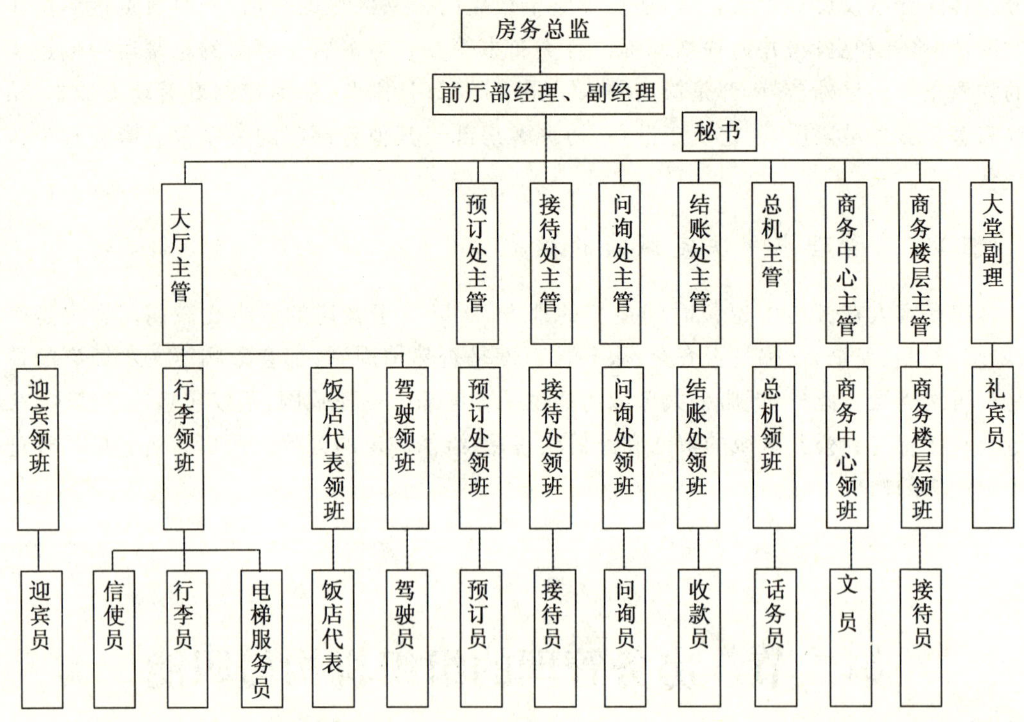

图 3-1　大型饭店前厅部的组织机构

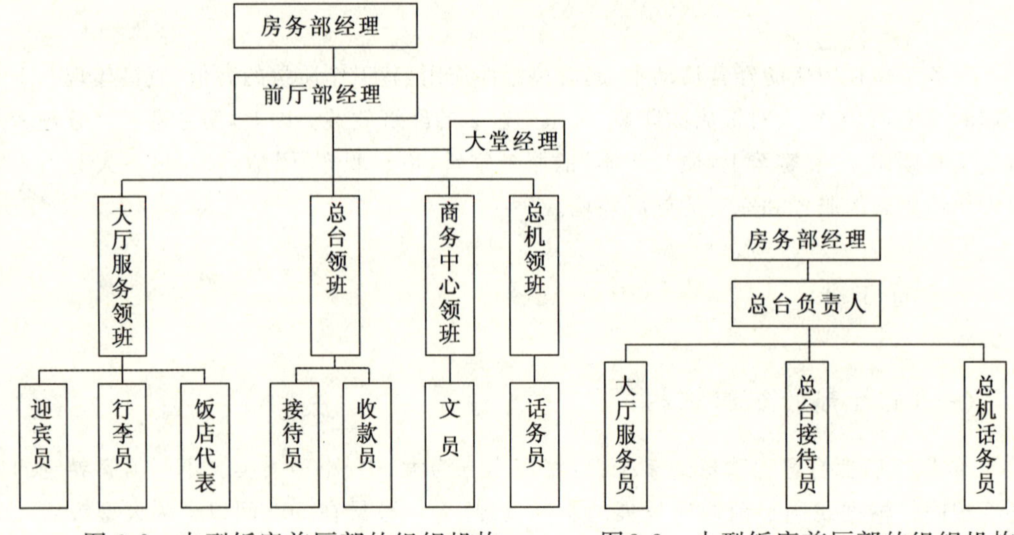

图 3-2　中型饭店前厅部的组织机构

图 3-3　小型饭店前厅部的组织机构

3. 小型饭店前厅部组织机构图

小型饭店最简单，一般不设前厅部，直接设置总服务台，全面负责订房、问询、接待、收银等多项工作。另专门设有大厅服务员和电话总机服务员(图 3-3)。

(二)前厅部各机构的职责

前厅部是招徕并接待客人，推销饭店产品，为客人提供各种综合性服务的部门。一方面，前厅部要参与饭店的经营管理活动，另一方面，又要为客人提供综合性的服务。一般的，前厅部可以分为七大职能部门。

1. 预订处

参与制订全年客房预订计划；

与能为饭店提供客源的社会各界建立良好的业务关系；

负责饭店未来客户和目前客户的客房预订业务；

制订预订报表，及时向有关部门提供准确的客房销售信息；

提供 VIP 抵店信息。

2. 行李处

负责机场、饭店门厅迎送客人；

带领客人到前台办理入住或离店手续；

负责客人的行李运送、寄存；

引领客人至房间，并简单介绍客房设施和饭店服务项目；

分送客人的报纸、信件和留言；

安排离店客人的交通工具；

负责客人其他委托代办业务；

金钥匙服务：某些高星级饭店设有。其服务宗旨是在不违反国家法律、不影响其他住店客人利益的前提下，尽可能地为客人提供全面的、个性化的服务。

3. 接待处

负责现场销售客房，接待住店客人；

帮助客人办理入住或离店手续；

合理分配客房；

掌握客人入住动态和客户档案，控制好客房状态；

制定客房营业日报表；

协调对客服务工作。

4. 问询处

回答客人有关饭店服务的一切问题及饭店外的交通、游览、购物等信息的问询；

代客对外联络机场、车站、旅游点等代办服务事项；

处理客人的信函、留言和会客服务；

代客保管客房钥匙。

5. 收银处

负责管理客人的账卡，与各营业部门联系，催收、核实账单；

负责客人在饭店一切消费的收款业务；

代客寄存和保管贵重物品；

提供夜间审计报表；

（某些高星级饭店）提供外币兑换业务。

6. 电话总机

负责转接电话；

为客人提供市内电话及长途付费电话；

提供叫醒服务；

提供电话留言服务；

传播或消除紧急通知或说明，播放背景音乐。

7. 商务中心

为客人提供打字、复印、传真及互联网等商务服务；

提供翻译服务；

提供秘书服务；

提供管家服务。

二、客房部

(一)客房部的组织机构

1. 大中型饭店的客房部组织机构(图 3-4)

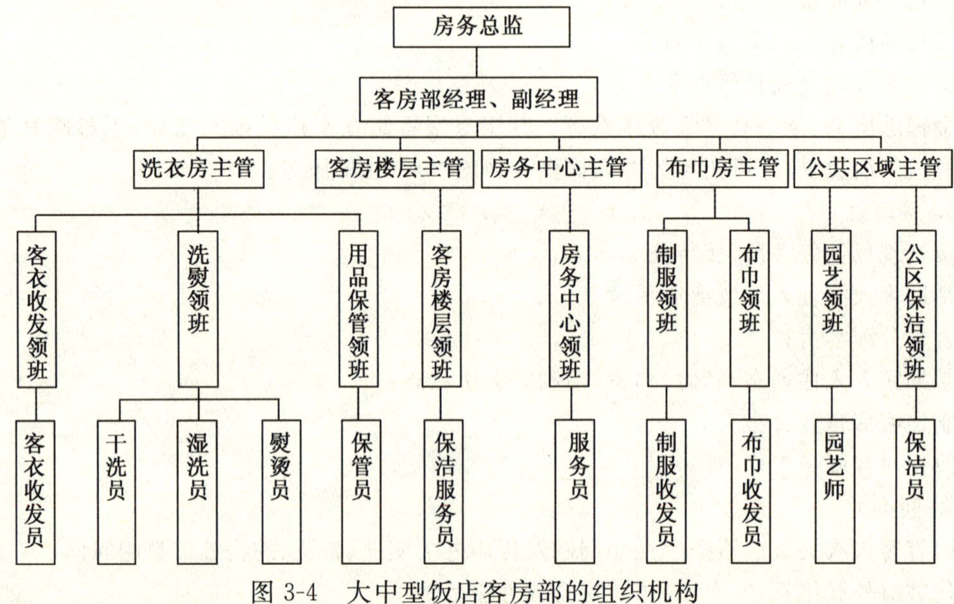

图 3-4　大中型饭店客房部的组织机构

2. 小型饭店的客房部组织机构(图 3-5)

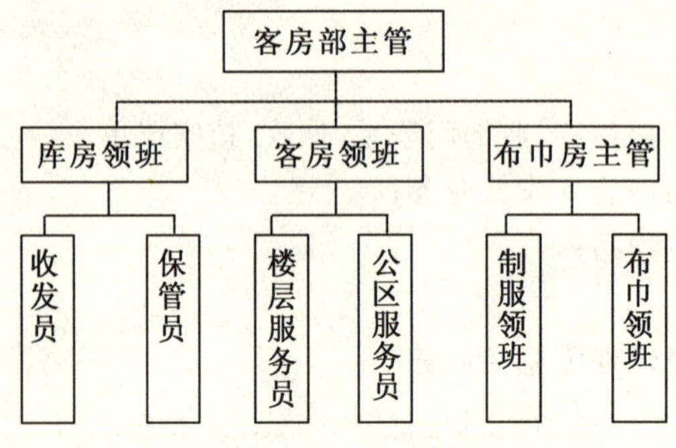

图 3-5　小型饭店客房部的组织机构

(二)客房部各机构的职责

客房是饭店的主要产品，客房收入是饭店收入的主要来源之一。维持和增进客房销售是客房服务和管理的根本目的。总的来说，客房部一般设置五大职能部门。

1. 布巾房

负责饭店餐厅、客房等所有布件的收发、送洗、缝补和保管；

负责饭店员工制服的收发、送洗、缝补和保管。

2. 客房楼层

负责楼层客房的清洁卫生工作；

负责楼层客房的接待服务工作。

3. 公共区域

负责饭店客房楼层和餐饮区厨房之外所有区域的清洁卫生工作。

4. 客房服务中心

负责安排、调度对住店客人的服务工作；

负责失物招领工作。

5. 洗衣房

负责洗涤客房部、餐饮部等各部门所需要的布件、棉织品；

负责洗涤全体员工的制服；

为客人提供衣物的熨洗服务。

洗衣房隶属于客房部，有的饭店洗衣房归工程部管辖；一些饭店的洗衣房因规模较大并承接外来业务，而成立独立的洗衣部；一些饭店不设洗衣房，洗涤业务由专业洗衣店代理，由布巾房负责送洗及接受。

第三节　房务管理流程

房务部为宾客提供的服务是一个完整、循环的过程。从潜在客人未踏入饭店，通过各种渠道与饭店进行第一次接触开始，直至客人离开饭店为止，是一次服务的终结，同时又是另外一次服务的开始。对客服务是一个周而复始的过程，它可以分为五个阶段，即宾客到达前、宾客到达时、宾客住店期间、宾客离店时和宾客离店后。

一、宾客抵店前（售前阶段）

房务部在这一阶段的主要工作是：

(1)协助营销部、前厅部通过图文资料等多种方式宣传饭店的形象和产品。

(2)前厅部预订处通过网络、电话、传真、信函、代理商或柜台接受客人订房。

(3)前厅部提供准确的可售房信息。

(4)依照饭店预订服务的程序，前厅部订房处为通过各种渠道订房的客人办好订房手续，并保存好订房资料。

(5)前厅部预订处向有关部门提供订房资料。由接待处下达接待指令，促使饭店各部门做好客人抵店前的准备工作。

(6)饭店驻机场代表在机场等候客人。

(7)客房部 PA 工作组员工做好公共区域的清洁工作。

(8)客房部服务员彻底清洁走客房,及时补充好易耗品,做好接待新顾客的准备。

(9)接到前厅部的指示,准备好 VIP 客房。

(10)客房部楼层领班检查整理好的房间。

(11)客房部经理抽查 OK 房,重点检查接待 VIP 客人的房间。

二、客人抵店时(消费开始阶段)

房务部在这一阶段的主要工作是:

(1)前厅部的门童在车门、店门前迎接客人。

(2)按照服务规范,行李员为客人提供行李入店服务。

(3)总台接待员迎接客人,询问客人是否订房。

(4)查阅资料,接待员告知已预订客房客人的房间号。

(5)总台接待员向未预订客房的客人推销客房,并依照客人的要求,合理安排房间。

(6)接待员协助客人办好入住登记手续并分房卡。

(7)行李员为客人提供行李寄存服务,并引领客人到所住房间,简单介绍客房设施。

(8)接待员把相关信息通知饭店其他相关部门。

(9)接待员变更房态记录。

(10)VIP 客人由饭店公共关系员代办入住登记手续。

(11)为客人提供问讯服务。

(12)为顾客提供其他委托代办业务。

(13)迎接 VIP 客人。

(14)楼层服务员熟悉抵店客人资料。

(15)客房服务员为晚上抵达的客人提供开夜床服务。

三、客人住店期间(消费进行阶段)

房务部在这一阶段的主要工作是:

(1)总机及时准确地为客人提供各项电话服务。

(2)总台问讯处为客人提供各类问讯服务及留言服务。

(3)总台接待员负责处理客人换房、核对房态等日常服务。

(4)前厅收银员为客人提供贵重物品寄存、各项账目入账、账目查询、外币兑换等服务及完成催收应收款等项工作。

(5)提供委托代办服务,如订票、邮寄、物品转交等。

(6)前厅部接待处负责协调饭店各部门的对客服务过程。

(7)商务中心为客人提供翻译、打字、传真等各项服务。

(8)PA 组服务员提供公共区域保洁工作。

(9)楼层服务员提供客房日常清洁服务。

(10)楼层服务员为客人提供会客、擦鞋、托婴等服务。

(11)洗衣部为客人提供客衣水洗、干洗和熨烫服务。

(12)接受客人的投诉,并及时处理。

四、客人离店时(消费结束阶段)

房务部在这一阶段的主要工作是:

(1)客房服务员查房,并将情况及时告诉总台。

(2)帮助客人办理退房手续,处理客人提前或延期离店的要求。

(3)行李员提供客人行李出店服务。

(4)店门、车门前送别客人。

(5)将客人离店信息通知客房部等相关部门。

(6)完成客人离店后,内部结账手续。

(7)及时更改房态并保持房态正确。

(8)收银员完成对营业收入的夜间审核等工作。

(9)大堂副理处理客人的各种投诉。

(10)客房服务员清扫走客房,检查客人是否有遗留物品。

五、客人离店后(消费结束后)

房务部在这一阶段的主要工作是:

(1)饭店驻外(机场、车站等)代表到机场、码头、车站等处送别客人。

(2)各项资料整理存档,填写、整理客史档案卡,保存有关客人消费爱好的所有资料。

(3)收回宾客意见表。汇总投诉及其他意见,分析整理后反映到相关部门(此项工作由大堂副理完成)。

(4)与宾客保持密切联系,必要时有针对性地协助营销部主动促销。

(5)处理客人的遗留物品。

复习思考题

1. 综述房务部门在饭店的地位与作用。
2. 简述房务部门的工作职责。
3. 房务管理主要涉及哪几个环节?

参考文献

1. 黄继元. 饭店客房业务与管理. 昆明:云南大学出版社,1997

2. 陈雪琼. 旅游服务前厅服务实训教程. 福州:福建人民出版社,2002

3. 田玉堂. HCM 国际酒店管理模式. 北京:改革出版社,1997

4. 余炳炎. 现代饭店房务管理. 上海:上海人民出版社,1998

5. 邹益民,张世琪. 现代饭店房务管理与案例. 沈阳:辽宁科学技术出版社,2003

6. [美]乔治娜·塔克尔,梅持琳·斯尼德著. 赵秀英,缪梨,金讳青,张宏坤等译. 旅游饭店客房管理. 杭州:浙江摄影出版社,1991

第四章　前厅氛围与客房环境设计

饭店是附带服务的、有一定范围的空间，即有形设施和无形服务的综合体。而作为饭店有形设施的室内环境设计既是饭店商品价值的重要组成部分，又是饭店管理的重要内容之一，它直接影响着管理的效率和客人的心理感受，并最终影响客人感觉中的服务质量。一些著名国际饭店品牌的管理者对此已有深刻的认识。如三亚万豪度假酒店的总经理文雪飞就认为，饭店设计对饭店经营成功起着决定性的作用。她说："我们在努力满足客人最高期望值的基础上，不断地进行更新调整，同时也为顾客创造不同的体验，在倾听饭店客人的想法的同时，去了解他们的感受和喜好。让设计与经营相结合，才会使顾客忠实于万豪，为我们带来更多的效益。" 朗廷酒店集团业务拓展部中国区副总裁孙铤哲也认为："饭店设计与经营管理有着直接的共生关系。饭店的经营管理模式应以其设计蓝本为依据。"随着现代饭店业竞争的加剧，饭店室内环境设计的重要性还会更加突显，它将直接影响到饭店产品的吸引力、竞争力和发展潜力，影响着饭店的市场占有率。也正因为如此，现在越来越多的饭店管理公司改变了以往在饭店硬件设施完成以后再邀请饭店管理公司输出管理的做法。在饭店设计建设之初就让饭店管理公司介入，以便在饭店设计建设中提出更专业、合理的意见，以利于后期的管理和运作，创造出预期的利润价值。哈佛大学教授罗伯特・海斯教授指出："15 年前，公司的竞争体现在价格上。今天，它是质量，明天，它将是设计。"

饭店室内环境（包括前厅、客房、餐厅、多功能厅、会议厅等等）设计是指为满足客人在饭店的居住要求而有意识营造的理想化、舒适化的内部空间设计。它是饭店建筑设计的继续，是对原建筑空间的调整、充实、完善和进行再创造，它通常有两方面的内容，即室内设计手法和室内陈设艺术。其中，室内设计手法包括室内空间的划分与处理、装饰材料的选用、色彩设计、照明设计等等。室内陈设艺术是指对室内可以移动、可以更换的实用物品或观赏品的设计和布置。如对室内家具、帘幔、地毯和观赏艺术品（包括条幅字画、古玩、工艺美术品及盆栽、盆景和瓶插等室内绿化艺术品）的装饰布置。前厅与客房是饭店最核心的空间，其环境设计是饭店房务产品的重要组成部分，在饭店的房务管理中占有十分重要的地位。本章主要阐述前厅与客房在室内环境与氛围设计中应遵循的一些原则和方法，为饭店经营管理者搞好房务管理，创造优质产品提供理论基础。

第一节　前厅氛围设计

饭店的主要功能是满足旅游者饮食和休息的需要，同时还以其美好的内外环境形象满足客人的审美需求，因而饭店的室内环境设计必须注意其物质功能与精神功能的有机结合。前厅是饭店的窗口、眼睛，是旅客产生第一印象和最后印象的重要空间，也是饭店室内设计中，必须重点装饰陈设的地方。在前厅的室内设计中应努力把满足功能要求与创造环境的艺术效果结合起来，使其具有更高的文化品位和审美效果。

一、确定标准定位

前厅是饭店工作人员和旅游者的集散地，是饭店的中心，客人与饭店的关系很多集中于此，因而它是饭店较大的一个公共活动空间。一个良好的饭店前厅在设计装饰上要求有宽敞舒适的大空间，其建筑面积应与整个饭店的接待能力相适应。在国家旅游局颁发的《旅游涉外饭店星级的划分及评定》标准和国家建设部颁发的《旅馆建筑设计规范》等相关文件中，对不同星级饭店的前厅设计标准做出了明晰的规定。不同星级饭店的前厅在装饰设计时，首先应严格按照有关"星级评定标准"进行正确而恰当的标准定位。一般来讲，饭店前厅的面积应与饭店的客房间数成一定的比例，大约为 0.4～0.8 m^2/间，即每间客房应占有 0.4～0.8 m^2 的前厅面积。如苏州四星级的中华园大饭店在 20 世纪 90 年代末设计装修时，共有各类套房、标准房 168 间，其前厅面积为 135 m^2(平均每间客房约占 0.8 m^2)以上。标准定位还涉及造价，如按"星级评定标准"的要求，四星级饭店的前厅造价应约为 4500 元/ m^2。饭店设计时的标准定位还应有一定的前瞻性，若饭店将来还有提升星级档次的要求，在标准定位时可适当提高标准，以为将来提高星级水平创造条件，留下余地。

二、划分功能空间

前厅是客人办理住宿登记手续、休息、会客和结账的场所，是饭店为客人提供服务项目最多的地方。其功能多样，空间语言复杂、多义，是一个多功能空间并存的组合空间。它有以总服务台为中心的总服务区、休息区、商务中心、咖啡厅、酒吧，有的还有商场、花店、银行等等。同时，前厅又是客人前往饭店其他服务设施如客房、中庭、餐厅、娱乐场所等的交汇点，有楼梯、电梯、过道等多种通道口。因此，合理而完善的空间布局设计以达到满足前厅各空间使用功能的目的是饭店前厅室内设计的基础和关键。

在对前厅空间处理时，根据功能的需要，可将前厅众多的功能空间划分为以总服务台为中心的服务空间、客人休息、交往的休息空间和作为通道口的交通空间三类。设计时要使各空间层次清晰、方向明确，对于流动性强的交通空间要留有宽敞的地带，使人流畅通，从水平到竖直的交通转换结构要明确、便捷，使用电梯、楼梯位置要清晰，装饰要精良。服务空间、休息空间等停滞空间则要求不受干扰。服务区,既要醒目,又要相对宁静。总服务台是饭店对外服务的窗口和中心枢纽,应设置在前厅显眼、方便的位置,一方面使客人一进大厅就能一眼看到,并能迅速到达此处办理住宿手续。另一方面也可以方便工作人员观察到整个前厅、出入口、电梯、商场等的活动情况及正门外宾客到达情况,从而做好接待准备工作。而休息区则应安置在人流线不穿越且位置明显的区域。

前厅空间设计时还要充分考虑各空间之间的相互关系,以保证整个前厅空间的完整性和相互协调性。当今的饭店前厅空间布局已摒弃过去常用的封闭式设计手法,取而代之的是不同功能空间的相互渗透与连贯。设计时宜采用自然空间限定,利用家具组合、地面材质、色彩变化及灯光等自然形成空间分隔处理,做到你中有我,我中有你,既有大空间的博大延伸,又有局部空间、虚拟空间的私密与限定,既满足功能的需要,又提高空间的使用率。如著名华裔设计师贝聿铭用一块印有裂冰纹图案的大地毯分隔出了北京香山饭店前厅里的休息空间。苏州中华园大饭店用花卉将钢琴演奏台与酒吧、咖啡厅分隔,其左侧休息区的墙面则以宽大的玻璃使商场与前厅贯通。上海宾馆在前厅总服务台上部设计了一片发光的顶棚,它比平顶降低 1 m,形成一片均匀的光照面,依仗灯光和降低的顶棚,使这里形成了服务空间。在前厅东南角人流线不穿越的区域,设置一组弧线沙发,构成休息空间。湖南富丽华大酒店的前厅,空间大而设计层次丰富。巨大、简洁而别致的发光顶棚使有限的空间高度得到扩展。前厅右边是总服务台,左边的“丽廊酒吧”典雅静谧,为客人提供了一个会友、洽谈、小憩的理想场所。酒吧与前厅之间隔而不断,使各自空间既可免相互干扰,而又无明显的界面。前厅的左前方是皇族西餐厅,以整幅的玻璃隔窗而与前厅相连,当人们进入前厅时,就可远远看见典雅舒适的皇族西餐厅笼罩在一片金碧辉煌之中。

现代饭店在空间设计上还常常运用中国园林的“借景”手法,采用玻璃顶、玻璃幕墙等,以引进自然空间和采光,达到沟通内外空间,拓展人们视野的目的。这种设计手法在前厅空间处理中也常被采用。如位于海边的著名的香港海逸酒店,其与前厅相连的咖啡厅被誉为海逸设计的精华。该咖啡厅有着 3 层楼的空间,底层的一侧向前厅敞开,另一侧由整块玻璃构成,让深居其间的客人拥有了一个雄伟的海岸线视野。又如湖南小天鹅大酒店,其前厅正门朝东,设计师将前厅南面的整个墙面都设计成巨大的落地式玻璃窗,内外通明透彻。这样,大厅内的客人可将室外喷泉的景致与城市风光尽收眼底,而酒店外的行人则可感受到酒店里的鼎盛人气和豪华、幽雅的氛围。

三、营造审美氛围

现代饭店的室内环境设计不仅要满足客人的物质功能(主要是使用功能)需要,还要满足客人精神功能的需求。优秀的前厅设计在对功能空间划分的基础上还应对其空间环境加以“升华”,赋予其气氛、个性、情趣、格调及深刻的文化内涵,以达到功能与气氛、格调、美感的高度统一。因而重视饭店前厅室内环境的审美功能,为客人创造赏心悦目的室内氛围(即气氛)也是饭店前厅室内环境设计的重要任务。

如果说前厅的功能效果主要体现在功能空间划分和设施完备上,那么其审美氛围的营造则主要体现在其室内空间造型的独特性,装饰材料及其质感、色彩运用的合理性,灯光使用的科学性以及装饰陈设、绿化布置的艺术性上。依据前厅的功能目的和客人普遍住店的心理需求,前厅设计一般都追求一种宽敞、华丽、宁静、安逸、轻松的审美氛围。这就要求前厅在总体设计上应有一种雄伟壮丽的空间形态；装饰材料应选用高级耐用品，如大理石、花岗石等等，以起到画龙点睛、精致富丽的艺术效果；灯光宜明亮舒适，照明可利用多种光源，如可用暴露的大吊灯、筒灯等，也可用隐藏性光源，还应充分利用自然采光，以产生一种凝聚的心理效果；室内的主要色调应明朗而热烈，与明亮的灯光配合可营造一种“宾至如归”的气氛；主要的家具——沙发，尺度可略大些，既增加舒适感，又显得气派，其色彩应与室内的主色调协调一致；厅内陈设宜采用大效果观赏性的绿化或艺术品陈设，如一些大型油画、装饰画等。同时还应注意，一些技艺精湛、内容丰富、需要细加观赏的艺术品不适宜在此陈设，以免因客人停留观赏而造成交通堵塞等现象。

拥有审美魅力的前厅设计还应将空间、材料、色彩、家具、灯光及工艺品等设计因素从整体上协调组合起来，运用各种艺术表现手段和方法，进行巧妙构思和精心安排，形成独具特色、富有个性的风格特征，以揭示深刻的文化内涵。现代前厅的装饰陈设风格可略分为中式、西式、古典式、现代式、田园式、宫廷式等等。最具有代表性的主要有下列两种：

一种是以传统的民族形式为基调，以尚古、辉煌、豪华为其特色。主要选用中国式吊灯、大尺度盆栽、中式家具、地毯，入口处以照壁，迎面布置屏风，或在墙上绘制有中国气息的装饰壁画，使前厅充满中国传统文化的气息。

如江苏常州大酒店的前厅极富传统文化气息。在入口处设置一处玻璃照壁，形成一个玄关，采用变异的月亮门的形式，上书苏轼的著名诗句。位于大厅后半部右侧的总服务台背景采用分段式的印刷玻璃，并书有与常州有关的历史文献记载。玻璃背后种植竹林，通过光影投射到玻璃上，显出若隐若现的竹影。大厅后半部通往自助餐厅的侧翼设计一个专门的景观处陈设传统的艺术品，中心设置为典型的中式屏风，其屏风与整个景观成45°斜角，背后种植竹林，屏风前摆设典型的官帽椅，在官帽椅旁摆设传统的古筝，借以代替西洋钢琴，使其古韵缭绕，增添儒雅的文化氛围。

被称为“昔日帝王宫”的北京贵宾楼的前厅设计集中了唐、宋、明、清的文化精髓。大厅顶部的金箔花纹设计采用了盛唐时期的花型设计；四周的木结构镂空花雕，吸取了宋代的装饰手法，以饱满、对称、平衡、安详为特色；墙面的装饰板则为明代风格，凝重而流畅，精致而典雅。

充满地域文化特色的前厅装修也可算作是此种风格的基调。深圳金碧酒店是由云南省投资修建的一个现代化酒店。在前厅的设计中，设计师在起伏变化的吊顶体块面上，缀以提炼过的云南少数民族图案。前厅总服务台后的长形墙面，以别致的随意扎染布覆面，展示少数民族扎染工艺本身所具有的装饰趣味。跑马廊墙面的四幅毛线壁挂上的圆、方、三角等几何平面图案的色彩使用了抽象提取的云南少数民族偏爱的红、黄、蓝、绿等鲜艳色彩，使素雅、洗练的前厅为之增辉。另外还用巨型的圆木做成通长的象群圆雕（云南出产大象），用金属做成抽象的牛头做壁饰。金碧宫富有浓郁地方特色的室内装饰设计使其在深圳这个现代化的大都市中显示出独特的艺术魅力，

第二种是以简练大方的现代风格为基调。即用现代设计的艺术语言，运用现代材料、工艺技术和精良的施工，以表达特定的语意和内涵。如前厅地面和墙体多采用大理石或花岗石材料，局部点缀木材、金属和玻璃，配以绿化和喷水，色调清新、素雅，空间和形体洗练、整洁，光照变化多姿，体现出现代高技术之美，给客人带来明快、舒适、轻松的感受。

如南京金陵饭店的前厅，就主要是以简洁、精致的建筑美感来适应现代人的审美趣味。地面上大尺度绿化，使室内充满生气，体现出江南历史名城南京的风貌特征。前厅中央布置

一圆形沙发休息岛，铺上柔软厚实的地毯，人们在其间向着中心围坐，产生一种温暖、安宁的感受。

上海商城波特曼丽嘉大酒店精美的前厅设计堪称现代风格设计的典范。设计师们采用各种现代手法对灯光、色彩和装饰织物及家具等进行大胆运用和整体安排，使该设计充满了现代气息，成为一件美丽并可供欣赏的艺术品。如在前厅灯光设计中，大量地采用了先进的光纤工艺。您可以在5条玻璃装点的圆梁中、前台石灰墙壁的镶嵌处、丽嘉酒吧的台面等处见到。设计师充分应用了光线与玻璃折射的原理，通过光纤控制器的速度、颜色及光纤本身的布置和图案的变化，将您带入五彩缤纷的梦幻中。大厅中还多处安排了光源灯。夜晚，当暮色降临，以电脑设置的各种图案及它们的动态变化被直接照射到北面板透明的丝制纱窗上，与玻璃装点的月洞门、玻璃横梁交相辉映。同时，大厅中所有的灯光及背景音乐皆以电脑控制，根据季节、时间和大厅氛围的变化，光线的强弱、色彩、调节速度都会随之改变。

由于当今世界各国、各地区之间的文化交流频繁，设计思潮的多元化并存以及住店客人心理需求（生活方式的变化）的不断变化等原因，事实上，现代饭店设计已较少采用单一的风格基调，更多的是以一种风格基调为主，揉入不同风格的元素，形成多种风格并存的审美氛围。饭店设计的混合风格是世界饭店业的共同趋势，是世界各地域文化融合、交汇的产物……这一发展趋势在饭店前厅设计中也得到充分体现。

上海商城波特曼丽嘉大酒店现代风格的前厅设计中就融入了中国传统设计元素，其前厅设计中最引人注目的玻璃月洞门其外形就取自于中国园林中的圆形门。该设计在理念上还吸纳了中国传统的风水意识，中空的洞门预示丽嘉酒店的商旅客人必能财源广进。江苏苏州中华园大饭店前厅的装饰格调则是以海派特色为主，糅合了欧式风格，体现了中西合璧。

现代饭店前厅设计在选择主要风格基调时，可从以下两点考虑。一是主要的风格基调应与整体建筑设计风格吻合。建筑室内装饰设计应是整体建筑设计的继续，如果原建筑外立面造型具有浓郁的欧式风格，作为客人首先进入的公共活动空间——前厅，其室内空间环境的艺术处理，装饰装修材料的选择，装饰色彩的运用，以及家具、灯具和绿化、工艺品的陈设布置也应紧紧扣住欧式风格基调，这样才能表达出饭店特有的文化内涵，使设计产生较强的艺术感染力。二是前厅主要装饰风格的选择还应考虑该饭店的文化定位和市场定位。饭店设计是饭店企业文化的一部分，是对企业文化内涵有效的传递和表达。“无论是室内陈设还是大型建筑设计，都有其企业文化理念贯穿其中，整体设计风格要服务于本企业的文化定位，偏离文化主线的设计必然是不会成功的。”前厅是饭店企业文化展示的窗口，前厅的风格设计更应引导客人了解饭店的文化内涵和市场定位，展示饭店的风采。如深圳金碧宫大酒店作为云南省在深圳的一个窗口，需要通过自身的特点来树立自己的企业形象。为此酒店在室内装饰设计之初的文化定位就是要体现云南省的地域文化魅力，让深圳更多地了解云南，使该酒店有别于当地其他众多的酒店。为了使前厅成为传达这一文化理念的最主要的地方。在前厅设计中，设计师既用了简洁、流畅的现代风格设计，更主要的采用了大量体现云南地域特色的设计手法和风格元素，成功地营造出了一个既有现代气息又充满云南地域文化特色的高格调的审美艺术氛围。

广州东莞波特曼商务酒店的前厅现代式风格基调的确定就是根据其商务酒店的市场定位的。该酒店的主要客人为南来北往的客商，其中又以台湾籍的客户为众，而其开业时间又临近“情人节”。设计师在其前厅的设计中为了充分表达“情”的主题，运用了各种现代化的设计手段和方法。如在室内主色调的选择上力图摆脱惯用的米黄系列，采用黑、白、灰（金银）等庄重典雅的色彩。在用光上几乎未用筒灯，全部以侧光、内发光、点光。玻璃与银镜的运用，更增添了许多情趣。为了更好地渲染环境，给四处奔波的游子一种心灵的慰藉，在装饰陈设上，还用了很多玫瑰花，从而使整个前厅呈现出一个极具现代风格的浪漫而温馨的环境氛围。

第二节　客房环境设计

客房是饭店的核心部分，是客人在饭店中真正驻留时间最长的地方。一般而言，客房大约占饭店面积的80%。可以说，出租客房是饭店一切经营活动的终极目的。因而，在饭店的室内环境设计中，客房也是设计的重点。

一、饭店客房环境设计的总原则

饭店的客房类型大致有三类，即单人间客房、双人间客房(通常被称为“标准间”)与套间客房。饭店不同类型的客房数量与饭店的类型、档次有着密切的关系。在国家旅游局颁发的《旅游饭店星级的划分及评定》标准中，对不同星级饭店可供出租的客房数量、面积及各种不同类型客房的配置都有明确的规定。这是客房设计时应遵照的标准。客房的设计仍然要以功能需要为主，坚持功能与美感形象的统一。在具体设计上应遵循安全、健康与舒适的总原则。安全问题主要表现为设计时首先应设计防火、治安和保持客房的私密性等等设施，安全设备的配备要齐全。应设置火灾报警系统，电器的自动切断电源装置、冷热水龙头标志。还要具备防滑、防碰撞以及防盗等等设备。尽量采用难燃或不燃的建筑、装修材料。环境直接影响人的健康。噪音威胁人的听觉健康；照明不足影响人的视觉健康；生活在全空调的环境内，温湿度不当也会损害人的身体健康。因此，在客房设计时还必须重视客房的隔音、照明度和空调的设计，要使用隔音、减震的材料。同时，还应充分考虑环保。在装修、装饰、宾客用品上采用具有环保性能的材料。如对人体有害的放射性材料要禁止使用；应关注涂料、填料、密封胶、覆盖物的隐性污染等等。还要注重新技术和新设备的应用。如现代的一些高级饭店已采用先进的自动感应系统，使光线、声音、温度和湿度都可依据客人的喜好进行自动调节。

“舒适”是由无数物质功能和精神功能形成的综合评价。它主要包括两个层面，一是实用，二是美观。客房的舒适感首先应注重实用。一般来说，客人在客房中的行为有休息、阅读、书写、会客、欣赏音乐、看电视、眺望风景，贮存衣物、食品，梳妆、沐浴、用厕、睡眠以及与饭店内外联系等等。客房装修设计时，在空间划分上相应的至少应包括五个功能空间。一是睡眠空间，主要布置床、床头柜等家具，以满足客人睡眠的需要；二是盥洗空间，主要设置浴缸、马桶与洗脸盆等卫生洁具，以满足客人沐浴、用厕等需要；三是起居空间，除套房外，标准客房基本上都在窗前区布置安乐椅、小餐桌或沙发、茶几等家具，以供客人休息、会客、饮食时使用；四是书写空间，可在床对面，也可在床前设长条形写字台供客人书写使用，也可兼作化妆台，墙面设置镜子等；五是贮存空间，供客人贮存衣物、食物用，主要设置壁柜等等。此外在豪华套间、总统套间内还有专门的读书空间和会议空间。读书空间主要陈设大型书桌及文房四宝等;会议空间一般提供供十余人用的会议桌、椅等。客房的空间能反映一定的舒适感。因此,为保证舒适,客房设计时必须要有足够的空间和恰到好处地选用空间来满足客人在客房内的行为需要。既要方便客人在室内的生活起居,又要方便服务员的清洁操作。

满足客人的精神生活、审美需求,也是客房舒适感的一个极为重要的方面。客房装饰设计在注重实用的基础上,还要强调和谐、美观。客人入住饭店在心理需求上一般来讲大致有两类:一类是希望客房符合本人的生活习惯与水平,使客房犹如自己的家一样方便舒适,亲切愉悦;另一类则希望客房要有鲜明的地方特色和异国情调,使自己在客房中能够感受到新鲜有趣的异域文化和异国文明。由于客房室内环境的主要功能特征是休息与睡眠,因而,应该说不论是具有哪种心理需求的客人都希望舒适的客房拥有简洁雅致的格调,呈现一种宁静、温馨、优雅的审美氛围。下面具体介绍客房、卧室审美氛围营造的一些主要因素与方法。

二、客房审美氛围的营造

(一)客房设计的主要审美因素

家具、织物、灯具、绿化以及工艺品等是客房设计中的几大主要审美因素,它们在客房的装饰设计中既具有功能性,又有装饰性。在客房的装饰设计中要做到物质与精神、功能与审美的统一。同时,还应与一定的等级规格相适应。

1. 家具

家具是客房室内设计布置的主体,在满足室内使用功能的同时,它又是室内主要的陈设物,在营造客房室内气氛和美化室内环境中起着极为重要的装饰作用。客房家具设计的基本原则是在充分满足实用功能的基础上,要尽量发挥其在客房中的装饰作用。为此,在设计陈设时数量要适当,要根据房间面积、朝向、门窗位置以及功能空间等进行整体安排,以分组设计布置为宜。家具的尺度要根据人类工程学提出的依据,以满足客人在客房内的各种行为需要为准,小面积、低净高的旅馆客房家具不宜做得过于高大,应以小巧灵活为宜。家具的造型应符合形式美的法则,风格特征应结合整个客房的设计装修风格进行统一设计和选用,要有时代感和民族特色。其色彩选用也不能孤立考虑,要从墙壁、地面、窗帘、地毯等构成的室内主要色调来设计,要做到统一式样,统一色调。

2. 织物

客房内使用的织物品种繁多,主要有窗帘、床罩、沙发套、靠垫和地毯等等。织物在客房内不仅具有一定的使用价值,而且通过它们的质感对比和衬托可增加室内柔和、婉约的艺术气氛。还可通过它们的色彩对比或协调来调整原有室内装饰在色彩和图案方面的不足。客房织物设计的关键是要选好色彩、质地和织物纹样,使它们服从于室内的整体设计和客房的等级规格。同一室内的织物,在色彩和图案方面不宜过多过杂,以免令人烦躁。

如地毯的功能是保暖吸音,触觉良好,客房地面铺设地毯,可给人以亲切、温暖的感觉。客房地毯的艺术质量取决于和家具、陈设物之间的色彩、纹样的调配与协调。客房地毯在色彩和图案纹样选择上一般以单色素为好。质地可按客房的规格等级选用。由于地毯使用量大,且一般维修更新年限为5～7年,普通标准间可选较轻料、纯人造毛的地毯。其余可按客房规格等级提高其地毯的羊毛含量。

窗帘的功能在于调和光线,是客房必备的装饰织物。同时,它还具有装饰效果,可以丰富室内空间构图，增进室内的生活气息和艺术气氛。客房的窗帘一般为两层，内层配质地较薄、透明的纱帘，用以调节光线；外层配质地较厚的布帘，以遮挡光线。客房的纱帘多为白色或浅灰等素雅颜色。布帘多为绒布制作，织纹较明显，色彩稳重，在质感上可成为家具、陈设物的理想背衬，以增加室内典雅的空间气氛。

客房床罩的功能主要是保护床上用品的清洁，同时也起到装饰作用。床罩的质地种类可供选择的很多，设计时应根据客房规格等级选用。由于其要求面积大，在色彩选择上需与房间主色调及其他织物的色彩取得协调。

3. 灯具

客房的室内照明通过千姿百态的灯具，不仅为客人在客房内的不同功能需求提供了良好的光照，而且有利于创造某种气氛与格调。因而在设计时，其灯位的选择、灯具外罩造型、色彩质地应根据室内立意和功能划分整体考虑。按照客人在客房中的活动情况，客房的照明设计一般采用分散的局部照明的方式。如在书桌上设台灯，床头设床头灯，沙发边设立灯等，以增强此三个功能使用区的照度。同时也还应为整个房间的采光提供一般照度。客房的灯具宜选择造型简洁、色彩素雅、便于清洁为佳。

4. 观赏艺术品

室内观赏艺术品分为在几案、橱柜或地面上摆设的和在壁面上悬挂的两大类，包括古玩、瓷器、书画及各种工艺陈列品等等。客房中陈设观赏艺术品，可以美化房间，增添艺术品位，体现民族特征和地方特色，提高客房的等级规格。在客房观赏艺术品的陈设中要十分注意观赏品的尺度和搭配。要重视它们与室内整体风格的和谐，使它们的造型、色彩、质感以及所蕴藏的内涵等，能与墙面、家具、室内主题等因素相呼应。数量上要少而精，要适合客房的规格等级。高级豪华套间陈设的艺术品，要工艺精湛、艺术性高。要掌握好摆设或悬挂的位置，使其观赏尺度与室内其他室内陈设、空间尺度相适应。光线要适当，明暗对比要根据需要进行调节。

5. 观赏植物

植物生动的形态和悦目的色彩可以美化、软化环境。把植物引入室内空间环境，还不单纯是为了“装饰”的需要，它能使人感到室内空间的可亲可近，满足现代人们崇尚回归大自然的心理需求。客房设计时，在重要宾客居住的房间的柜架或小桌或镜前的化妆台上放置一瓶鲜花可以使室内婉约妩媚，分外有生气。豪华饭店的客房内可采用插花或盆栽形式，以使房间充满迷人的温馨、高雅气氛。

（二）客房色彩的运用

马克思说：“色彩感觉是一般美感中最大众化的形式。”居室美化最令人着迷之处在于色彩，室内的色彩处理是一种极富装饰效果的手段，良好的色彩调配能使人感到舒适、愉悦、形成完美的室内空间气氛。客房审美氛围的营造也主要依赖色彩的正确合理运用。客房室内色彩设计的关键是要确定一个基本色调（主色调）作为色彩的主旋律。主色调一般可分暖色调、冷色调、亮色调、暗色调、红色调、绿色调。主色调决定着室内环境的气氛和情调。由于客房居住、休息的功能要求，需要具有使人感到亲切、温暖而宁静的审美氛围，因而在客房主色调的选择上宜选用暖色调或中型偏暖的环境色调。而客房墙壁、天花板、家具、灯光、植物、工艺装饰品以及各种织物等审美因素也都应围绕室内主色调进行统一搭配、协调，以创造一种和谐与变化的色彩美效果。

在具体的客房色彩组织中，要着重于注意天花、墙面和地面等几个大面积的色调，因为它们是控制室内整个空间气氛的基调。一般来说，客房天花板应用白色，以利于光线反射，使室内显得敞亮宽大，而墙面色则应与地面色接近。为营造氛围和便于清洁，客房的墙面多采用墙纸敷设，地面则多选用地毯铺陈。墙纸最好不选用带金属色的，以免对客人视觉产生不适之感。地毯色彩和图案不宜过花，色调可稍深，以使在污染后不易被察觉。床罩与窗帘是最令人注目的，它们对房间色调起着主导作用，为此可用同一材料、纹样和色调，且应与墙面保持协调。家具作为客房设计的主要要素之一，在满足人们室内使用功能的同时，也是室内主要的陈设物，在营造室内气氛和美化室内环境中起着极为重要的装饰作用。中式客房的家具可采用传统中式家具的颜色，但一般客房的家具仍应采用与主色调的近似色。室内色彩还要通过光来表现，灯具与灯光既有形又有色，它们与室内色彩配合来渲染环境气氛，最容易取得所需要的理想效果。客房的光色、灯具外罩的色彩确定也应根据室内整个色调来整体考虑。

如在丁山香格里拉大酒店的客房设计中，其家具主材选用的是朴素的法国红榉，然后染成梨木色，整个色彩显得柔和而温暖。家具的面料及其他布艺织物均以暖黄色和金黄色作基调，配以少许咖啡色，房间整体色调趋于柔和、温馨，再加上几乎所有房间均有沙发区、洽谈区以及衣帽间等空间，使客人有了强烈的"回家的感觉"。

在客房色彩的运用中，各装饰要素的色彩配合在整体上讲求统一的同时，还应注意在局部上有所变化，以避免整体的死板与单调。如果各主要设计要素围绕着主色调用色，以寻求整体上的统一，在局部地方就可用色彩反差明显的对比色加以点缀，以达到统一中有变化的效果。如在绿色调的客房的桌上摆一瓶鲜红的玫瑰花或在墙上挂一幅红色调的静物花卉画，就可以使房间气氛活泼生动、增添情趣。

另外，客房在色彩运用上，还要注意按照客房的朝向选用主色调。北向的客房应尽量少用冷色调，阳光充足的西向、南向客房不一定都用暖色调。小空间的客房，尽量少用促使视觉兴奋的彩度高的颜色，可以用冷色调来减少拥塞之感。

（三）客房风格的塑造

客房审美氛围的营造还体现在创造独具特色的艺术风格上。饭店客房风格的塑造与前厅一样，可以是中式、西式、古典式、现代式……无论是打造哪种风格和基调，都应进行整体的艺术构思，将室内空间的组织、家具的设施和布置，材料的运用，饰物的质感和色彩，陈设的选择和安排，以及灯光的效果等各方面因素整体搭配，共同表现和传达一定的文化内涵。

如香港君悦酒店的客房以淡雅色调为主，家具造型简洁精致，富有创造性，整个格调具有现代感，特别适合西方较高层次客人的口味。

四川成都的京川饭店为体现三国文化的主题，其客房在风格定位上确定为中式。又因考虑到现代客人的审美心理需求，在整个装饰上仅仅加入了提炼出的中式风格的符号元素。依据风格定位，客房墙纸选择了中档的带绸面感觉及暗立体条纹的浅肉黄色墙纸，床头局部墙纸选用了带有中国传统文化的龙的图案，突出了房间的主题。床头木作线条采用了体现蜀文化的竹节线条，家具的线条也采用了相同的线条。地毯选用中性色，暗花，以衬托家具。窗帘也是根据中式风格设计，专门定做，色彩与整个房间主色调十分协调，采用凤鸟与中式符号间隔的图案，带有浓浓的古典韵味。设计师还配合整个室内风格设计了灯具的图案，其图案与主题呼应，为一龙头造型，并分别将这一图案用在台灯、壁灯和镜前灯上。此外，房间内还设置了独具中国风味的博古架，并摆放了具有传统文化特色的饰品以加重客房的文化含量。

值得注意的是，现代饭店客房设计更加注重对客人在客房中的行为和审美心理的研究，在风格设计上既注意共性，又不忽视个性，使同一饭店内的客房(尤其是套房)呈现出不同的风格特征，以尽可能地满足不同客人的审美需求。如上海商城波特曼丽嘉大酒店45层的4间豪华套房就装修设计得风格各异。以美国国际集团总裁姓名来命名的格林勃戈双卧室套房，在风格上反映了世纪之交殖民地时代上海的传统风情。各式各样古典而富有灵气的摆设，与中国艺术品和手工制品结合，创造了传统的室内主题。克林顿总统访问上海期间就曾下榻于此。另一套双卧室的波特曼套房采用了新潮的意大利家具和各式现代艺术品摆件，反映了完美的现代艺术风范。单卧室的鹿岛套房是现代装饰格调与日本传统风格精巧结合的典范。着意设计的木制镶板和精心筛选的丝毛装饰品、各式现代家具、古典艺术品与一个以18世纪为背景的武士玩偶把室内主题推向了完美的高潮。而单卧室的罗宾逊套房通过室内的艺术品和小摆件表现了现代亚洲风格。精选的风格家具，配以独一无二的华丽毛饰物，营造了温馨和华贵的室内主题。

又如驰名于世的日本东京帝国饭店也有不同风格的套房，既有豪华的西式套房，也有表现浓郁的乡土情调的和式套房。

此外，在所谓的普通“标准间”客房中也出现不同气氛、格调和魅力的室内设计。如西北建筑工程学院霍维国教授谈到他随团访问英国时，发现英国许多宾馆的普通标准客房在设计上常常互不相同。“有的客房挂伦敦风景水彩画，有的配置款式独特的家具，有的在床的上方作蓬罩，色彩、图案、款式都各不相同，以致使同团的同事们初进别人的客房时都惊讶不止。”

复习思考题

1. 如何进行饭店前厅的氛围设计？
2. 客房氛围设计应注意哪些问题？

参考文献

1. 蔡万坤. 饭店客房管理. 广州：广东旅游出版社，1997
2. 刘伟. 现代饭店前厅部服务与管理. 广州：广东旅游出版社，1998
3. 刘伟. 现代饭店客房部服务与管理. 广州：广东旅游出版社，2000
4. 徐秉皓. 旅游宾馆酒店实用美学. 上海：上海翻译出版公司，1989
5. 乔修业. 旅游美学. 天津：南开大学出版社，2000

第五章 房务服务管理

房务服务管理包括前厅服务管理和客房服务管理两大部分，是饭店服务管理的核心内容，是饭店正常运行的基本保证。对于饭店管理者来说，加强房务服务管理是控制饭店产品整体质量和提高饭店市场竞争力的一种强而有效的手段。

第一节 前厅服务管理

一、预订服务管理

饭店前厅部一般设立专门的预订处或订房部，为客人提供预订服务。接受客人预订的方式多种多样，比如电话、电传、传真、信函、电子邮件以及口头预订等等。

(一)订房的种类

为了保证饭店订房业务的正常运转，预订部将订房分为几种类型。标准不同，划分各不相同。

一般的，按照顾客是否缴纳订金，将订房分为担保订房和非担保订房。担保订房是指顾客提前支付订金，饭店保证为客人预留客房的一种订房形式。无论客人是否如期抵达，客人都要支付预订之日到取消预订这段时间的房费。由于支付方式不同，担保订房可细分为现金担保订房、信用卡担保订房、公司担保订房和旅行代理商担保订房四类。非担保订房是指顾客不缴纳订金，饭店为客人保留客房至协商时间，若客人未如期到达，饭店有权将客房再次出租。

按照办理订房的旅客人数，将订房分为团体订房和散客订房。团体订房是指 15 名以上缴纳房费的团体成员的集体订房。散客订房是指 15 名以下的单独旅行者、家庭或小型组织的成员的订房。

按照办理客人的身份，将订房分为特殊订房和普通订房等等。饭店的特殊订房包括 VIP 订房和新婚订房，针对不同的情况，饭店会做出不同的特别准备。

（二）预订服务流程

1. 受理预订

预订部员工在受理客人预订要求的时候，必须掌握以下信息：

(1)住宿客人的姓名、性别、国籍、人数(若有儿童，注明人数和年龄)；

(2)预计抵店的日期、到达时间、交通工具(若是飞机或火车要注明航班和车次)、出发地点；

(3)预离店的日期、出发时间、交通工具(若是飞机或火车要注明航班和车次)、目的地；

(4)所需客房的种类和数量；

(5)预订者的姓名及联系方式；

(6)付款方式(现金、信用卡或转账等方式)；

(7)是否缴纳订金，成为担保订房；

(8)注明特殊要求(比如客房楼层或房间朝向，是否用餐和用餐标准等等)。

如果是会议团体预订，预订处还应特别注意以下几点：

(1)了解、熟悉会议团体的全面情况，尤其是他们以往的取消预订和预订变更的历史资料；

(2)让会议承办方了解饭店有关订房的各项规定，熟悉饭店的管理人员；

(3)与会议承办方明确与会者姓名、接房时间、会议场地、辅助设施、用餐等基本信息，若有差错，及时修改；

(4)指定专人与会议承办方保持联系。

2. 接受预订或婉拒预订

如果饭店的接待能力能够满足客人的要求，预订员就接受客人的预订，并和客人确定房间的价格。如果出现饭店不能提供客人要求房间或客房全部订满的情况，预订员应该委婉地拒绝客人的预订要求。除了表示深深的歉意，必须向客人说明拒订的原因，同时做出一些补救措施。比如：

(1)给客人介绍其他类型的房间；

(2)给客人介绍其他的饭店；

(3)询问客人是否愿意留下姓名和联系电话，并将其列入等候名单，一旦有空房，优先考虑。

3. 确认预订

当预订处确认可以接受客人的预订要求以后，就必须对宾客的预订加以确认。一般来说，确认的方式有两种。

(1)口头确认。由于时间原因，对于客人抵店当日和到达前的预订，饭店一般给以口头确认，但必须提醒客人接房时间和饭店的相关规定，以免引起不必要的麻烦。

(2)书面确认。对于担保预订等保证类预订，预订员会以订房承诺书的形式给予书面确认。在订房承诺书中，必须注明订房要求、房价及付款方式，声明饭店对宾客变更预订和取消预订的规定等基本信息，最后对宾客选择本饭店表示感谢。在时间允许的情况下，可以信函的方式寄给客人。

如果是会议团体预订，应在会议前 90 天、60 天、30 天向会议承办方提供有关客房状况的报告，并明确告知承办方及时将与会人员变动情况通知预订部。

4. 复核预订

如果宾客预订时间较早，在客人抵店前预订员应通过信函、电话、电传或电邮等方式与其进行再次复核。一般饭店方会有 3 次复核，时间分别是宾客预期抵店日期前 1 个月、宾客预期抵店日期前 1 个星期、宾客预期抵店日期前 1 天。

5. 预订的更改与取消

即使预订已被确认，但宾客在抵店前，还是可能出现订房更改，甚至订房取消的情况。通常情况下，订房更改的程序是：

(1)收到更改预订的函电后，要特别留意客人所要求更改的内容(客人姓名、人数、房间种类、房间数、房间价格、预期抵达和离店日期、飞机航班号、付费方式等)，若电话接到修改预订通知时，除记录变更内容外，还应弄清来电人的姓名、电话号码、单位名称等，以便确定信息的准确性。

(2)找出客人原始预订单或预订申请，根据客人的更改要求查阅预订表，以便决定是否可以确认客人的更改请求。

(3)如果可以接受客人的更改预订请求，即填写预订更改单，并给客人发确认更改预订回函，同时将更改用房情况记录下来。若预订的更改内容涉及一些原有的特殊安排，如定金、接机、水果、鲜花、房内布置等，则应尽快给相关部门发送预订更改单。

(4)如果确定不能满足客人的更改请求，必须向客人致歉，并向客人建议将其列入"优先等待名单"。

(5)将资料存档备查。

如果是使用电脑接受预订申请的饭店，如果客人要求更改预订，只要更改原预订单即可。

遇到宾客临时取消客房预订，应按照以下程序操作：

(1)认真阅读取消预订的电函，确保信息准确。

(2)如果是口头或电话取消预订，一定要记录取消预订人的姓名、联系电话或单位地址，最好请对方提供书面证明，做到有据可查，以免发生不必要的麻烦。

(3)找出原始预订单或函电，分别盖上"取消"字样。

(4)给顾客发回复函，由预订处负责人审阅签发。

(5)更改"每日房间预订状况表"。

(6)复印客人取消预订函电和客人原预订单，交总台收银处。若是担保订房，视实际情况，按协议退还定金或收取一定消费。

(7)将盖有"取消"字样的预订单按原抵达日期放入预订夹存档。

(三)超额预订

由于种种原因，宾客常常会出现临时变更预订或取消预订的情况。为了最大限度地利用每一间客房，饭店在一定时期内，会有意识地使接受预订的数量超出实际客房数量的一定比例，从而出现超额预订的情况。超额预订必须有个"度"的控制。通常，饭店会根据自己的经验将这个"度"控制在 10%～20%之间。

超额预订是饭店自我保护主义的体现，从实践角度可以理解。但是从法律上讲，饭店接受客人预订后，两者之间就存在某种合同关系，如果因为超额预订导致顾客不能如期入住，就属于饭店方单方面撕毁合同，因此客人有权利起诉。目前，很多饭店在订房承诺书上对超额预订情况予以说明并明确了处理方法，希望通过此举获得顾客的信任。

对于因超额预订不能入住的客人，饭店往往可以考虑以下弥补措施：

(1)诚恳地向客人道歉，请求客人谅解。

(2)立即与另一家同档次的饭店联系，请求援助。同时，派车将客人免费送到这家饭店。如果找不到同档次的饭店，可安排客人住在另一家更高档次的饭店，高出的房费由本饭店支付。

(3)如客人入住时间超出1天，则饭店内一有空房，征求的客人的意见，将客人接回来，并对其表示欢迎，可由大堂副理出面迎接，或在客房内摆放花束、果篮、点心等。

如客人属于保证类预订或特殊预订，则除了采取以上措施以外，还应视具体情况，为客人提供以下帮助：

(1)支付其在其他饭店住宿期间的第一夜房费，或客人搬回饭店后享受一天免费房的待遇。

(2)免费为客人提供一次长途电话费或电传费，以便客人能够将临时改变地址的情况通知有关方面。

二、接待服务管理

(一)散客的接待服务

1. 问候客人

热情问候客人，对客人表示欢迎。如果接待员正在打电话，你应该向电话里的客人道歉：“请稍等”，然后问候刚抵达的客人，说：“先生/女士，我马上为您服务。”

2. 确认客人有无预订

如果客人是预订客人，则迅速查阅预订表，并复述订房的主要内容，尤其是客人所订房间种类、住店夜次，经客人确认后，请宾客出示有效证件，办理手续。对于携带订房凭证的客人，接待员应礼貌地请其出示订房凭证的正本，然后注意检查下列内容：订房凭证发放单位的印章、客人姓名、饭店名称、住宿天数、房间种类、用餐安排、抵离日期等。如果客人没有预订，应首先询问客人的住宿要求，同时查看当天的客房预订状况及可售房情况，以判断能否满足客人的要求。若能提供客房，则请客人登记有关内容，准备排房；若不能接受，则应婉拒客人，表示歉意。

3. 信用验证

主要验证客人的护照或身份证。确认付费方式，如果使用信用卡付费，还要验证信用卡的签发日期、地点和是否有效。对无预订散客要有更加严格的验证手续。

4. 入住登记

对于预订的散客，由于饭店在客人订房时就已掌握其部分资料，因而客人实际抵店前，便将有关内容用打字机打印在登记表中，形成预先登记表，并将其按客人姓名字母顺序排列放好，客人抵店时，即可根据姓名迅速查找出客人的预先登记表，请其填写其他有关内容，签名，经核对证件后，就完成了登记手续。对于临时抵达的客人，请客人认真填好入住登记表，接待员要与客人当面确定其中一些重要信息。

5. 排房、定价

根据客人的不同需求及饭店的具体情况，给客人安排合适的房间，并给予相应的房价。不少饭店将一定的打折权下放给前台员工，方便客房的销售和员工处理异常突发事件。

6. 确定付款方式

对于采用信用卡的客人，接待员应按照规定，严格确认。对于使用现金结账的客人，接待员应根据饭店的定金政策，判断客人是否需要预先付款，然后，根据客人交付的预付数额，来决定所给予的信用限额。对于以转账方式结账的客人，一般都是在订房时就向饭店提出这一要求，并已获得批准，此时，接待员应向客人清楚地说明属于转账款项的具体范围，如房租、三餐费用等。如果客人在办理入住登记手续时，才提出以转账方式结账，饭店通常不予受理。

7. 完成入住登记手续

排房、定价、确定付款方式后，接待员应请客人在准备好的房卡上签名，将客用钥匙交给客人，有些饭店还向客人提供用餐券、免费饮料券、宣传品等；接着，接待员应安排行李员运送客人行李，并将客房所在楼层及电梯位置告诉客人，祝客人住店期间愉快。

8. 建立相关的表格资料

9. 建立客史档案

（二）团队的接待服务

(1)团队抵店前，根据“团队接待通知单”的用房要求，制作团队资料夹，夹内放有客用钥匙、房卡、用餐券及饭店促销宣传品等，并将信封按团队抵店入住的时间顺序排列存放。

(2)将《团队用房分配表》及团队客人登记表提前呈交接待单位的陪同。

(3)团队抵达时，饭店驻机场代表在机场(车站)迎接客人，并与陪同领队联系，了解行李、人数、用房等有无变化，然后将客人送上车，前往饭店。陪同可将登记表及房间分配情况告诉客人，分发登记表并说明收集的时间。

(4)驻机场代表尽快将该团名称、编号、车号、离开机场(车站)的时间、行李件数、变更内容、其他特殊情况等信息，电话通知饭店前台。

(5)团队抵店时，由大堂经理、团队接待员迎接，致简单的欢迎词。

(6)团队联络员将钥匙信封分发给客人(或提前由陪同分发)。

(7)大堂经理、团队联络员将客人送至电梯厅，客房主管及楼层服务员在楼层电梯厅等候客人，并引导客人进入房间。

(8)团队联络与陪同确认用房、用餐、叫醒服务、出行、离店及其他特殊安排等事项，以提供良好的对客服务。

(9)团队行李车抵达后，大厅服务处应尽快组织人员将行李送往相应的客房。

(10)接待员制作团队主账单。

（三）VIP 客人的接待服务

(1)了解 VIP 客人的特别习俗、爱好，包括客人旅行的目的、爱好、生活习惯、宗教信仰和禁忌；住店期间要求的额外服务等。制作重要客人信封，封内放好钥匙、入住登记卡、房卡，全面、彻底地清洁 VIP 客房，并根据重要客人的特殊要求进行适当的布置(放上印好重要客人姓名的浴衣、拖鞋、信封，并放好有总经理签名的欢迎卡)。

(2)VIP 客人抵达时，同饭店驻机场代表在机场迎接。大堂副理甚至总经理在大厅等候，并通知客房中心，以做好接待准备。

(3)VIP 客人抵店时，由宾客关系人员请行李员帮提行李，并将客人直接引入房间办理入住登记。填写欢迎卡，然后返回前厅柜台做好账务登记，处理入住信息资料。

(4)入住接待过程中，要根据接待规格在接待安排、房间准备和分配时加摆鲜花、水果或饮料，办理入住手续等方面给予特别照顾。

三、问询服务管理

(一)关于住店客人的来客查询服务

(1)询问来访者的姓名和希望查询的住店客人的姓名。

(2)查看资料，核实顾客是否要求对个人信息保密。如果是，则以合理的理由拒绝访客(比如，告诉访客查询的客人还未抵店)。如果不是要求保密的客人，可以打电话到客房告知客人有访客来访。

(3)如果客人不在客房内，不能让访客进入住客房间。

(4)如果问讯员在查询过程中，发现有同名同姓的客人时，必须向访客了解其他相关信息以确定住店客人的身份，以防出错。

(二)关于住店客人的电话查询

(1)必须问清客人姓名的每一个字，分清易混淆的姓名，注意同名不同字的情况。

(2)如果是英文查询，要仔细核对英语姓名，区别易读错的字母，如 P—T，C—Z 等等。

(3)注意普通话与广东话拼写的区别，以及华侨、外籍华人使用英文名字和汉语拼音的姓氏情况，如李—LEE，陈—TAN。

(4)如果是团队客人的问讯电话，应问清国籍、旅行团名称、团号、何时到店等基本情况。

(5)查询到客人房间时，应征求客人是否愿意接听电话，住客同意才方可转接电话。

(6)如住客外出或房中无人接听，可建议客人留言或稍后再打电话。

(三)访客留言服务

(1)被访的住店客人不在饭店时，问迅员主动建议访客留言。

(2)可采用由访客填写留言单，问讯员签名；或由访客口述，问讯员记录，客人过目确认后签字。

(3)留言单一式三联。第一联放总台；第二联送总机，由总机开启客房电话机上的留言指示灯；第三联由行李员从客房门下送入房间。

(四)住店客人留言服务

(1)住店客人留言。

(2)可采用由住客填写留言单，问讯员签名；或由住客口述，问讯员记录，客人过目确认后签字。

(3)留言单一式二联，问讯组、电话总机各保存一联。

(4)如果有访客,告之留言内容。超过留言单有效时间,将留言单作废。

(五)进店信件处理

(1)接受信件。

(2)信件分类。将信件分成住店客人的信件、已离店客人的信件、订房后尚未抵达的客人信件、订房后又取消预订的客人信件、客人姓名不详或查无此人的信件。

(3)查找客人,迅速将信件送给住店客人。

(4)若是客人离店时留下地址并委托饭店转寄邮件的,饭店按照办理。

(5)若客人订房后未到达的,将其信件交与总台,与客人预订手续一起存放。

(6)若是取消预订的客人有委托,饭店应按地址将信件转寄,此外,一律退还寄件人。

(7)遇客人姓名不详或查无此人,若是急件,马上退回给寄件人;若是平信,可保留一段时间核查,确无此人就退还寄件人。

四、行李服务管理

(一)散客入住行李服务

(1)迎接客人。客人乘车抵店时,行李员主动上前迎接,向客人表示欢迎;客人下车后,迅速卸下行李,请客人清点件数并检查有无破损。

(2)搬运行李。如果行李件数少,可用手提;如果行李较多,可使用行李车;一般不要提拿客人的贵重物品,除非客人特别要求。装行李车时,注意大件行李和重的行李应放在下面,小的、轻的行李放在上面,特别注意易碎及不能倒置的行李的摆放。

(3)引导客人到总台办理入住登记,自已取下行李,站在总台侧边客人身后 1.5 m 处,等候客人办理住宿登记手续。

(4)客人办完入住登记手续后,主动上前从接待员手中领取房间钥匙,帮助客人提行李,引领客人到客房。

(5)打开房间后,立即打开电源总开关,退至房门一侧,请客人先进房间,将行李放在行李架上或按客人吩咐放好,钥匙交还客人,简要介绍房内主要设施及使用方法。

(6)房间介绍完毕后,征求客人是否有吩咐,然后向客人道别,并祝客人在本店住得愉快。

(7)返回前厅,填写散客入住行李搬运记录。

(二)散客离店行李服务

(1)客人电话要求运送行李,行李员必须礼貌地问清房号、姓名、行李件数及搬运时间等,并认真记录。

(2)按时到达客人所在房间,按门铃或敲门、通报身份,客人同意后才能进入房间。

(3)与客人共同清点行李件数,检查行李有无破损,然后与客人道别,先将行李送到大堂。

(4)到大厅后,先至收银处确认客人是否已结账。如果客人未结账,应礼貌地告知客人收银处的位置,并站在客人身后 1.5 m 处等候。

(5)客人结账完毕后,将行李送到大门口,再次请客人清点行李件数后再装上车,提醒客人交回房间钥匙,向客人道谢,祝客人旅途愉快。

(6)将行李车放回原处，及时填写散客行李搬运记录。

（三）团队客人入住的行李服务

(1)团队行李到达时，应与送行李的来人清点行李件数，检查行李有无破损。按编号取出该团队订单，在“团队行李记录表”中填写行李到店的时间、件数。核对无误后，请送行李的来人签名。若行李有破损或异常情况，必须注明。

(2)行李清点无误后，立即在每件行李上系上行李牌。若该团行李不能及时分送，应在适当地点堆放整齐，用行李网将该团所有行李罩在一起。若多个团队行李都放在大厅，用不同颜色的行李网区分。

(3)装运行李前，再次清点检查一次，无误后才能装车。注意同一楼层的行李集中装运。同时运送2个或2个以上团队行李，应由多个行李员分头负责运送或分时间单独运送。

(4)行李送至房间后，应将其放在门侧，先敲门、通报，征得客人同意后进入房间。

(5)进入房间，主动向客人问好，把行李送入，客人确认后，热情地与客人道别，迅速离开房间。若客人不在房间，将行李暂时放在房间行李架上。

(6)及时填写团队行李进出登记表。

（四）团队离店行李服务

(1)按接待单位所定的运送行李时间，上楼层按已核对的团队订单上的房号逐间收取行李，收取行李的房号必须与行李上所挂的标志一致。

(2)若按时间到楼层后，行李仍未拿出房间门口，通知该团陪同，请其帮忙提醒客人，以免耽误时间。

(3)行李装车后，将行李拉到指定位置，整齐摆好，找陪同（或领队）核对行李件数是否相符，请陪同（领队）在团队订单上签名，行李员同时签名。

(4)团队接待单位来运行李时，必须认真核对要求运送的团名、人数等，并请团队接待单位来人在团队订单上签名。

五、电话服务管理

（一）电话转接服务

(1)接听电话。电话铃响三声内必须接听，主动向客人问好，自报店名或岗位。

(2)聆听客人的要求，认真记录，若没听清楚，可礼貌地请客人重述一遍。

(3)迅速准确地转接电话，并说“请稍等”。电话占线或线路忙时，应请对方稍等，并使用音乐待留键，播放悦耳的音乐。

(4)对无人接听的电话，铃响半分钟（即五声）后，应对客人致歉，告知电话无人接听，并询问是否需要留言。

(5)对要求房号保留而没有要求不接任何电话的客人，应问清来话者姓名、联系方式等，然后告诉客人，询问是否接听电话。若客人表示不接听任何电话，应立即通知总台在电脑中输入保密标志。遇来访或电话查询，即回答客人未住本饭店。

(6)若房间主人做了“免电话打扰”，应礼貌地说明，并建议留言。

(7)对需要接外线的内线电话，迅速转到外线。

(二)电话留言服务

(1)电话铃响三声内接听电话，主动向客人问好，自报岗位。

(2)询问并记录留言人姓名、电话号码及受话人姓名、房号，并对客人复述一遍。

(3)答应尽快把留言转达给受话人，请对方放心。开启客人房间的留言信号灯。

(4)受话人回来后打电话询问时，把留言内容准确地转达给客人，并关闭客人房间的留言信号灯。

(三)叫醒服务

(1)接受客人叫醒要求时，问清客人房号、叫醒时间，并与客人进行核对。准确填写叫醒记录，内容包括叫醒时间、房号。

(2)叫醒服务可分为人工叫醒和自动叫醒两种。

(3)叫醒的铃声可采用柔和音乐，一般这样操作，“* *，你好，现在是*点*分的叫醒，请问您的房号是……”

(4)5 min 后再叫醒一次。

六、结账服务管理

(一)现金结账服务

(1)礼貌问好，并询问客人的姓名、房号，请客人出示房卡。

(2)从电脑中调出客人住店期间的所有消费额，同时开列“现金结账单”。

(3)请客人核对。

(4)收取客人支付的现金，找还零钱，严格执行“复点制”。

(5)收银员在“现金结账单”上签字后，将此单与回找零钱一起交给客人。

(6)礼貌地向客人道别，欢迎再次光临。

(二)信用卡结账服务

(1)验卡。在我国可以使用的信用卡有长城卡、牡丹卡、JOB 卡、美国运通卡、维萨卡、万事达卡、大莱卡等，特别注意大莱卡的使用范围；查看反光标记的状况、信用卡号码是否有改动的痕迹；检查信用卡的有效日期及适用范围；检查信用卡号码是否在被取消名单之列。

(2)检查持卡人的消费总额是否超过该信用卡的最高限额；若超额，应向银行申请授权。

(3)要求将信用卡上全部资料清楚地压印在账单上。

(4)按账单上的各项要求进行填写，请客人签名。

(5)将账单上的名字与信用卡背面的签字进行核对；如不符，可以请客人再签一次，如果还不符可向银行查询。

(6)将持卡人一联连同账单各发票一起放入信封交给客人。

(三)外币兑换服务

(1)主动礼貌问候客人,询问其所持外币种类,看是否属于饭店的收兑范围。

(2)报出当日的外币兑换汇率。

(3)问清客人要兑换的外币总金额。

(4)收取客人的外币现钞,当面点清。

(5)用外币现钞金额、外币汇率算出应兑换给客人的人民币金额。

(6)请客人出示护照,核对兑换人是否为护照持有人。

(7)填制“外币兑换单”并请客人签字。

(8)收银员在兑换单上加盖私章和外币兑换公章。

(9)当面点清现金后,将“外币兑换单”第二联、护照、现钞一起交给客人。

(10)礼貌地向客人道别。

第二节　客房服务管理

客房服务是饭店服务的重要组成部分,客房部门管理计划是否能够完成,服务质量的优劣,经济效益的好坏,很大程度上取决于客房服务管理水平。因此,客房服务工作及管理是整个饭店管理的重点之一。

客房服务质量标准不仅包括客房本身的质量标准,还包括服务员提供的劳务服务的质量标准。客人的满意程度是衡量对客服务的关键。此外,客房的卫生清洁质量,设施设备是否完善,布置是否舒适温馨,服务员的态度和服务技能都会影响客房的服务质量。

一、迎送服务

(一)迎接客人

(1)尽可能了解客人的基本情况,制定接待计划。

(2)按照饭店的规定和客人的要求准备客房。

(3)在电梯间迎接客人,作自我介绍,并引领客人进房,简单介绍饭店设施和综合服务项目。

(4)祝客人住店愉快。

(二)送别客人

(1)查阅“次日离店宾客一览表”,掌握离店宾客的基本情况。

(2)当客人离店时,到客房送别客人,提醒客人不要遗留物品。

(3)迅速检查客房,若有新的消费项目或物品遗失、损坏,立即电话通知前台,以方便客人结账。

(4)祝福客人一路平安,欢迎下次光临。

二、日常接待服务

客人住店后的日常接待服务工作要细致周到。客人的需求各不相同,服务员要做大量繁琐的工作,如果工作做不好,就会影响客房部的服务质量,甚至遭到客人投诉。

1. 送水服务

端茶送水是饭店服务规程中的一项传统内容,以前客人进房间后,服务员会将开水瓶送到。现代饭店大都在房内设有饮水机或电热水壶,方便客人饮用水。房间小冰箱内也存放有饮料。不过,客人在房间会客时,服务员亦视情况送上茶水。

2. 饮品、食品供应服务

饭店一般在客房内部设有小酒吧,在标准单间里设有一小冰箱柜,方便客人在房内使用各类饮料和小吃。冰箱柜内放置饭店规定的一定品种和数量的酒水及饮品,柜上放置佐酒小食品和一些玻璃器皿、杯垫、纸巾、调酒棒等用品。柜上应该放收费单,单内注明各种饮食品的价格及储存的固定量,客人在饮用后,要在收费单上签字。服务员每天清扫客房时可以检查使用情况,如果客人已用了,收费单要转到前台收银处,并放上新的收费单,补充饮品食品,撤换用过的器皿。

3. 洗熨衣服务

客人送洗衣物一般分为水洗、干洗、熨烫三种。客房内应该有洗衣登记单和专门的洗衣袋,客人根据需求填写洗衣登记单。单上有客人的姓名、房号、送洗日期和送洗衣服的名称和件数、单价。客人填好单后,连同衣物放入洗衣袋内。服务员取洗衣袋时,应点清件数,然后检查口袋内有无物品,有无严重破损或油污,如果有,应该向客人指明并在洗衣单上注清楚,以免引起不必要的麻烦。

服务员把收集来的衣物放置在楼层工作室,通知洗衣房员工上楼层收取。洗衣服务员到达楼层后,一定要在客房部洗衣记录表上签收。衣服送回后,客房服务员同样要在单上签收。普通洗衣时间为一天,特殊情况,可以办理特快洗衣手续。洗好的衣物,服务员应该及时送回客房并放置在床上,让客人知道被洗的衣物已送回并可以检查衣物是否受损。

4. 会客服务

来访的客人首先要在总台办理来访登记。楼层服务员在查看其访客登记单,并电话征得住客的同意后,引领来访者进客房。服务员应该为来访者送上茶水,主动询问还需要提供何种服务。

在接待访客时,要认真记录来访者的情况,到达及离去的时间等。对晚间来访的客人,应该告知会客的时间,如果访客要留宿,要请他(她)到前厅接待处办理登记手续,同时应该保持警觉,发现异常情况要及时报告。

5. 送餐服务

某些客人由于生活习惯或特殊要求,如起早、患病、会客、夜餐等,有时候想在客房里用餐,饭店可提供送餐服务,这项服务是由饭店餐饮部的客房用餐组来完成。需要这项服务的客人可以通过客房电话直接订餐,也可以由客房服务员向餐饮部订餐,所点的菜品由服务员直接送到客房内供客人食用。客房用餐分为早餐、便饭、小吃点心、夜餐、病饭等，以早餐最多。根据客人所点数量，可以视情况用托盘或餐车送到房间。

6. 托婴服务

为了方便住客，现在很多饭店提供托婴服务。客房部帮助客人照顾小孩，并计时收取服务费。承担照管工作的服务员，必须具有爱心、耐心、责任心，受过照料小孩的专门训练，懂得和掌握照看小孩的专门知识和技能，并且略通外语。在照管前，服务员必须向客人了解小孩的姓名、喜好、特点及家长的要求，确保小孩愉快、安全。

7. 擦鞋服务

为了提高服务质量，饭店还增设有擦鞋、缝补等细节服务。要求擦鞋服务的客人，一般在夜间将要擦的鞋子放入壁橱内放置标有房间号码的鞋篮，并将鞋篮留放在房间门口，服务员免费提供擦鞋服务，擦鞋完毕则送回客人的房间门口。

8. 贵宾服务

饭店日常接待服务中，对贵宾的服务是一个非常重要的环节。所谓贵宾，即 VIP(Very Important Persons)，是指在散客和团体客人中，能够对本饭店的业务有极大帮助或者可能给饭店带来业务，具有一定社会影响力的人。比如知名度高的外交家、艺术家、政界和商界要人、社会名流，本饭店同系统的机构负责人或高级职员，与饭店同行单位的负责人或高级职员等。饭店根据客人的身份高低、社会影响的大小及对饭店本身的利益，把贵宾分为不同的等级，即 V1、V2 和 V3 客人，不同等级的贵宾有不同的接待标准。

客房部接到前厅部提供的贵宾抵达的通知书后，应该立即派客房部服务员进入贵宾将入住的房间进行彻底清扫，并按规格配备好各种物品。为了表示对贵宾的欢迎，一般在写字台上放有总经理的名片和总经理签署的欢迎信。根据贵宾的等级，房间内可放置水果、鲜花、点心等。某些饭店还会为 VIP 客人提供一些个性化的服务，比如绣有客人名字的面巾、浴袍和火柴盒等。布置完毕后，客房部经理或主管要严格检查，然后由大堂副经理亲自复查。

贵宾到达后，饭店管理人员、陪同一起来到贵宾即将下榻的楼层，客房部主管、服务员应该在电梯口迎候，并陪同进入房间，服务员要立刻送上欢迎茶。

贵宾住宿期间，要提供针对性的服务，提高警惕，保证贵宾的安全。清扫贵宾的房间、日间进房整理和夜间服务，客房服务员要严格按程序规格进行。对于特别重要的贵宾，如国宾(V3 客人)，要设专职服务员，24 h 提供多种服务。

三、清洁服务

(一)客房清洁服务

每个饭店的客房会因为具体情况不同而呈现不同的状态，不同状态的房间其清扫要求各不相同。因此，为了达到客房服务的质量标准，客房服务员应依据不同房态，严格按照客房清洁的程序和规范进行打扫。

(1)走客房：即客人当天已经结账离开饭店的房间。此类房间必须彻底清扫。

(2)住客房：即客人办理了入住登记手续，正在租用的房间。此类房间必须彻底清扫。

(3)空房：即暂时无人入住的房间。此类房间一般只进行抹尘、吸尘和换热水瓶等简单清扫。

(4)常住房:即长期由客人包租的房间。此类房间属于需要更换卧具,清洁卫生间、吸尘、补充易耗品的一般性清扫。

(5)外出客人房间:即客人办理入住登记手续,但在饭店外留宿的房间。此类房间也属于一般性清扫。

(6)维修房:即因为设备维修或临时装修不能出租给客人的房间。每个饭店都有一定数量的维修房。此类房间属于定期清扫。

客房服务员清洁房间的顺序应根据开房的急缓先后、客人情况或领班的特别交代来决定。一般的清洁顺序如下:首先清洁挂有“请即清理”(make up)的房间,因为客人有特殊要求,我们要尽量满足;其次是清洁走客房,这样才不会影响客房的再次销售;然后清洁住客房;最后清洁空房。

饭店服务中,服务员提供房间清洁、铺床、送餐等服务,都会进入客人房间。但是,客房一旦出租,在特定的时间内就成为客人的私人空间。所以,了解进房服务的程序十分必要,一共分为8个步骤:

(1)察。看门把上是否挂有“请勿打扰”牌或“DND”红灯亮。如果是,则不要敲门,同时将此房号和时间记录在工作报表上。

(2)敲。以食指和中指的第二关节敲门三下,中间间隔为半秒。

(3)报。退后距房门40 cm处正中位置,自报工作部门和职务名称,等待客人回应。

(4)敲。若无回音,重复刚才的动作。

(5)开。若继续无回音,插入钥匙轻轻转动,握住门把将门轻轻开启。

(6)报。开门时再报自己的工作部门或职务名称,听室内反映,如果有客人就经过客人同意后再进入;如果没有回音,5 s后可以进入房间。

(7)进。进入房间后,敞开房门呈90°角。

(8)离。离开客房时,首先向客人道别,然后退着离开,并轻轻关上房门。

客房清洁包括卧室清洁和卫生间清洁两部分,是客房部的一项重要工作。一般来讲,客房清洁的原则是:从上到下,从里到外,先卧室后卫生间,环形清理,先干后湿。其程序大致如下:

(1)进。按照进入房间的程序开门进房,停放工作车,把清洁工具带进房,并将房门90°敞开,直到工作结束。

(2)开。开启所有灯光,查看是否正常。拉开窗帘,开大空调的通风量。

(3)倒。倒净垃圾桶,清理烟灰缸,注意不要有未熄灭的烟头,也不要将烟头等倒入马桶中。

(4)撤。清理床铺,收拾客人使用过的床单、枕套,同时查看有无客人遗留物品或布件有无破损。若有布件破损,及时上报。

(5)铺。按饭店规定的铺床标准与程序换上干净的床单、枕套。

(6)抹尘。按环形线路将房间所有的设备、家具、电器擦拭干净。注意区别使用干、湿抹布,同时检查电器设备有无毛病。

(7)洗。严格按照操作程序和卫生要求来清洁卫生间。

(8)添。补充房间用品,根据饭店房间物品的固定位置进行摆设。

(9)吸。注意从里往外吸尘,到卫生间时应吸去头发和地面杂物。

(10)查。离开房间前要再检查一遍。

(11)登。离开房间后做好登记。

(二)公共区域的清洁服务

公共区域(Public Area)是客人数量最多,逗留时间最长的地方。饭店公共区域清洁小组负责包括饭店的大厅、通道、办公室、公共洗手间、餐厅(不包括厨房)、会议室、楼梯、走廊、建筑物外玻璃、墙壁、饭店周围环境以及饭店员工的生活区域等地方的清洁和绿化工作。公共区域的清洁卫生状况直接影响饭店的外在形象。

大堂是饭店的门面,是给客人留下第一印象的地方。除了住店客人会往来于此,还有相当一部分客人是来饭店用餐、开会、购物、参观游览、娱乐的,他们活动的地方更多的是公共区域,因此,做好大堂区域的清洁保养工作十分重要。

1. 大堂门前的清洁规范

(1)扫。大堂门前要不断清洁,保持地面无杂物。

(2)清。及时清除汽车带到门前的泥污,门前的地面、花台、花盆要定期清洗。

(3)禁。严禁吐痰和乱扔杂物。

(4)摆。将门前花木摆好,并定期修剪或更换。遇到雨雪天,要及时摆好防滑垫。

(5)疏。随时疏导门前的车辆和宾客。

2. 大堂的清洁规范

(1)吸。大堂的地毯需要每天吸尘2~3次。

(2)清。大堂地面每天清洁多次,晚上还要打蜡一次。

(3)倒。倒大堂内的垃圾、痰盂和烟灰缸。

(4)擦。大堂内的柱面、墙面、台面等要擦拭干净。

(5)归。将大堂被移动的物品归位。

(6)调。调节大堂的温度和湿度。

(三)清洁质量控制

宾客在选择饭店的时候,往往会考虑安全、交通、价格、卫生和舒适度种种因素,其中安全和卫生是诸多因素中最为重要的前提。清洁质量是饭店产品质量的重要组成部分,它会直接影响饭店产品的销售以及人们对饭店的看法。所以,饭店管理者必须重视对清洁质量的控制管理。

(1)管理者首先要引起高度的重视,并加大宣传,帮助员工树立良好的服务意识。

(2)做好客房部各服务小组的卫生计划。计划可以划分为每天计划、每周计划、每月计划、每季度计划、每半年计划、每年计划等等。

(3)制定科学合理的部门清洁的操作程序和规范要领。规范一经制定,服务员必须严格遵守。

(4)定期对员工进行服务技能和综合素质的培训。

(5)建立完整、严格的检查制度,奖惩分明。检查制度可以分为服务员自查、领班检查、主管抽查和部门经理抽查四个层次进行。

四、布件管理

一般的,饭店都设有洗衣部门,由洗衣房和布巾房两部分构成。主要负责客衣、客房和餐厅布件以及员工制服的收发、洗涤和熨烫工作，以保证饭店中布件的供应及员工制服的及时换洗。

（一）普通布件的管理

普通布件是指客房和餐厅的布件，它配有专职的布件收发员。一般情况配有两名员工，一名专门收集日间各个房间更换下来的床单、枕套、毛巾、浴巾及餐厅用的桌布及餐巾。进行严格登记以后，随时将这些需要洗涤的客房餐厅用品送往洗衣房，运送完毕，负责填写工作日报表，即该日需要洗涤床单、枕套、毛巾、浴巾的客房总数及餐厅布件用品数量。另一名则负责取回洗衣房已经洗涤整洁的床单、枕套、毛巾、浴巾及餐厅台巾、口布等物品，取回干净的布件之后，如发现有破损或大片洗不掉的污迹的布件，将其拿出后待修补或改为它用，其余折叠后整齐堆放，以待发放。收发员工要根据各楼面客房服务员领班及餐厅领班所填写的内容，做次日客房餐厅用品数量日报表，备好次日所需的各类用品，并存放在专用的储存室中以待次日领取；另一方面，还要负责布件的短期库存保管工作，定期清点布件，并编制布件存货报告。

如果客房及餐厅的布件不能及时收回，将直接影响客房、餐厅的运行，并产生一系列不良的影响，为饭店带来损失。因此，要求布件收发员工作认真、仔细、及时。客房部也应建立一套严格的规范化的作业程序及规章制度，做好布巾房布件的收发工作。

此外，布件报废应有核对审批手续，一般要由中心布巾房的主管核对，客房部经理审批并填写报废记录。根据其具体情况，报废布件可改制成小床单、抹布、枕套、床垫等。

（二）员工制服的管理

一般情况下，饭店中员工制服收发的频率决定了洗涤的频率，也决定了每位员工所需制服套数。因此，饭店管理者应根据洗涤成本、制服工本费和储藏费等多方面考虑，使制服的分发频率掌握在最佳状态。如果制服收发频率过低，只能每周洗涤一次，而一位员工每周规定要换五次，那么一位员工至少需要 11 套制服，即他手头有 6 套，布巾房有 5 套。收衣服时，他就要交出 5 套穿脏的（另一套当天穿在身上）以换回 5 套洗好的制服。这样需要大量的存货空间，也会增加制服收发员的工作量。

饭店里，往往需要订购许多不同尺寸和式样的制服，为了防止制服的混乱和丢失，应该做好制服的控制工作。

首先，应对所有的制服进行编号。当制服分发给员工时，员工的工号就对应着一套制服的编号，这样就可防止制服之间的相互混淆。员工应对自己的制服负责，领取制服的当天要填写所领制服的编号，并签名。员工离职时，必须在他们归还了所有制服之后，才能付给退职工资。

其次，布巾房应根据每天的计划安排工作，即指定员工在特定的期限或时间内，携带脏衣服换取干净的制服。但如果由于员工工作班次的不同（上夜班或通宵班），往往错过换衣时间，这时可以让员工在下班后，把要换洗的衣物送往布巾房值班室，或者交给布巾房的值班人员，由他们送去洗衣房，到第二天上班时再向制服收发员领取干净的制服即可。一般情况下，不可以直接把干净的制服发给员工，除非他已经交回穿脏的制服。

第三，员工不能自行报废制服，制服的报废必须由布巾房主管根据缝纫工有关破损制服已无法修补的报告处理制服的报废。

另外，饭店制服不允许在工作之外穿着。因为饭店制服标志着一个饭店的形象，是饭店的象征之一，如果制服随便穿着在外，将会有损饭店的形象与声誉。饭店职工当班时必须穿着制服，并且，保管好本人制服，并使之以最佳的形象出现在宾客面前是每位员工的职责。

复习思考题

1. 简述预订服务的基本规程。
2. 简述行李服务的基本规程。
3. 如何提供入住接待服务？
4. 客房怎样提供宾客住宿期间的日常服务？
5. 客房如何控制清洁卫生工作质量？
6. 客房如何加强布件管理？

参考文献

1. 黄继元. 饭店客房业务与管理. 昆明：云南大学出版社，1997
2. 陈雪琼. 旅游服务前厅服务实训教程. 福州：福建人民出版社，2002
3. 田玉堂. HCM 国际酒店管理模式. 北京：改革出版社，1997
4. 余炳炎. 现代饭店房务管理. 上海：上海人民出版社，1998
5. 邹益民，张世琪. 现代饭店房务管理与案例. 沈阳：辽宁科学技术出版社，2003
6. [美]乔治娜·塔克尔，梅持琳·斯尼德著. 赵秀英，缪梨，金讳青，张宏坤等译. 旅游饭店客房管理. 杭州：浙江摄影出版社，1991
7. [美]M·L·卡萨瓦纳等著. 王伟夏，潘之东，冯频，段皖英等译. 旅游饭店前厅管理. 杭州：浙江摄影出版社，1991
8. 孟庆杰，黄海燕. 前厅客房服务与管理. 大连：东北财经大学出版社，2001
9. 蒋丁新，杨富荣. 现代饭店前厅与客房管理. 大连：东北财经大学出版社，2002

第六章　饭店餐饮运营筹划管理

餐饮运营筹划管理是饭店根据既定的经营目标、面临的市场环境和自身资源状况对餐饮经营活动的基本条件进行谋划设计以及物资准备等系统活动的总称。这是餐饮经营活动的起点，事关餐饮经营的成败。因此，饭店餐饮部在正式投产之前，必须首先作好饭店厨房、餐厅的设计、科学地布局各种设施设备和用具，筹划制作菜单，并根据菜单准备和保管好各种生产原料，为餐饮活动的正常开展奠定较好的基础。

第一节　厨房餐厅的设计与布局

一、厨房的设计与布局

(一)厨房设计与布局的原则

厨房是餐饮产品的生产基地，设计布局的优劣将直接影响员工的情绪、工作效率和产品品质。因此，在厨房的设计与布局时应当遵循以下原则。

1. 依法设计

厨房是餐饮部进行食品加工及食品生产的地方，在厨房设计布局时必须首先遵循国家有关食品卫生防疫方面的法规，功能分区、设施布局都必须符合《卫生法》的要求。否则，不论厨房使用的设备多么豪华，投入的资金量多大，如果卫生防疫部门检查不合格，都会被一票否决。

2. 实用实效

厨房的设计与布局首先要作到人尽其力，物尽其用，充分发挥人力物力资源的作用，尽可能地控制厨房场地及员工劳动力成本，降低饭店对厨房生产设备的投入。其次是要保证工作流程畅通，厨房原材料的进货线路、领用线路、切配线路、烹制线路、打荷线路、传菜线路等都要保证畅通，在设计布局时要避免交叉回流，避免出现堵塞或事故，以提高厨房员工工作效率。再次要缩短厨房与餐厅之间的距离，尽量缩短菜肴从厨房到餐桌的传递时间。

3. 促进销售

厨房虽是后台，但在厨房设计与布局时，若能将这一部分恰当地与餐厅结合在一起，既可以营造餐厅氛围，也可以起到促销餐厅实物的广告作用。

(1)明档。在餐厅恰当的位置设置明档，档内排列各种烧卤制品，以恰当的灯光投照到食物上，营造色泽诱人、香气四溢的情景，加上头戴高帽、身着洁白制服的厨师动作娴熟的操作，将起到很好的食物促销作用。

(2)海鲜池。根据餐厅的大小，在餐厅入口附近，用透明玻璃建成三级或四级循环水的海鲜池，池内游弋各种生猛海河鲜，在小射灯的照耀下，它们色彩斑斓，既能活跃餐厅气氛，又能激起食客的购买欲望。

(二)厨房设计

1. 厨房面积

厨房一般包括原料粗加工、洗涤、切配、烹调、冷菜制作、面点制作等生产加工环节，其大小既关系到饭店投入资金的多少，也对厨房的生产活动产生直接影响。因此，科学合理地安排厨房面积十分重要。

(1)按餐厅类别与餐位估算面积

不同类型的餐厅，供应食品的种类、规格、数量不同。因此，对厨房面积的要求也不一样。正餐、风味餐厅供应食品种类齐全，烹调精细复杂，使用设备多，厨房面积一般要求 0.5～0.8 m^2/餐位；咖啡厅供应品种有限，烹调操作简单，厨房面积应控制在 0.4～0.6m^2/餐位之间；自助餐因供应量较大，厨房面积应达到 0.5～0.7m^2/餐位。

(2)根据餐厅面积确定面积

西餐菜肴加工烹制的工艺简单快捷，厨房设备的机械化程度高，因此，厨房面积一般占餐厅面积的 40%～60%。中餐菜点制作工艺的复杂精细，厨房设备的机械化程度不是很高，劳动用工量大，厨房面积一般要占餐厅面积的 70%左右。不过，随着餐厅面积的增大，厨房面积所占比例呈逐渐减少趋势。

(3)以就餐人数估算面积

厨房供餐数与每位客人所需面积成反比，即厨房供餐数越多，每位客人所需厨房平均面积越小，其大致比例如表 6-1。

表 6-1　供餐数与每位客人所需厨房面积对照表

每餐就餐人数	每人所需厨房面积(m^2/人)	每餐就餐人数	每人所需厨房面积(m^2/人)
100	0.7	1000	0.35
250	0.5	1500	0.30
500	0.48	2000	0.28
750	0.38		

(4)厨房各操作单元面积的确定

厨房总面积确定后，还需根据各操作单元的工艺流程、工作量的大小和设施设备配置情况确定每个操作单元应当占据的面积，一般可参考以下面积分配比例(表 6-2)。

表 6-2 厨房各操作单元所占面积的参考比例

操作单元	所需面积比例(%)	操作单元	所需面积比例(%)
加工区	23	冷菜出口区	8
切配烹调区	42	管理用房区	2
冷菜烧烤制作区	10	其他	15
总计	100		

2. 厨房环境设计

厨房室内环境设计既要考虑人与作业环境的关系，又要美观大方和实用，因此，必须把握好以下几个影响厨房环境的设计要素。

(1)高度

厨房空间过高，会增加建筑、维修、装修、清扫费用，过低不利于透气通风、散热。理想高度在 4 m 左右，吊顶后净高不低 3.5 m 为宜。厨房天顶应采用光滑防水材料吊顶，保证平面平整光洁。

(2)墙壁地面

厨房墙面应满墙铺满瓷砖，既美观，又方便清洁。地面应用耐磨、耐压、耐高温、耐腐蚀和防滑材料铺设，为防止地面积水，可使地面呈龟背状。

(3)照明

厨房光线应当充足，一般加工作业区以 200 勒克斯为宜，食品烹调区以 400 勒克斯为宜。灯具应加保护罩，光线的投射方向、颜色、覆盖面应有利于生产活动。

(4)通风与温度控制

厨房宜采用自然通风与机械通风相结合的方式保持室内空气流通，自然通风门窗朝向应与夏季主导风向一致，开窗面积不能小于墙面的 1/6。机械通风系统启动时厨房为负压区，在把油烟抽走的同时，使餐厅和其他设施中空气流入厨房，保持厨房空气清新。

厨房的温度过高或过低都不利于厨房员工的身心健康和保证菜肴质量。冬夏季温度应控制在 22 ℃～26 ℃，春秋季控制在 24 ℃～28 ℃，冷菜间不超过 15 ℃；相对湿度应控制在 60%左右。

(5)设备摆放与工作空间

设备摆放应当符合工作流程的要求，方便维修和清扫，尽可能与墙面、地面保持一定间距。操作台面的大小、设备的安放位置，既不能超出人体伸展范围(1.75 m)，又要让每位操作人员拥有足够的工作空间(1.5 m^2/人)，工作台高度不大于 85 cm，炉灶高度不超过 80 cm，切配工作台高度不高于 75 cm。其他设备如蒸箱、烤箱以及烟罩等的高度都应体现方便、安全、减轻劳动强度的要求，也要考虑设备需要的能源和安装成本。

为了保证厨房内通道畅通，各通道应有足够的宽度以避免员工在流动中碰撞、拥挤或发生事故。主通道一般不少于 1.8 m，如果通道两旁有操作点或较大机械设备，则宽度应不少于 2.5 m。

(6)排水

厨房排水系统要根据生产中的最大排水量来设计，才能做到及时排放。排沟深度、宽度适中，水不可逆流，要有格状盖覆盖在排水沟上，排水沟出入口处应安装金属网以防止鼠虫和小动物爬进，金属网眼间隔应小于 1 cm。下水出口要有隔渣网，定时(每天)清理，切忌淤物堵塞。

（三）厨房布局形式

厨房的布局应综合考虑餐厅的性质、接待量，厨房的面积、厨房结构、高度，设备的种类与数量以及方便员工操作等多种因素。以下几种布局形式可供参考。

1. 直线平行型

直线平行型布局是指烹制线、切配线、出菜线依次平行排开，通常是炉灶线依墙排列，位于长方形的通风排气罩下，集中吸排油烟，集中供应制作。每位厨师按分工专门负责某一类菜肴的加工烹制，所需设备工具、用品均分布在左右和附近。直线平行型布局区域分明、流程顺畅、整齐有序，但生产场地面积大、人流物流距离较长，一般适合厨师分工程度高，各工种操作场地相对集中的大型餐饮生产单位。

2. 相背型

相背型布局是指主要的烹调设备背靠背地组合在一起，置于同一通风排气罩下，厨师在不同的岗位上，面对面操作，工作台安排在厨师身后，其他共用设备可视具体情况布置在邻近位置。相背型布局设备集中，经济实用，但人流物流交叉，易相互影响，一般适合建筑格局为方形，分工较粗的厨房。

3. L 型

L 型布局通常是炉灶、烤炉、扒炉、炸锅等常用设备组合安排在一边，把另一些较大的如蒸锅、汤锅等设备组合在另一边，两边连成一个直角形，集中加热，集中抽烟。这种布局形式适用于厨房面积、形状不便于将设备按直线型或相背型布局的厨房。

4. U 型

U 型布局是将设备沿墙壁的四周放置，仅留一出口供人员、物料进出，厨师在设备的中间操作，取料方便，减少了移动距离，设备沿墙摆放，充分利用了空间，经济实用。这种布局适用于操作人员较少，设备相对较多，产品又较集中的厨房。

二、餐厅的设计与布局

（一）餐厅氛围设计

餐厅氛围是指餐厅内顾客所面对的，由有形和无形的气氛构成的，具体反映餐厅经营的主题，影响顾客心境与行为，加速或延缓顾客就餐时间的环境。因此，在设计餐厅氛围应着重处理好以下要素。

1. 光线

光线是影响餐厅氛围的关键因素之一。餐厅可使用的光线有烛光、白炽光、荧光及彩色光等多种，但不同的光线所起的作用和给人的感觉是不同的。

白炽光是餐厅常用的一种光线，最容易控制，食品在这种光线下看上去最自然，光线调暗能增强顾客的舒适感，延长顾客的逗留时间，但成本较高，一般适用在较为豪华的餐厅。

烛光是餐厅传统的光线，其中的红色焰光能使顾客和食物增加美感，常用于高档西餐厅、情侣餐厅等。

彩色光线会影响顾客和食品等的面貌。红色光会使家具、设施和食品显得更加漂亮诱人，蓝色光照在食物上则让人觉得食物已腐朽变质，桃红色、乳白色和琥珀色光线有助于增强热情友好的气氛。

2. 色彩

不同的色彩及其强度对人的心理与行为有明显的影响。一般而言，红、黄、橙等色彩让人激动兴奋，绿、蓝、棕等色彩让人平静放松，紫色给人优雅之感。

餐厅如果想提高顾客的流动率，最好使用红绿相配的颜色，比如快餐厅通常使用鲜艳的色彩、紧凑的座位、窄小而又不太舒适的桌椅、明亮的灯光和快节奏的音乐，促使客人用餐后快速离开。餐厅要想延长顾客的停留时间，就要使用给人以柔和、悠闲放松之感的橙红、桃红、紫红等色彩，再配上宽敞的空间、舒适的桌椅、浪漫的光线和温柔的音乐，就可以营造出一种悠闲舒适的就餐环境。

3. 家具

家具是影响餐厅氛围的主要因素之一。在选择家具时首先要考虑目标市场的顾客。高阶层的人员一般喜欢传统家具，忙碌的业务人员通常喜欢宽大而舒适的椅子或沙发等现代家具。如果想让顾客彻夜狂欢，舒适的睡椅或长沙发最为理想。如果想驱使顾客频繁流动，最好使用坚硬的塑料椅和塑料桌面。

餐桌的高度和椅子的高度以及斜度也会影响顾客的舒适感。要想鼓励顾客交谈和增加舒适的气氛，坐椅要有足够的高度和倾斜度；想让顾客快速离开餐厅，减少坐椅的倾斜度和高度。餐桌和坐椅的高度搭配可参照图 6-1。

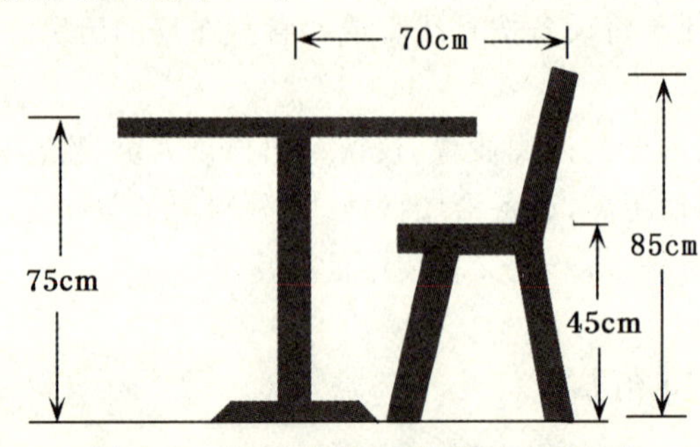

图 6-1　餐厅桌椅最佳搭配示意图

*（资料来源：陈海旺，赵平建. 现代餐饮经营与管理. 辽宁科学技术出版社，1998 年. 第 35 页）

4. 温度、湿度

温度、湿度和气味直接影响餐厅舒适程度，顾客因职业、性别、年龄的不同而对餐厅的温度有不同的要求，妇女喜欢的温度通常略高于男性，孩子需要的温度通常低于成人，从事活跃职业的人喜欢较低的温度。季节对餐厅的温度也有影响。夏天，餐厅的温度要凉爽；冬天要温暖，餐厅的最佳温度应保持在 21 ℃～24 ℃之间。温度还会影响顾客的流动，快餐厅常用较低的温度来增加顾客的流动，豪华餐厅用较高的温度来增加舒适程度。

湿度过小，空气干燥，会使顾客心情烦躁，从而提高客人的流动速度；适当的湿度，则能增加餐厅的舒适程度和活跃程度，减缓顾客的流动速度。

5. 音响

音响是指餐厅里的噪音和背景音乐。噪音是由生产操作活动、顾客流动和餐厅外部环境所引起的。不同种类的餐厅对噪音的控制有不同的要求，对接待奔波忙碌的顾客的餐厅来说，需要安静和优雅的环境，必须严格控制噪音对顾客的不良影响。对接待长时间处在宁静环境的顾客的餐厅来说，适当的噪音可能起到放松和休息的作用。

背景音乐对顾客的心境、用餐速度、消费水平均有不同程度的影响(表 6-3)。节奏明快的音乐会提高顾客的就餐速度，节奏缓慢柔和的音乐会给顾客一种放松、舒适的感觉，延长顾客的用餐时间。

表 6-3　音乐节奏对员工和顾客的影响

音乐节奏	服务时间(min)	用餐时间(min)	客人未就座前离开率(%)	消费总额(美元/人)
快	27	45	12.0	55.82
慢	29	56	10.5	58.62

(资料来源：Milliman, R. E. (1986). The Influence of Background Music on Restaurant Patrons. Journal of Consumer Research, Vol. 13, 288)

(二)餐厅的布局

1. 空间布局

餐厅内部的空间布局是否科学合理将直接影响饭店建筑设施的利用效率，因此，在进行规划与布局时应当充分考虑餐厅内部各部门的空间需要，力求统筹兼顾，合理安排，提高利用效率。在对空间进行划分时应当考虑流通空间(通道、走廊、座位等)、管理空间(服务台、办公室、休息室等)、调理空间(配餐间、主厨房、冷藏保管室等)和公共空间(洗手间)的面积指标和位置安排。

2. 餐厅动线与通道设计

餐厅动线主要指客人、服务员和物品在餐厅内的流动方向与路线，核心是客人动线和服务员动线的设计。其中，客人动线从餐厅大门到座位之间的通道尽可能避免迂回曲折、宽敞畅通。服务员动线越短越好，同一个方向的作业动线不要太集中，尽可能避免曲折。

餐厅通道要充分利用营业面积，方便客人进出，服务操作。一般而言，1 个人舒适地行走需要 90 cm 宽，2 个人舒适地行走需要 135 cm，3 个人舒适地行走需要 180 cm 宽(图 6-2)。

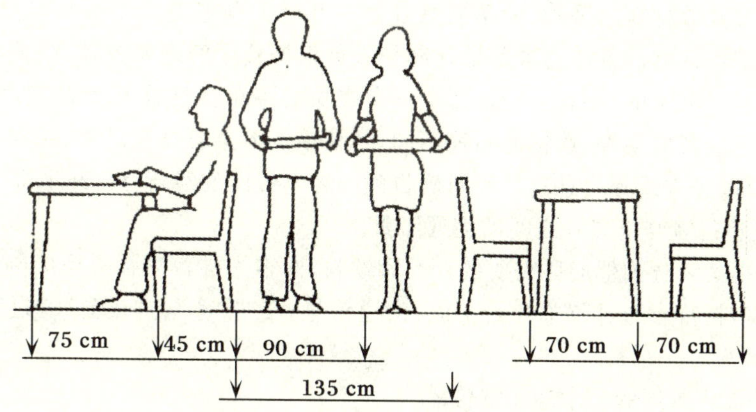

图 6-2　餐桌间的间距及通道的最基本的空间要求

(资料来源：陈海旺，赵平建. 现代餐饮经营与管理. 沈阳：辽宁科学技术出版社，1998. 38)

第二节　菜单设计与制作

一、菜单的类型与作用

(一)菜单的定义

菜单是反映餐厅在特定的时间内经营的菜肴、饮料品种和价格等内容，按照一定的组合方式排列于特定的载体，供给顾客进行选择的商品目录，它是影响餐厅经营管理成败的关键因素之一。

(二)菜单的主要类型

根据餐别来划分，菜单可分为中餐菜单、西餐菜单、其他菜单(日本餐、韩国餐等)等。

根据就餐时间来划分，菜单可分为早餐菜单、正餐菜单和宵夜菜单等。

根据服务地点来划分，菜单可分为餐厅菜单、酒吧菜单和楼面菜单等。

根据服务方式来划分，菜单可分为点菜菜单、套菜菜单等。

根据宾客特点来划分，菜单可分为固定菜单、循环菜单、当日菜单、限定菜单等。

(三)菜单的作用

1. 体现饭店餐厅的经营方针与特色

餐饮经营涉及原材料的采购、食品的烹饪加工和厅面服务等多个环节，但这些工作的开展均以菜单为基本依据。菜单通常是设计制作人员根据餐厅的经营方针，全面分析市场需求状况的基础上制定出来的，因此，一份设计制作成功的菜单往往能够反映餐厅的经营方针。尽管不同的餐厅经营的菜肴、饮料的品种不同，其菜单上的菜肴饮料品种、原材料、烹饪技艺、价格、质量以及服务方式等信息就已经明确告诉顾客本餐厅的经营特色和水准了。

2. 菜单是接待者与消费者之间的沟通工具

消费者根据菜单选购他们所需要的食品和饮料，向客人推荐菜肴则是接待者的服务内容之一。消费者与接待者通过菜单开始交流，沟通信息，在“推荐”与“接受”的过程中促成顾客的购买行为。

3. 菜单是饭店餐厅的艺术品和宣传品

一份设计制作精美的菜单既可以成为餐厅的主要广告宣传品，也可以提高餐厅的格调，烘托用餐氛围，使客人对所罗列的美味佳肴留下深刻印象。

4. 菜单是饭店餐饮部门一切业务活动的指南

菜单是餐饮部门服务设施配备的基础，是餐饮生产与销售活动的依据，它以不同的方式影响和支配着餐饮的服务系统。

(1)菜单是餐饮部门选择购置设备以及设备空间布置的依据。餐饮部门选购各种生产服务设施的类型、规格、质量与数量都取决于菜单上的菜肴品种、水平和特色。

(2)菜单是餐饮部门选择职工的技术水平、工种和人数的依据。菜单内容标志着餐饮服务的规格水平和风格特色,餐饮部门在配备厨房和餐厅员工时,应该根据菜式制作和服务的要求,决定招聘员工的工种和人数。

(3)菜单是菜肴原材料、饮品采购与储存的依据。食品原料的采购储藏是餐饮部门业务活动的必要环节,它受菜单内容和菜单类型的影响和支配。菜单内容规定了采购和储藏工作的对象,菜单类型在一定程度上决定着采购和储藏活动的规模、方法和要求。

(4)菜单是餐厅装修风格、档次及服务规格的依据。厨房是加工制作餐饮产品的场所,厨房内各业务操作中心的设备布局,各种设备、器械、工具的定位,应当以适合既定菜单内容的加工制作需要为准则。另外,餐厅装饰的主题、风格以及饰物陈设、色彩、灯光等等,都应根据菜单内容的特点来精心设计,以达到整体环境能够体现餐饮风格、气氛,烘托餐饮特色的效果。

(5)菜单是餐饮成本控制的依据。菜单在体现餐饮服务规格水平、风格特色的同时,也决定了企业餐饮成本的高低。用料珍稀、原料价格昂贵的菜式过多,必然导致较高的食品原料成本;而精雕细刻、煞费匠心的菜式过多,又会无端增加企业的劳动力成本。所以,菜单制订得是否科学合理,各种不同成本的菜式的数量之间比例是否恰当,直接影响到餐饮部门的赢利能力。

二、菜肴的选择

(一)菜肴选择的原则

菜单上的菜肴体现着餐厅的技术力量、经营风格和服务特色,菜肴的选择既要能满足顾客的就餐需求,又要有利于提高餐厅的营业收入和利润,因此,菜肴的选择必须慎重,综合考虑各种因素。

1. 符合目标顾客需求

这是菜肴选择应当坚持的首要原则。餐厅服务的目标顾客群体不一样,其就餐需求也不相同。如果餐厅服务于流动性客源,就应当选择价格相对便宜、服务迅速的菜肴;如果餐厅服务于高收入的享受型客源,则应选择做工精细、服务高雅考究的菜肴。

2. 体现就餐氛围

一家设计美观、装修豪华的高档餐厅,理应提供高档菜肴;一家装修一般的普通餐厅则应提供大众化菜肴,这样才能满足顾客的服务期望。

3. 品种不宜过多

按照国际惯例,凡是菜单上列出的菜肴必须保证供应,不能缺货。菜单上的菜肴品种越多,必然增加菜肴的烹饪难度,餐厅保证供应难度就越大。同时也会增加食品原料的采购与库存量,影响餐厅的资金周转;增加顾客选菜时间,降低餐位周转率,影响餐厅的收益。因此,选择菜肴应当坚持少而精的原则,为将来调整更换菜肴留下余地。

4. 选择毛利率高的菜肴

菜肴不同,原料也不一样,而原料的价格高低、加工切配损耗率、烹煮损耗率的高低都会影响菜肴的成本。菜肴的原料的进价越高，加工切配损耗和烹煮损耗越大，菜肴的成本就越高，利润空间就越小。与此同时，菜肴的成本越高，其售价也就越高，销售难度也就越大。因此，在选择菜肴时应当选择毛利率高的菜肴。

5. 菜肴品种平衡

(1)价格平衡。顾客的消费水平有高低之分，因此，同一份菜单的菜肴价格应当在一定范围内有高、中、低档搭配，才能满足不同档次消费水平顾客的需要。

(2)原料平衡。每类菜肴应用不同的原料组成，尤其是同类同味应当用不同的原料来制作，给就餐者以更多的选择余地，以适应不同口味顾客的需要。

(3)味型平衡。由于众口难调，所以在选择菜品时要尽量安排不同味型、不同质感的菜肴上菜单，力争五味俱全。

(4)制作方法平衡。在每类菜肴中，应有不同烹调方法制作的菜肴，无论中餐还是西餐，煎、炸、炒、煮、蒸、炖等都应有一定的比例，制作精细、耗时长的菜肴与加工方法简单、耗时短的菜肴应当合理搭配。

(二)菜肴的销量分析与选择

菜肴销量分析就是对菜单上的各种菜肴的销售情况进行调查分析，以确定哪些菜肴受顾客欢迎，哪些菜肴可以为餐厅贡献较多的利润。在进行定量时首先应当对菜单上的菜肴进行分类，因为同类菜肴往往存在着内部竞争，比如顾客点了糖醋里脊之后一般不会再点糖醋排骨，这说明同类菜肴中某道菜畅销会夺走其他菜肴的销售额。其次，按类分别分析菜肴销售状况，其评价依据是顾客欢迎指数和销售额指数，其中：

$$顾客欢迎指数=\frac{某菜肴销售数百分比}{各菜肴应售额百分比}$$

$$销售额指数=\frac{某菜肴销售数百分比}{各菜肴应售额百分比}$$

【例】某餐厅的海鲜类菜肴有5个，某统计期内各菜肴的销售情况如表6-4。

表6-4 某餐厅海鲜类菜肴销售情况

菜名	价格(元/份)	销售份数	销售数百分比	销售额(元)	销售额百分比
家常海参	80	120	11.1	9 600	16.4
豉汁青鳝	80	170	15.7	13 600	23.2
金沙蟹	55	280	25.9	15 400	26.2
香辣虾	30	190	17.6	5 700	9.7
荷包鱿鱼	45	320	29.6	14 400	24.5
总计/平均值		1 080	20.0	58 700	20.0

根据菜肴的定量分析评价指标的计算公式计算后，我们得知各菜的顾客欢迎指数和销售额指数如表6-5。

表6-5 某餐厅海鲜类菜肴的顾客欢迎指数和销售额指数

菜名	顾客欢迎指数	销售额指数	评价	相应的产品政策
家常海参	0.56	0.82	不畅销，低利	取消
豉汁青鳝	0.79	1.16	不畅销，高利	保留
金沙蟹	1.30	1.31	畅销，高利	保留
香辣虾	0.88	0.49	不畅销，低利	取消
荷包鱿鱼	1.48	1.23	畅销，高利	保留

不管分析的菜肴类别有多少,任何一类菜的顾客迎指数和销售额指数的平均值总是1,如果菜肴的顾客欢迎指数越是比1大,说明该菜肴越畅销;其销售额指数越是大于1,说明其给餐厅贡献的销售额越多,创造更高的利润的可能性就越大。因此,在选择菜肴时首先应当保留顾客欢迎指数和销售额指数都大于1的既畅销又可能创造高利润的菜肴,如表6-5中的金沙蟹和荷包鱿鱼;有些菜肴虽然不太畅销,只要顾客欢迎指数在0.7以上,且销售额指数高于1的菜肴,也可以保留下来以吸引高档消费的顾客(参见表6-5)。

三、菜单的设计

(一)菜单的内容设计

1. 菜单内容

菜单作为餐厅生产安排、销售统计和宣传推销的工具,应当迅速而准确地向顾客传递信息,以影响顾客的消费决策。因此,菜单的内容设计尤为重要。一般来说,一份菜单通常应当包括以下几个方面的内容。

(1)菜肴名称与价格

菜肴名称直接影响顾客的选择,尤其是顾客未曾品尝过菜肴,通常凭菜名挑选。顾客对餐饮服务是否满意在很大程度上取决于看了菜肴名称、价格后对菜品产生的期望值以及餐厅提供的菜品能否满足顾客的期望。因此,菜肴名称与价格应当具有真实性。

菜品名称真实。菜名必须真实,因为国际餐馆协会对顾客进行调查发现:故弄玄虚而离奇的名字,顾客中不熟悉或名不副实的名字,不容易被顾客接受。只有那种小型的、以常客为主的餐厅可用不寻常的名字,而向大众开放的餐厅应该采用朴实并为顾客熟悉的菜名。

菜品质量真实。菜品质量真实包括原料的质量、规格、分量均要和菜单上的介绍保持一致。如菜品名为炸牛里脊,餐厅就不能用牛腿肉炸制。产品的产地必须真实,如果品名是烤新西兰牛排,那么原料必须从新西兰进口;菜品的份额必须准确,菜单上介绍份额为300 g的烤肉必须是300 g;菜品的新鲜程度应真实,如果菜单上写的是新鲜蔬菜,就不应该提供罐头或速冻食品。

菜品价格真实。菜单上的价格应该与实际供应的一样,如果餐厅加收服务费,则必须在菜单上加以说明,若有价格变动要立即更换菜单,而不应当在原菜单上随意涂改。

外文名字正确。菜单是餐厅质量的一种标记,如果西餐厅菜单的外文拼写错误,说明西餐厅对该国的烹调根本不熟悉或对质量控制不严,这样会使顾客对餐厅产生不信任感。

菜单上菜品应保证供应。按照国际惯例,菜单上列出的菜品,餐厅应当保证供应。而有些餐厅管理人员认为本餐厅能制作的菜品都应列在菜单上,以便给客人更多的选择余地。由于一些菜品的原料不能保障供应,客人点菜后可能出现单上有名,厨中无菜的局面,这既使菜单显得不可靠,不严肃,也会大大增加餐厅菜品加工的难度。

(2)菜品介绍

为了方便顾客了解菜品,菜单应当着重介绍高价菜、名牌菜等重点促销菜肴的主要原料、配料、加工制作与服务方法、分量、需等候时间等信息,帮助顾客下决心选择菜肴,缩短顾客的选菜时间。

(3)告示性信息

菜单除介绍菜肴名称、价格等核心信息之外,为了帮助顾客认识餐厅,还应当提供诸如餐厅名称、风味特色、地址、联系电话、商标、营业时间、餐厅加收的费用等告示性信息。

2. 菜单内容的安排

(1)编排顺序

顾客一般按就餐顺序点菜，希望菜单内容按就餐顺序编排，这既符合人们正常的思维步骤，又能快速找到菜肴的类别，不致漏点某些菜肴。因此，菜单的内容应当按就餐顺序排列。譬如西餐菜单的排列顺序一般是开胃品、汤、色拉、主菜、三明治、甜点、饮品；中餐菜单的排列顺序为冷盆、热炒、汤、主食、酒水饮料等。

(2)重点促销菜肴的位置

重点促销菜肴是饭店希望尽快介绍、推销给就餐者的菜肴。可以是时令菜、特色菜、厨师的招牌菜，也可以是由滞销、积压原料经过精心加工包装之后制成的特别推荐菜。

重点促销菜应该安排在菜单的显目之处。单页菜单的上半部就是重点推销区，双页菜单从左上角到右边线 3/4 处的三角区为重点推销区，三页菜单的中页中间部分是顾客最容易注意到的位置，应当安排餐厅最需要推销的菜肴，其次依次是右上角、左上角、左下角和右下角。

(二)菜单的形式设计

1. 菜单的表现形式

西餐菜单的表现形式通常有单页式、双页式、三页式、四页式等。中餐菜单通常为簿册式，形同一本杂志，打开之后，菜名、菜价平铺直叙，给人以平淡无奇之感。

2. 菜单的材质设计

如何选择菜单的制作材料，取决于菜单的使用方式。一般而言，“一次性”使用菜单应当选择轻巧、便宜的纸张；长期使用的菜单应当用质地精良、高克数的厚实纸张，且具有防污、去渍、防折和耐磨等特性。菜单的封面应当避免使用塑料、绸绢等易损易污材料。

3. 菜单的尺寸设计

菜单的大小必须与餐厅的面积、餐桌的大小和座位空间相协调。一般而言，单页菜单以 30 cm 宽、40 cm 高为宜；对折式双页菜单合上时，宽 25 cm、高 35 cm 最佳；三折式的菜单合上时，20 cm 宽、35 cm 高为宜。

4. 菜单的字体字型设计

菜单的字体要为餐厅营造气氛服务，菜单使用容易辨认的字体，能使顾客感到餐厅的餐饮产品和服务质量具有一定的标准而留下深刻印象。仿宋体、黑体等字体多用于菜单正文，隶书常用于菜肴类别的题头说明。外文菜单宜用常见的印刷体。

印刷菜单时所用字号大小对顾客认识菜单有重要影响。根据调查统计，最易被就餐者阅读的字型是二号字和三号字，其中三号字最为理想。因此，菜单的主要内容部分应当尽量使用三号字。

5. 菜单的色彩设计

菜单的颜色具有增强吸引力，唤起顾客兴趣的作用，通过色彩的组合搭配能更好地介绍重点菜肴，体现餐厅的风格与氛围。因此，菜单的色彩应当和餐厅的环境、餐桌、桌布、口布、餐具的色彩协调一致。一般而言，鲜艳的大色块、五彩标题、五彩插图较适合快餐厅的菜单，浅褐、米黄、浅灰、天蓝等淡雅优美的色彩通常用于高档豪华的菜单。

第三节　餐饮原料采保管理

一、餐饮原料的采购管理

(一)餐饮原料采购的组织形式

1. 餐饮部、采购部合作采购

饭店的餐饮部和采购部合作完成餐饮原材料的采购工作，在这种机制下，餐饮部通常采购鲜活原料，采购部采购可贮存的原料；或者是餐饮部选派餐饮原料的采购人员，由采购部负责管理。这种形式的优点是采购组织比较灵活，采购人员熟悉业务，大宗原料采购受到采购部、财务部的监控，缺点是多头采购，职能上划分不清，容易给管理、协调带来不少麻烦。目前国内有少数饭店采用这种组织形式。

2. 餐饮部采购

我国内资饭店最为常见的一种组织形式。由于采购人员归属于餐饮部，有利于专业化管理，采购的及时性、灵活性和食品原料质量的可靠性等能得到保证，但在这样的组织形式下，采购的数量、资金及成本控制难以掌握。因此，餐饮部管理者应当订立相应的规章制度，严把质量和数量关，才可能使采购成本降至最低水平。

3. 采购部采购

这是国内的独资、合资及规模较大的饭店中常用的组织形式。由于采购业务归采购部统管，制度严密，操作规范，采购成本与资金管理较有保证；但采购的周期长，及时性较差，不便餐饮部灵活地根据市场行情的变化及时地调整采购计划。

(二)餐饮原料采购的运作程序

首先，由餐饮部和仓库根据生产需要或在某种原材料的现存量低于规定的数量时向采购部门发出采购申请单，提出采购申请。

采购部门收到采购申请后，开出正式的订购单，向供货单位订货，同时给验收部门一份副本，以备验货时核对。

当货物运到饭店后，由验收部门对照订购单和原材料规格标准，对货物的品种、数量、价格、质量进行验收，对厨房订购的新鲜食品应立即通知厨房通过申领手续领出，其他原材料填单后入库。

验收结束后，将货物发票验签后，连同订购单一起交采购部，采购部再交财务部门审核，然后由财务部门向供货单位付款(参见图 6-3)。

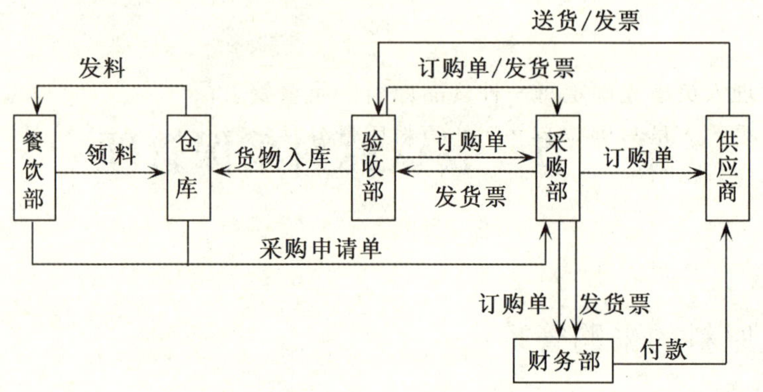

图 6-3　餐饭原料采购动作程序

(三)餐饮原料的采购方式

1. 直接市场采购

一些中小餐厅通常是采购员拿着现金直接在食品市场或农贸市场直接采购原料,现金交易。这种采购方式不一定能得到价格最优惠的原料,但可以使原料库存量降至最低,原材料的新鲜程度得到保障。

2. 竞争价格采购

对于供货次数频繁的鲜活餐饮原料,采购部门通常通过电话联系、商函或直接接触,取得多家供应商的报价,然后从中选择原料质量适宜、价格最优的供货商。

3. 招标采购

饭店餐饮部门采购大宗货物时采用的规范化的招标采购方法。采购单位以邀标的形式将需采购的原材料名称及规格标准寄给有能力的供货单位,由后者进行报价投标。凡原料符合质量规格要求,出价最低者中标,双方签订采购合同,供应商按合同约定供应原料。

4."一次停靠"采购

餐饮原材料的品种繁多,供货渠道各异,各个供应商对同一种原材料的报价有高有低,如果饭店仅以最低报价为依据决定向谁购买,势必花大量的人力、时间处理票据和验收进货。为了减少采购验收和财务处理的成本费用,饭店将餐饮原料归类,同类原料向一个综合报价较低的供应商购买。

(四)餐饮原料采购质量控制

餐饮原料质量是对原料的新鲜度、成熟度、纯度、质地、色泽等要素的综合评价。餐饮管理人员为了保证其品质,应在确定菜单时规定原料的质量标准,并以采购标准的形式加以明确。

1. 采购标准的内容

采购标准是饭店的餐饮部门根据生产需要,以书面形式对采购原料的质量、规格等做出的详细具体规定,一般包括产品的通用名称或常用商业名称、用途、产地、等级、部位、色泽与外观、报价单位或容器、容器中的单位数或单位大小、重量范围、最小或最大切除量、加工类型和包装、成熟程度、交货时间要求、防止误解所需的其他信息。

2. 采购标准的作用

采购标准制订后，应分送采购员、供应商、验收员和餐饮经理办公室。使用采购标准对餐饮管理有以下作用：

(1)促使管理人员事先确定每一种食品原料的质量要求；

(2)可避免采购人员与供应商之间的原料质量分歧；

(3)避免每次订货时都向供应商解释质量要求，提高了工作效率；

(4)可避免采购部门与原料使用部门之间的分歧与矛盾；

(5)作为验收的质量标准；

(6)向供应商分发采购标准，可便于他们投标。

3. 采购标准的编制

采购标准须根据菜单提供的菜品要求编制。在编制过程中，凡有政府或行业标准的原料采用政府或行业标准。没有相应标准的原料，饭店要对原料进行测试和选择，以便根据这些质量标准编写采购标准。

在编写采购标准时，还应当考虑饭店餐厅的档次、客人对原材料的要求、设备、加工能力、市场环境与原材料的可得性等影响因素。

一些大型饭店为了编制好采购标准，还专门成立由高层管理人员挂帅，餐饮部经理、厨师长、食品饮料会计师、验收员、仓库管理人员、公共关系经理等饭店员工和受邀请的顾客代表组成的测试委员会，协助编制采购标准，作出购买决策，执行原料测试方案，检查饭店餐饮部门使用的原料成本、质量规格。

(五)餐饮原料采购数量控制

餐饮原料采购标准一经确定，就会在一段时间内相对固定，而采购数量却是经常变化的。因此，在采购管理中，需要根据各方面的因素，确定每次采购的合理数量。如采购过量，既占用资金，影响资金周转，也会使原料库存时间过长引起质量的下降或变质，同时增加仓储成本；如果采购数量不足，则可能造成库存中断，原料无法正常供应而影响餐厅的正常生产经营活动。

1. 影响采购数量的因素

(1)菜肴、酒水计划生产量；

(2)仓储场地与仓储能力；

(3)原料的价格变动趋势；

(4)当前库存量；

(5)原料的市场供应情况；

(6)供应商的政策。

2. 鲜活原料采购数量的控制

鲜活原料是指新鲜蔬菜、鱼肉、禽类、水果、奶制品等在购进后当天或短时间内使用的原料。如果采购过量，在限定的时间内使用不完，很容易造成浪费。因此，这类原料采购的频率高，数量有限，一般采用即时采购法、长期采购法。

(1)即时采购法

即时采购法用于采购消耗量变化大，有效保存期较短，必须经常采购的鲜活原料。其采购数量的计算公式为：

采购数量＝需有量－实际库存量

即时采购法简单易行，但要求管理人员每天巡视贮藏室，对各种原料进行盘点，记录实际库存量，并根据生产量预报和具体情况，决定所需原料的采购数量。由于鲜活原料的采购频繁，一般不考虑保险储备量。

(2)长期订货法

某些鲜活原料日消耗量变化不大，单位价值也不是很高，对此饭店往往采用长期订货法。

一是饭店与某个供应商签订合约，由供应商以固定的价格每天或每隔数天向饭店供应规定数量的原料，直到饭店或供应商感到有必要改变已有供应合约时再重新协商。

二是要求供应商每天或每隔数天把饭店的某种或某几种原料补充到一定数量，饭店对有关原料逐一确定最高储备量，由饭店或供应商盘点进货日的现存量，以最高储备量减去现存量得出当日需购数量。

3. 可贮存原料的采购数量控制

可贮存原料通常指干货或冷冻贮存不易变质的原料，如粮食、香料、调味品和罐头食品等。可冷冻储存的原材料包括各种肉类、水产品原材料。饭店为减少采购工作的成本，求得供应商的量大折扣优惠，往往采用定期订货法和永续盘存卡法大批量进货。

(1)定期订货法

定期订货法是可贮存原料采购中最常用的一种方法。饭店通常把同类原料或向同一供应商采购的原料，定期在同一天采购。也就是说，不同类的原材料和向不同供应商采购的原材料的进货尽量安排在不同的日期，以便验收员和仓库管理员的工作量均衡分布。

定期订货法的订货周期(进货间隔时间)固定不变，但每次订货数量则要根据实际库存量、日需要量的多少、订货周期的长短等因素来确定，其计算公式如下：

订货量＝下期需用量－实际库存量＋期末需存量

下期需用量＝日需要量×定期采购间隔天数

期末需存量＝日需要量×订货期天数＋保险储量

期末需存量要根据发出订货单至原料入库所需的天数、原料的日均消耗量来决定，同时要考虑意外原因可能造成的送货延误，因此，要有一个保险储存量，以保证原料供应不中断，一般饭店把保险储存量定为订购期内需用量的50%。

【例】某饭店1个月采购1次樱桃罐头，其均消耗量为15听/天，正常订货周期为4天。在当月的订货日，经盘点尚存120听。饭店确定樱桃罐头的保险储量为订购期内需用量的50%，则樱桃罐头订货量为：

购货量＝15听/天×30天－120听＋[15听/天×4天＋(15听/天×4天×50%)]＝420听

(2)永续盘存卡订货法

永续盘存卡订货法又叫订货点订货法或定量订货法。它是通过查阅永续盘存卡上原料的结存量，对达到或接近订货点储存量的原料进行采购的方法，通常为大型饭店所用。

使用永续盘存卡订货法必须给每种原料建立一份永续盘存卡(如表6-6)，确定每种原料的最高储存量和订货点储量。

表 6-6　**永续盘存卡**

食品原料永续盘存卡

No. 5217

品名：樱桃罐头 规格： 单价：		最高储存量： 订货点量：		
日期	订单号	进货量(听)	发货量(听)	结存量(听)
1/4				105 听(承前)
2/4	No. 4307－232		15	90
3/4			16	74
4/4			17	57
5/4			16	41
6/4		170	15	196

最高储存量是指某种原料在最近一次进货后可以达到但一般不应超过的储量。它主要根据原料的日均消耗量、采购间隔天数、仓库面积、库存金额、供应商最低送货量等相关因素来确定。

订货点量也就是原料的最低储存量(即定期订货法中的期末需存量)。当原材料从库房中陆续发出，使库存减少到订货点量时，该原料就必须采购补充，订货量的计算公式为：

订货量＝最高储存量－订货点量＋日均消耗量×订货期天数

【例】某饭店采购樱桃罐头，其日均耗量为 15 听/天，正常订货周期为 4 天。最高储存量为 200 听，保险储存量定为订购期内需用量的 50%。

订货点量＝日均消耗量×订货期天数＋保险储量

＝15 听/天×4 天＋15 听/天×4 天×50%

＝90 听

订货量＝最高储备量－订货点量＋日均消耗量×订货期天数

＝200 听－90 听＋15 听/天×4 天

＝170 听

(六)餐饮原料采购价格控制

餐饮原料的采购价格受市场供应状况、采购数量、原料质量、供应渠道、供应商的垄断程度、季节、消费趋势等多种因素的影响，饭店可以采用以下措施降低价格，保证原料的质量，对采购价格实施有效控制。

1. 规定采购价格

饭店通过详细的市场调查后，对餐饮原料提出购货限价，规定在一定的幅度范围内按限价购买。限价品种一般是采购周期短的、随进随用的鲜活原料，并且限价是有一定有效期限的，往往在一定期限后要根据市场价格波动情况做出修正。

2. 控制贵重和大宗原料的购货权

贵重和大宗原料的采购价格是影响所有餐饮原料采购成本的主导因素，因此，在这类原料的采购上，有些饭店由餐饮部、采购部门提供建议和信息，由饭店决策层决定购买的数量、方式和供应商。

3. 增加购货量和改变购货规格

大批量购货可以得到供应商的价格优惠，大批量购进大规格包装的原料也可能降低价格。但是大批量购入某种原料又会占用大量资金，使这些资金不能用于其他能产生收益的地方。一般而言，当大批量采购得到的价格折扣率>银行贷款月利率×(原料使用月数－1)÷2时，则从资金使用的角度而言，对饭店是合算的。

4. 规定购货渠道或供应单位

对那些日常采购的原料，饭店经过比较选择，预先已与供应商议定了价格，采购部门只能向那些指定的供应单位或供货渠道采购。

5. 减少供应环节

饭店绕开不必要的中间环节，直接从批发商、生产商或种植者以及市场直接采购，获得优惠的价格，从而降低原料采购成本。

二、餐饮原料的验收管理

餐饮原料的验收是指验收人员根据饭店或餐饮部门规定的验收程序与餐饮原料的采购标准，检验供应商发送的或由采购员购买的原料质量、数量、单价等，并将检验合格的各种原料送到仓库或厨房，记录检验结果的过程。

于饭店而言，仅仅对原料的采购进行控制，而忽视验收环节的控制，往往会使采购控制失去意义。如果供货商有可能有意或无意地超量供货或短斤缺两，质量低于采购标准，原料价格与双方议定价格不符，都会增加餐饮生产成本，使饭店的利益受损。

(一)建立合理的验收体系

1. 验收人员

验收人员必须诚实可靠、不徇私情，善于把关，必须具有丰富的餐饮原料知识，了解原料的采购标准和市场行情，熟悉饭店的财务制度。

饭店最好能设置专人负责餐饮原料的验收工作，如果是兼职，最好由仓库管理员兼任，而不能让厨师长或餐饮部经理兼任，更不能由采购人员兼任。

为了使验收工作得到保障，饭店需要给验收人员一定的自主权，明确他与采购人员、厨师、其他管理人员工作交往上的特权。

2. 验收设备与工具

验收员办公室和验收处应尽量设在饭店的后门或边门处，并接近餐饮原料库房，且有足够的空间方便卸货。

验收部门应有足够数量和多种型号的称量工具，如磅秤、天平秤、电子秤等，并定期校准，以保证精确度。验收办公室还应备有多种验收单、验收便签、贷方通知单、无购货发票收货单，整套的验收标准等表单以及尺、温度计、纸板箱切割工具、铁皮条切割工具、刀、榔头以及足够数量的档案柜。

3. 监督检查

饭店管理人员要定期或不定期地检查验收工作，确保验收标准的落实，协调验收员与其他有关部门的工作关系，使验收员了解管理人员非常关心和重视他们的工作。

（二）制定科学的验收程序

1. 检查进货

首先，验收员要根据订货单核实到货的品种、数量。凡未办订货手续的原料不予受理，以避免不需要的原料入库。其次，验收员要根据发货票检查进货。凡发货票与实物名称、型号规格、数量、质量不相符的不予验收，发货票与实物数量不符，但名称、型号、规格、质量相符的可按实际数量验收，但如果实物数量超过订货数量较多时，超额部分应作退货处理。

2. 验收货品

(1)质量验收。验收员应根据采购申请单、订货单以及餐饮原料采购标准等对货物质量的描述检验原料的质量，如发现原料腐烂、变色、变味、过期等现象，应作退货处理。如果验收员对原料的质量无法准确定性，应请有关人员帮助检验，以免发生差错。

(2)数量验收。验收员要检查实物与订货单、发货票上的数量是否一致，确保数量正确。在清点时要注意：①有包装的要将包装拆掉，再称重量以核实原料的净重。②带包装及商标的货物，在包装上已注明重量，要仔细点数，必要时抽样称重，对用箱包装的货物要开箱抽查。③无包装的货物要视单位价值的高低用不同精度的称重工具称量。④对单件货物（如瓜果）有重量、大小要求的，除称总重量外，还要检查单件货物是否符合验收标准。

(3)价格验收。验收员应认真核对发货票的价格与订货单是否一致，以避免供应商承诺低价供货，而实际供货时调高价格的情况发生。

3. 验签票据，接受货物

验收员在验收无误后，应在送货发票上加盖验收章，并填妥有关项目。对无发票的货物，应填写无购货发票收货单，接受供应商送达的货物。

4. 在包装物上注明货物信息

对于已接受的带包装物的货物，验收员应在包装物上注明收货日期、单价、重量等，以便存货计价时不必再查验收时的报表或发货票。对于冷冻原料，验收员还须加系存货标签。

5. 送货入库

鲜活原料验收后应立即通知各厨房营业点领走货物，干货和冷冻原料应送交仓库管理员入库储存。验收员应在发货票上注明各种食品原料属于哪一类，以便填写验收日报表。

6. 正确填写相关表单

验收员在验收货物的过程中应当及时、准确地填写收货凭证（表 6-7）、验收单（表 6-8）、退货通知单（表 6-9）、无购货发票收货单（表 6-10）、食品原料验收日报表（表 6-11）、饮料验收日报表（表 6-12）等，以备查验。

表 6-7　收货凭证

编号	品名	规格	数量	单价（元）	金额（元）	请购单号	备注
总额							

付款方式：　现金

支票

挂账　　　　　　　　　　　　　　　　　　供应商签字：

收货部门：　　　　　　　　　库房：　　　　　　　　收货人签字：

表 6-8 验收单

供货单位：　　　　　　　　编号：
供货单位地址：　　　　　　日期：
订购　单编号：

货品名	规格	单位	数量	单价(元)	合计(元)

总计验收员：　　　　　　　送货员：
仓库管理员：

表 6-9 退货通知单

编号：
发自：　　　　　　　　　　交至(供应单位)：
发货票号：　　　　　　　　发货票日期：

货品名	单位	数量	单价(元)	合计(元)
合计				

退货原因：
送货员签名：　　　　　　　负责人签名：

表 6-10 无购货发票收货单

××饭店　　　　　　　　　编号：
无购货发票收货单

供货单位：　　　　　　　　日期：

货品名	数量	单价(元)	合计(元)
合计			

采购员：　　　　　　　　　验收员：

表 6-11　食品原料验收日报表

日期:2006 年 1 月 18 日　　　　No. 1021

品名	供应商	发票号	数量	单价(元)	金额(元)	直接采购原料				库房采购原料					
						厨房一		厨房二		库房一		库房二		库房三	
						数量	金额(元)	数量	金额(元)	数量	金额(元)	数量	金额(元)	数量	金额(元)
一级猪排	区肉联厂	13211	50kg	1000	50000					50kg	50000				
特级小牛肉	区肉联厂	13211	40kg	1500	60000					40kg	60000				
一级猪里脊	区肉联厂	13211	25kg	1200	30000					25kg	30000				
鲜猪肉	区肉联厂	13211	30kg	1000	30000	10kg	10000	20kg	20000						
2#糖水樱桃	兴华食品厂	40872	5 箱	4000	20000							5 箱	20000		
3#菠萝罐头	兴华食品厂	40872	4 箱	3500	14000							4 箱	14000		
活鲫鱼	大兴养殖场	10203	10kg	1000	10000			10kg	10000						
活河虾	大兴养殖场	10203	15kg	3000	45000			15kg	45000						
青菜	蔬菜批发部	32157	50kg	200	10000	25kg	5000	25kg	5000						
洋葱	蔬菜批发部	32157	5kg	800	4000	5kg	4000								
葡萄	蔬菜批发部	32157	20kg	1000	20000	10kg	10000	10kg	10000						
合计					2930		29000		90000		140000		34000		

表 6-12 饮料验收日报表

日期:2004 年 1 月 18 日 No.0812

品名	供应商	发票号	单位(箱)	每箱瓶数	每瓶容量(mL)	每瓶单价(元)	每箱单价(元)	金额小计(元)
轩尼诗XO	宏兴贸易公司	07 243	6	12	750	450.00	5 400.00	32400.00
戈顿金酒	宏兴贸易公司	07 243	3	12	500	110.00	1 320.00	3960.00
红方威士忌	宏兴贸易公司	07 243	5	12	750	100.00	1 200.00	6 000.00
青岛啤酒	糖酒公司	10 124	20	24	355	3.00	72.00	1 440.00
长城干红葡萄酒	糖酒公司	10 124	10	6	750	20.00	120.00	1 200.00
53°茅台酒	糖酒公司	10 124	8	6	500	300.00	1 800.00	14 400.00
合计								59 400.00

三、餐饮原料的库存管理

(一)库存要求

仓库是食品原材料的储存区域,它的位置、容量、温度、湿度、通风条件、原料堆放方式、卫生条件、安全措施等方面都直接影响原料质量的保持和仓储成本的控制。

1. 仓库的分类

(1)按地点分类。①中心库房,即饭店的总库房。②餐饮营业点库房,一般设在各厨房或酒吧,只储存短期内使用的原材料。

(2)按物品的用途分类。①食品库房。②酒类饮料库房。③非食用原料库房。

(3)按储存条件分类。①干藏库房。存放罐头食品、干果、粮食、香料等干性食品原料。②冷藏库房。存放蔬菜、水果、蛋、黄油、牛奶以及需要保鲜的禽、鱼、肉类等原料。③冻藏库房。存放需较长时间保存的冻肉、水产品、禽类和已加工的成品或半成品食物。

2. 仓库的位置

仓库的理想位置应在原料验收处和厨房之间,这样可以减少原料的搬运距离,减少人流、物流的拥挤,避免延误原料供应。但实际上由于不同饭店建筑结构上的原因,各个厨房与验收处往往不处于同一楼层。这时,就应考虑把库房设在验收处附近以方便及时地把验收后的原料入库储存。

一般情况下,绝大多数饭店的餐饮原料仓库都安排在底楼或地下室。因为地下室避光的储存条件和相对容易控制的温、湿度对原材料的保存是有利的。

3. 仓库的面积

餐饮原料仓库的面积要根据餐厅的类别、规模、菜单特点、客流量、原料供应状况、采购政策以及订货周期等因素来确定。菜单内容丰富、原料订货周期长、采购批量大的餐厅，仓库面积要大一些；快餐厅、咖啡厅及供应品种有限的餐厅，仓库面积可小一些。

根据经验，餐饮原料贮存区域的面积大约相当于餐饮场所总面积的 10%～20%，而前台营业面积大致相当于餐饮场所总面积的 50%，据此，饭店餐饮原料仓储区域的面积可根据以下公式推算：

$$仓储区总面积=[(餐厅总面积+\frac{1}{6}(酒吧多功能厅等的面积之和)]\times 2\times 10\%$$

【例】某饭店餐饮设施的类型与容量分配如表 6-13，请计算该饭店餐饮原料仓储区域的面积。

表 6-13　某饭店餐饮设施的类型与容量分配

设施	座位数	面积(m^2)/位	总面积(m^2)
咖啡厅	100	1.1	110
其他零点餐厅	300	1.9	570
小计			680
多功能厅	200	1.4	280
员工餐厅	80	1.4	112
酒吧及休息室	100	1.9	190
小计			582

$$仓储区总面积=[餐厅总面积+\frac{1}{6}(酒吧多功能厅等的面积之和)]\times 2\times 10\%$$

$$=(680+\frac{1}{6}\times 582)\times 2\times 10\%\approx 155(m^2)$$

该饭店仓储区各库房面积可参照表 6-14 进行分配。

表 6-14　某饭店各餐饮原料库房面积分配比例

库房类别	面积分配率(%)	总面积(m^2)	应分配面积(m^2)
干藏库(含烈酒、矿泉水)	50	155	77.5
冷冻库	15	155	23.2
肉类冷藏库	10	155	15.5
水果蔬菜冷藏库	8	155	12.4
乳制品冷藏库	5	155	7.75
发酵酒、配制酒贮藏库	5	155	7.75
走道	7	155	10.9
合计	100		155

4. 餐饮原料的仓储环境要求

餐饮原料对温度、湿度和光线的变化都十分敏感。不同原料在同一种温度、湿度、光线条件之下的敏感程度又不尽相同。因此，要根据原料的类别与特点，存放于不同的贮藏库，并提供不同温度、湿度及光线条件，使各种餐饮原料始终处于最佳的存储环境之中。

(1)温湿度

餐饮原料的类别不同，适宜的温湿度也不相同，因此，在存贮过程应当充分考虑各种原料对温湿度的要求(表 6-15)。

表 6-15 常用原料贮藏的温湿度参考表

库房类别	原料	适宜温度(℃)	适宜的相对湿度(%)
干藏库	米面类	10～19	50～60
	干货类食品原料	10～22	50～60
	烈酒类	10～22	50～60
	果酒	10～22	50～60
	啤酒	10～22	50～60
	矿泉水	10～22	50～60
冷藏库	肉类	0	75～85
	水产品	0～2	75～85
	禽	0～2	75～85
	乳制品	0～2	75～85
	黄油、鸡蛋	0～2	75～85
	熟食	2～4	75～85
	啤酒、矿泉水	3～5	75～85
	新鲜水果、蔬菜	2～3	85～95
冷冻库	冷冻食品原料	－18～24	

(2)光线

食品原料仓库应避免阳光直射,玻璃窗应使用毛玻璃,人工照明时,应选用冷光灯,以免电灯光热导致仓库内的温度升高。

(3)通风

仓库应保持空气流通。所有原料都不能贴墙,也不能直接堆放在地面上或堆放过密。干藏库最好每小时能换气 4 次,以利空气流通。

(二)贮存管理

1. 库存原料的保管原则

(1)库存原料的贮量越低越好;

(2)库存原料的贮量与生产、销售、消费相吻合;

(3)库存原料应分类集中存放在明确的地点;

(4)库存原料应建立健全的保管、养护、检查制度;

(5)加强对仓库保管人员的管理工作。

2. 原料存放方法

(1)分区分类

为方便盘点和库存管理,应根据原料的类别,合理规划其存放的固定区域,不能将同类原料存放在两个不同的位置。

(2)四号定位

四号是指库号、架号、层号、位号。四号定位指对四者统一编号,并和账页上的编号统一对应。也就是把各仓库内的物品进一步按种类、性质、体积、重量等不同情况,分别对应地堆放在固定的仓位上,然后用四位编号标出来。

(3)立牌立卡

对定位、编号的各类物品建立存货标签(料牌)和永续盘存卡。标签上写明物品的名称、编号、到货日期，有可能再加上涂色标志。卡片上填写记录物品的进出数量和结存数量等。

(4)五五摆放

根据各种物品的性质和形状，以“5”为计量基数堆放物品，长、宽、高均以“5”作为计算单位。这样，既能使物品整齐美观，又便于清点、发放。

(三)发料管理

1. 食品原料的发料管理

(1)直接进料

直接进料是指鲜活的或是应在短时间内使用的易坏的无需入库的原料，也就是验收日报表中所列的直拨原料。这些原料通常从验收处直接输送到各用料单位，其价值按直拨原料价格直接计入当日的食品成本。食品成本核算员在计算当日各厨房的直接进料成本时，只需抄录验收日报表中的直拨原料金额即可。有时一批原料当天未必用完，作为原料发料和成本计算，则按当天的进料额计入成本。

(2)库存原料

验收后入库储存的原料，其价值首先反映在财务账册中的流动资产的原料库存项内。生产部门领用后，其价值就从原料库存转移到当日的食品成本中。因此，每日库房发出的原料都要登记在“库存原料发料日报表”上(表 6-16)，日报表上汇总每日库房发料的品名、数量和金额，并明确原料价值分摊的部门，注明领料单号码。每月末，将“库存原料发料日报表”上的发料总额汇总，便得到当月库房发料总额。

表 6-16　库存原料发料日报表

日期：2007 年 1 月 12 日

货号	品名	数量	单价(元)	金额(元)	成本分摊部门	领料单号	备注
BD—3302	鸡蛋	20 kg	6.00	120.00	中餐厅厨房	2745	
AD—1342	黄油	10 块	10.00	100.00	咖啡厅厨房	3012	

本日发料汇总：发料项目数________，总金额________，制表人________

2. 酒水饮料的发料管理

酒水饮料购入后，其采购金额全部记入库存额，要在其领出后才记入餐饮成本。

由于酒水饮料在销售时毛利较大，且一些名贵酒水的价值很高，所以对酒水饮料的发放应严格控制。零杯销售的酒水(通常是名贵酒)，要凭领料单、退回的空瓶领取。每天退回的空瓶数应是前一天的消耗量(整瓶销售除外)，每日领取的酒水饮料量实际上是补充昨日的消耗量，使酒吧(餐厅)的贮存量保持在标准水平。如酒吧中的轩尼诗 XO 的标准贮存量是 5 瓶，用完 3 瓶的空瓶在领料时送回再领取 3 瓶，这样酒吧每天营业开始时该酒始终保持 5 瓶的标准贮存量。

由于酒吧和餐厅在营业服务中常销售整瓶酒水，有的客人喝了一半连瓶将酒水带走，整瓶酒水的空瓶就难以收回。为加强控制，凡整瓶销售的酒水均要填写整瓶销售单，在领料时以整瓶酒水销售单代替空瓶作领料的凭证。

宴会、团体用餐等重大活动无法设立标准贮存量。为宴会领取的酒水一般大于预计的消耗量，在宴会结束后要将未用完的酒水退回，并填写在食品饮料调拨单上。

3. 食品原料及酒水饮料的内部调拨

大型饭店往往有多个厨房、餐厅、酒吧，彼此之间经常会发生食品和酒水的相互调拨的情况。为了明确成本与收入的对应关系，使各部门的成本核算尽可能准确，饭店通常使用“食品饮料调拨单”（表6-17）以记录所有的调拨往来。在统计这个部门的成本时，要减去该部门调出原材料的金额，加上调入原材料的金额。

食品饮料调拨单应一式三份或四份，调入与调出部门各一份，另一份交财务部，有的饭店要求另一份给仓库记账。

表6-17　食品饮料调拨单

编号：　　　　　　　　　　日期：

调出部门：　　　　　　　　调入部门：

品名	规格	单位	数量		金额（元）	
			请拨数	实拨数	单价（元）	小计
轩尼诗X.O	750 mL	瓶	3	3	450.00	1350.00
长城干红葡萄酒	750 mL	瓶	1	1	30.00	30.00
					总计	1380.00

发货人：　　　　　　　　　　发货部门主管：

收货人：　　　　　　　　　　收货部门主管：

4. 发料的基本要求

（1）定时发料

为使仓库管理人员有充分的时间整理库房，检查各种原料的库存情况，不致因忙于发料而耽误其他工作，应规定每天的领料时间。其他时间除紧急情况外一般不予领料。也可规定领料部门提前一天送交领料单，以使仓库管理员有充分的时间提前准备，避免和减少差错，并能减少领料人员的领料时间。提前送交领料单还可促使厨房管理人员对次日的顾客流量作出预测，计划好次日的生产。仓库定时发料也有利于仓库保管，减少库存原料的丢失。

（2）凭单发料

即凭领料单发料。领料单是仓库发出原料的原始凭证（表6-18）。领料单上应正确地记录仓库向各厨房发放的原料数量和金额，以便准确核算各用料部门的成本。

领料单由领料部门主管人员核准签字，然后送仓库领料。仓库凭单发料后，收料人和发料人都应在领料单上签字。领料单上如有剩下空白处，应当着领料人的面划掉，以免仓库管理员私自填写。领料单一式三联，一联随发出的原材料交回领料部门，一联库房留存，一联由仓库转财务部。

表6-18　领料单

领料部门：　　　　　　　　日期：

仓库：干藏库□　冷藏库□　冷冻库□

品名	货号	请领数量	实发数量	单价（元）	食品金额	饮料金额
领料人：		领料部门主管：		合计		
发料人：				本单领料金额		

(3)正确计价

原料从库房发出后，仓库管理员应在领料单上列出各种原料的单价，小计每种原料的金额并汇总每份单据上的总金额。

(四)库存控制

1. 清仓盘点

清仓盘点是指清点企业库存的物资，并计算其所代表的价值，它是掌握企业库存物资结存情况的重要手段，通过清仓盘点，有利于管理人员准确了解各种库存物品的实际情况，保持账物平衡，侧面反映整个企业的经济状况和经营能力。

(1)清仓盘点的时间

①饭店财务核算周期末(年、季、月末等)；

②新开饭店营业之前；

③关、停、并、转饭店的结算时期；

④仓库管理人员更换交接之际；

⑤定期检查；

⑥不定期抽查。

饭店的清仓盘点工作至少每月进行一次，遇有不良苗头出现时还应用定期、不定期检查相结合的方法及时发现问题。

(2)清仓盘点的内容与程序

清仓盘点由饭店库存部门和财务部门共同完成，主要清点库房和厨房的库存物品，检查原料的实际存货额是否与账面相符，以便控制库存物品的短缺，计算和核实每月月末的库存额和餐饮成本消耗，为编制每月的资金平衡表和经营情况表提供依据。清仓盘点工作可按以下步骤进行：

①制作盘点清单。依据仓库的类别，按照原料的编号大小，在清单上填好货号、品名、单位、单价等基本数据(表 6-19)。

②库存卡结算。在库存卡上的结存栏内，根据历次进货和发货数量，计算出应有的结存量和库存金额。

③盘点库存实物。即实地点数，并将实物数量填入盘点清单。

④核对。将库存卡结算结果与库存实物盘点结果进行核对。

⑤计算盘点清单上的库存物品价值。该价值为实际库存金额，如果与账面库存额不符，要复查并查明原因。

库存金额在月末作为月末库存额记入成本账，并自然结转为下月的月初库存额。

表 6-19 盘点清单

库房： 日期：

货号	品名	单位	数量	单价(元)	金额(元)

(3)计算库存物品价值

从理论上讲，某种库存原料的总值应该等于实物数量乘以原料的单价。但是，由于原料在不同时间购入的价格可能不同，所以，在核算某种原料的库存额时，首先要确定原料的价值计算方法。

【例】某饭店12月购进的糖水黄桃的进货信息如下：

12月1日　月初结存　30听×4.5元/听=135元

12月8日　购进　50听×4.8元/听=240元

12月16日　购进　50听×5.0元/听=250元

12月27日　购进　50听×5.1元/听=255元

① 实际进价法

如果库存原料设有货品标牌，标牌上记录了进货时的单价，那么采用实际进价法计算领料的原料单价和库存物品的单价就比较简单，也很准确实际。假如该饭店12月底清仓盘点时结存60听糖水黄桃，根据货品标牌，他们的进价分别为：

10听×4.8元/听=48元

10听×5.0元/听=50元

40听×5.1元/听=204元

合计302元

②先进先出法

如果不采用货品标牌注明价值，可按照货品库存卡上进料日期的先后，采用先进先出法计价。先购入货品的价格，在发料时先计价发出，而月末库存额则以最近的进价计价。上例若以先进先出法计价，则糖水黄桃的月末库存额为：

50听×5.1元=255元

10听×5.0元=50元

合计305元

③后进先出法

由于市场价格呈增长趋势，采用后进先出法，可使记入餐饮成本的原料价值较高，而记入库存存货的价值较低。如按这种方法计价，则上例中的糖水黄桃的月末库存额为：

30听×4.5元/听=135元

30听×4.8元/听=144元

合计279元

④最后进价法

如果饭店仓库既未采用货品标牌，也无货品库存卡反映各次进货价格，为方便计算库存额，可采用最后进价法计价，即一律以最后一次进货的价格来计算库存物品的价值，那么上例中糖水黄桃的月末库存额为：

60听×5.1元/听=306元

⑤平均进价法

如果仓库贮存的原料品种、数量较多、较大，其市场价格波动也较大，采用上述方法计价较复杂时，可采用平均价格法。平均价格是将全月可动用的原料的总价值除以总数量计算出单价，上例中糖水黄桃的平均价格为：

880元÷180听≈4.88元/听

糖水黄桃的库存额=60听×4.88元/听≈293元

用不同的计价方法计算库存物品的价值，其结果是不同的。上例中最高价值与最低价值之间相差 27 元。一种原料就相差数十元，如果是仓库贮存的所有原料，差其异就相当可观了。饭店要根据财务制度和库存管理制度确定一种计价方法，并按统一的计价法计算，不得任意变动。

(4)计算厨房储藏物品的价值

规模较大的饭店，每天在各餐饮点的厨房内存有相当数量的食品原料。每天从验收处向厨房直接发送的原料，以及仓库向厨房发出的原料，当日可能未全部用完。厨房的冰箱内、货架上总会有一些原料、未加工完的半成品和没有卖完的成品。如果饭店对这些物品不加清点，会使之处于失控状态，同时还会使财务报表上反映的资产状况、经营情况和成本消耗情况失真。

由于厨房一般没有库存记录统计制度，没有登记货品的库存卡，物品的计价难以精确；而且这些物品种类多、数量少，使用频繁，盘点计算比较困难。因此，厨房在清点计价时只对主要原料进行清点核算，对辅料、调料品作估算。

具体方法是：先要累积需精确盘点的主要原料和价值较小的原料的相对比例；再在每个月的月末盘点出主要原料的价值，通过主要原料的价值推算出厨房全部原料库存额的大约价值数额。

$$\text{厨房贮藏物库存额}=\frac{\text{主要原料价值}}{\text{主要原料占总贮存额的百分比}}$$

2. 库存指标控制

(1)库存短缺率

按照原料实际盘点数量和一定计价方法得出月末实际库存额后，为了解实际库存额有无短缺及短缺的程度，需将实际库存额与账面库存额作一比较，分析短缺额和短缺率。

$$\text{库存短缺率}=\frac{\text{库存短缺额}}{\text{发料总额}}\times 100\%$$

其中：库存短缺额＝账面库存额－实际库存额

账面库存额＝月初库房库存额＋本月库房采购额－本月发料额

上述公式中每个项目的数据来源是：

月初库房库存额：上月末的实际库存额结转。

本月库房采购额：本月验收日报表中库房采购原材料金额的汇总。

本月库房发料总额：本月领料单上的领料金额的汇总。

【例】某餐厅 5 月底经月末库存实物盘点，实际库存额为 115 000 元，该月库存相关数据如下：月初库房库存额为 155 000 元，本月库房采购额为 320 000 元，本月库房发料额为 358 000 元。

月末账面库存额＝155 000 元＋320 000 元－358 000 元＝117 000 元。

库房库存短缺额＝117 000 元－115 000 元＝2 000 元。

库房库存短缺率＝2 000 元÷358 000 元×100%≈0.56%。

根据国际惯例，库存短缺率不应超过 1%，否则为不正常短缺，应查明原因。

(2)库存周转率

即消耗量与平均库存量的比例。库存周转率反映饭店餐饮原料的贮备量是否合适。其计算公式如下：

$$\text{库存周转率}=\frac{\text{月原料消耗总额}}{\text{平均库存额}}=\frac{\text{月初库存额}+\text{本月采购额}-\text{月末库存额}}{(\text{月初库存额}+\text{月末库存额})\div 2}$$

上例中的库存周转率$=\frac{155\ 000+320\ 000-115\ 000}{(155\ 000+115\ 000)\div 2}\approx 2.7$。

库存周转率越大，说明库存周转次数多，库存量较小，资金的使用次数多，资金的利用率高。

(3)周转时间

周转时间是一定时间内的平均库存额与同期原料消耗总额之比，它反映了饭店资金的周转速度。

$$周转时间=\frac{平均库存额}{原料消耗总额}$$

上例中：

$$库存周转时间=\frac{平均库存额}{原料消耗总额}=\frac{(155\ 000+115\ 000)\div 2}{155\ 000+320\ 000-115\ 000}=0.375(月)\approx 11\ 天$$

复习思考题

1. 厨房设计与布局时应注意哪些问题？
2. 如何进行餐厅的氛围设计？
3. 菜单有何作用？
4. 在筹划菜单时如何科学地选择菜品？
5. 设计制作菜单时应注意哪些问题？
6. 饭店如何进行餐饮原料的采购控制？
7. 如何实施餐饮原料的验收管理？
8. 对餐饮原料实施库存管理时应重点抓好哪些工作？

参考文献

1. 李勇平. 现代饭店餐饮管理. 上海：上海人民出版社，1998
2. 乐盈，傅启鹏. 餐饮管理. 重庆：重庆大学出版社，2006
3. 陈海旺，赵平建. 现代餐饮经营与管理. 沈阳：辽宁科技出版社，1998
4. 张元善. 餐饮企业经营管理实务. 北京：中国轻工业出版社，2006
5. 邹益民. 现代饭店餐饮管理. 北京：中国财政经济出版社，2005
6. 蔡万坤. 餐饮管理. 北京：高等教育出版社，2005
7. 高秋英. 餐饮管理. 长沙：湖南科学技术出版社，2001
8. 聂明林，杨啸涛. 饭店餐饮管理. 重庆：重庆大学出版社，1997

第七章　饭店餐饮生产管理

餐饮生产管理是餐饮业务管理的中心环节之一，其管理过程涉及生产计划的确定、生产流程的安排、质量控制、安全管理、成本控制以及生产协调等各个方面。本章将从餐饮部生产计划制订的基本方法，餐饮产品质量、卫生及安全控制的基本方法，熟悉餐饮部生产成本控制的主要指标及其计算方法速度等角度出发，阐述饭店餐饮生产管理的全过程。

第一节　餐饮生产计划的制定

如果说菜单解决了餐饮部门生产什么、为谁生产的问题，那么餐饮生产计划则要回答生产多少与如何生产的问题。然而，在实际生产中，由于餐饮产品的特殊性，餐饮部门生产的计划比传统制造业更为困难，因为餐饮生产的原料贮存期短，产品质量寿命更短暂，餐饮产品一般不能预先生产好、贮存起来等待顾客购买，而是要根据客人就餐时要求的品种和数量来进行生产，所以餐饮生产计划更偏重短期内对品种和数量作出安排。制订餐饮生产计划最首要也是最困难的任务就是确定餐饮生产量，即品种与数量。生产量一经确定，就可对原料的采购与领用、产品品种和数量、原料加工与烹调工艺、工作时间与人员安排等生产环节作出合理的决策。由于餐饮生产量直接与销售量相关，餐饮部门必须对未来一段时间的销售量作出准确的预测，才能制订出周详的生产计划。根据餐饮部门销售量的预测来制订生产计划的方法有很多，常见的有经验估计法、预订统计法和菜单统计法三种。

一、经验估计法

经验估计法就是根据餐饮管理人员的经验，分析前几天的客源变化和就餐客人的点菜频率，大致确定未来短期内餐饮产品的销售量，并以此确定生产量，安排原料采购供应，组织餐饮产品生产。由于经验估计法建立在管理人员丰富实践经验的基础上，因此有一定的实用性和可行性。这种方法的主要缺点是主观性强，误差较大，因此一般适用于餐饮管理基础工作比较薄弱、缺乏有效统计手段与相关数据、生产管理尚处于经验管理阶段的餐饮部门。目前在我国许多尚未实现餐饮生产科学化管理的企业中这种方法仍然在广泛使用。

二、预订统计法

预订统计法是餐饮部门根据顾客预订统计资料为基础，对未来短期内餐饮生产量作出适当安排。这种方法主要适用于以经营宴席、旅游团体和会议用餐的餐饮部门，企业有详细的预订资料。企业可用该方法对未来短期内用餐客人数量、标准、餐别、时间、花色品种要求及其他特殊要求作出统计，然后根据统计整理资料，按照时间和餐饮类别分类归档，最后形成每天、每餐次的生产量在厨房挂牌公布，同时对工作程序和人员班次作出适当安排，组织餐饮产品生产。预订统计法的优点是在预计稳定的前提下，统计工作简单快捷，能准确预测未来短期内的生产量，从而使餐饮生产有条不紊地进行。其缺点是一旦预订情况发生变化，容易打乱餐饮生产安排。

三、菜单统计法

菜单统计法是根据菜单菜品的销售统计记录，分析各菜品所占销售百分比及顾客对不同菜品的喜爱程度，并用一定方法对就餐总人次或总销售量作出预测，进而根据各菜品所占销售百分比确定各菜品的个体生产数量，从而制订厨房生产计划，组织餐饮产品的生产。这种方法主要适用于各类以零点业务为主的餐饮部门，包括各种风味的中餐厅、西餐厅、快餐厅等。其分析步骤如下：

第一步，根据销售原始记录，按照不同分类标准对销售信息统计汇总，如按照经营日期汇总，按照一周中各天分别汇总或按就餐时段汇总。统计汇总表上应有分析所需的相关数据，如天数、就餐人次、菜品销售总份数、各类菜品销售份数、销售总金额、各菜品销售金额等。

第二步，根据销售统计汇总，得出各菜品的销售份数百分比。

第三步，根据销售统计汇总，对未来短期内的销售总量进行预测。

第四步，根据顾客对各菜品的喜爱程度及销售总量预测值，计算各菜品销售份数的理论预测值。

第五步，根据以上预测值下达生产任务，组织餐饮生产。从菜单分析法的几个步骤可以看出，运用该方法制订生产计划，必须要了解下面的信息，并分析相关数据。

用菜单分析来预测销售量并制订生产计划，是以前期销售统计数据为依据，具有一定的客观性和科学性，因此是一种简单而实用的方法。这种方法的缺陷是仍然对管理人员的经验判断有一定的依赖性。另外，在对各菜品销售量进行预测时，还应考虑各菜品的顾客欢迎指数和销售额指数，对于同类菜品中两项指数明显偏低的菜品不应再仅仅根据其销售百分比进行生产，而是要取消或改进。

以上介绍的几种方法各有利弊，在实际操作过程中要求餐饮生产管理人员根据各企业实际情况加以综合运用，科学地预测产品销售量，从而制订合理的生产计划。

四、生产任务的安排

餐饮生产任务即生产量一经确定，餐饮生产管理人员就可对原料购买与领用、加工与烹调等生产环节作出安排，组织餐饮生产。在此过程中，餐饮管理人员常以生产卡或生产任务书的形式下达生产任务，并对各岗位工作量作出安排。生产卡或生产任务书可由负责生产的餐饮经理编制，生产卡或生产任务书一般应反映以下一些内容。

（一）菜品准备总数

尽管通过预测可了解未来某一时间菜品的大致销售量，但餐厅仍不能将全部菜品提前做好，等待顾客前来购买，因为绝大部分菜品是不耐贮存的，只能根据销售量的预测值，提前准备原料或半成品，即便是标准化生产程度较高的西式快餐厅，也只能以半成品的准备为主。因此生产卡或生产任务书上一般只注明菜品原料或半成品的准备数量。当然在许多食堂性质的内部餐厅、自助式餐厅及快餐厅中，一般将菜品在开餐前提前制好，等待顾客购买。

（二）生产方式和份额

为了保证菜品的质量，生产卡上也应标明每种菜品的生产方法和每份标准份额，因为即使是同一菜品，不同餐别和档次要求的菜品份额也各不相同，甚至盛装的餐具也不相同；同时还要说明菜品应使用哪一种生产方法。

（三）厨房库存量与待购买或领用量

在注明原料、半成品或成品准备总数的基础上，还要注明厨房库存原料、半成品或成品数，以及应领用或购买的数量。

（四）预计结存量

由于管理人员在预测销售量时，总是要计划一定的余量以保证供应，因而会出现结存的产品、半成品或原料。预计结存量应抄在第二天的生产卡上，以便充分利用。一些高档餐厅为保证质量，规定剩余菜肴一律不能再用，只允许使用部分半成品。因此，生产管理人员在安排生产时，一般都尽量不安排生产多余的成品菜肴，而只是安排准备足量的原料和半成品，除非该类菜品能保存较长时间而质量不受影响。餐饮部门最理想的情况是每天生产的产品全部卖完，恰好满足所有就餐顾客的需要，但这在实际生产过程中几乎是不可能的。因此使用生产卡或生产任务书的主要用途是确定每天及各餐中各菜品的生产指标和计划，防止过量生产造成浪费，增加成本，尽可能减少未出售的半成品或成品。

第二节　餐饮生产质量管理

餐饮生产质量管理贯穿于餐饮生产的全过程。餐饮生产过程就是生产部门组织和实施餐饮生产计划的全过程，它既包括根据餐饮生产计划将生产任务层层分解并落实到各个岗位的组织过程，又包括食物原料经过不同生产工序最终成为成品的生产控制过程。餐饮部门生产工艺的差异性与产品的特殊性决定了餐饮生产过程的复杂性。因此制订产品质量标准、标准菜谱和酒水配方，对餐饮生产过程实行标准化管理是餐饮生产管理成败的关键。

一、餐饮生产质量过程管理

不同菜品的生产工艺过程各不相同。概括地讲，餐饮生产过程主要包括以下三大阶段：① 备料加工阶段，主要包括原料选择、初加工和饮料准备等工序。② 配份阶段，主要包括原料切割、成形、配菜及饮料取量等工序。③ 烹调与调制阶段，主要包括初步熟处理、调味、上浆挂糊、炉灶烹制、饮料调制及成品盛装等工序。

不同的产品在生产过程的各个阶段，有着不同的工序、标准与要求。针对不同生产阶段的特点，制定合理的操作标准与操作程序，健全相应责任制度，及时灵活地对生产过程中出现的问题加以协调督导，是对餐饮生产过程进行有效管理的主要工作。

（一）备料加工阶段的质量管理

对于不同的产品来说，备料加工阶段有着不同的工序。对于菜肴来说，这一阶段主要包括原料选择及初步加工。初步加工是指对冰冻原料解冻，对鲜活原料进行宰杀、摘除、洗涤、初步整理、分档取料及干货涨发。对于面点制品来说，这一阶段包括面团制备和馅心准备两个工序。面团制备包括和面、揉面、汤面、搓条和下剂等步骤。对于饮料产品来说，这一阶段主要包括各种基本调配饮料的准备。这一阶段是整个餐饮生产过程的开始和基础，这一阶段加工质量的高低及出品时效不仅直接影响下一阶段的生产，而且还与餐饮产品的成本控制密切相关。

（二）配份阶段的质量管理

配份阶段主要包括原料切割成形、配菜及饮料取量等工序。这一阶段是决定餐饮产品用料及其成本的关键。因此对配份阶段的管理既是保证产品质量的需要，同时也是餐饮部门经营盈利的必需。

1. 配份数量的控制

配份数量的控制具有双重意义，一方面可以保证每份菜肴的数量合乎规格，另一方面它又是产品成本控制的核心。由于原料经初步加工，切配成形到搭配组合，其单位成本已经较高，配菜时若疏忽大意，则差之毫厘，谬之千里，因此对配份的数量控制至关重要。在这一阶段对每一菜品的配份数量制定标准，严格称重，论个计数，以确保菜品的分量合乎要求。

2. 配份质量管理

配份质量首先体现在原料切配成形上。原料切配的形态是否标准是配份质量高低的标志之一，同一份菜肴主料、辅料和料头的形态应有统一的标准规格。如丝的长短粗细、片的长宽厚薄应有明确的规格，否则无法保证菜品质量的稳定性。其次，相同的菜品其原料搭配与比例必须相同，否则产品质量难以保证，成本无法控制，还会招来顾客的投诉。同时，还要制订相关配菜工作程序，健全出菜制度，防止和杜绝配错菜、配重菜和配漏菜等现象的出现。

(1)切配人员随时负责接受和核对各类订餐单。

(2)切配岗凭订餐单按规格及时配制，并按先接单先配，紧急情况先配，特殊菜肴先配的原则处理各类订餐单，保证炉灶岗及时上火烹制。

(3)排菜必须准确及时，前后有序，菜肴与餐具相符；成菜及时送至备餐间，提醒服务员上菜。

(4)零点菜品从接受订单到第一道热菜出品应在饭店规定的时间之内完成。

(5)所有订餐单应妥善保存，出菜完毕交厨房主管人员备查。

(6)饮料的取量应按标准配方严格取量。

(三)烹调阶段的质量管理

烹调阶段是餐饮产品最终完成阶段，它包含了原料初步熟处理、调味、上浆挂糊、炉灶烹制、饮料调制及成品盛装等工序。这也是餐饮生产过程中最复杂、并最终决定产品质量的阶段。烹调阶段的管理首先应对生产人员的操作规范加以督导控制。烹调或调制过程，应按规定的原料比例投料，不可随心所欲，任意发挥。无论是菜品点心，还是酒水饮料，操作的手工性较强，不同的人不同的地区可能有不同的做法，但餐饮部门为了保证产品质量的一致性，必须对产品的操作步骤与制作工艺加以明确规定。其次对一次烹制的数量、出品速度及出品顺序也应作出相应的规定。再次对成品的盛装、装饰要制定明确的标准，如冷盘的大小，烧烤菜的容器等，都要有明确的规定。最后对不合格的产品或餐厅退回的产品应分析原因，采取相应的措施，避免类似情况再次发生，同时要将处理结果记录在当天的出品登记表上。

二、标准菜谱与标准酒水配方

对餐饮生产过程中各阶段各工序制订标准工作程序和质量标准，可有效地对生产过程进行控制和管理。由于菜单上菜品种类繁多，每一种菜品都有自己的质量标准，那么如何对每一菜品的生产过程进行有效控制，并使其质量具有一定稳定性呢？这就要求餐饮部门对菜单和酒水单上的菜品和饮品制订标准菜谱和标准酒水配方，对产品的分量、份数配料与用量、生产程序及单位产品的成本作出明确规定，以保证菜单和酒水单上的产品质量达到规定的要求，并使其质量具有一定的稳定性；同时，有效地控制餐饮生产成本，最终对整个餐饮生产进行标准化管理。

(一)标准菜谱与标准酒水配方的内容

无论是标准菜谱还是标准酒水配方，都应包括以下四种标准：标准份额(Standard Portion)、标准配料量(standard Ingredient)、标准制作(Standard Porcedure)和标准成本(Standard Cost)。以上四种标准就是餐饮生产标准化管理中常说的“4S”标准，它们既是食品质量和成本控制的工具，同时也反映了一个餐饮部门的风格特色。

1. 标准份额

标准份额是菜单中每份菜品以一定价格销售给顾客的规定的数量。其单位既可是重量单位，也可以是体积单位，视不同的菜品而定。但每份菜品每次出售给顾客的数量必须保持一致，达到规定的标准份额。制定标准份额有以下两个主要作用：

(1)做到公平买卖，减少顾客不满。坚持执行标准份额，使餐饮部门每次提供给顾客的菜品饮料数量相同，可消除顾客间相互比较时觉得自己分量少而感到吃亏的顾虑，减少顾客不满或投诉，做到公平买卖。

(2)有利于成本控制。每份菜品饮料的份额发生变化，将会引起产品成本的变化，如一份卤牛肉的分量为 250 g 时，其成本为 8 元，当其分量变为 300 g 时，其成本则为 9.6 元。份额不标准，难以进行成本控制，也容易引起成本超额，从而导致利润波动。

2. 标准配料量

标准份额规定了每份菜品的总体分量，标准配料量则是指每份菜品中各种主料、辅料及调料的种类比例及数量。标准配料量影响成品的质量指标，如口感、味道、颜色、形态、营养等，又影响菜品的成本，不同的原料组合搭配，其成品的质量是有很大差别的。同时由于各种原料的价格也各不相同，各种配料分量的变化，也必然引起整份菜品饮料成本的变化。因此必须对每种菜品的配料种类及分量制订标准。

3. 标准制作程序

标准菜谱和酒水配方还应规定菜品饮料的制作方法以及操作步骤、规程，要详细、具体地规定需要什么标准工具、炊具，原料的加工切配方法与规格、投料数量与次序、制作温度与时间、成品盛装器具与装饰标准、出品特殊要求等。规程制订得越详细具体，餐饮生产的可控程度就越高，产品质量受人为因素影响就越小，质量稳定性就越强。

4. 标准成本

标准成本是指每份菜品饮料的原料耗用额。理论上讲，每份菜品饮料的标准成本应是各种原料的单价乘以用量相加而得。它既是控制成本的工具，也是定价的基础。但实际上制订每份菜品的标准成本并不容易，它必须结合标准份额、标准配料量及标准制作程序的制订而确定。首先，各餐饮部门要编制本企业菜品饮料的标准份额、标准配料量及标准制作程序，经过多次试验或实践，不断改进，直至产品符合企业要求，受到顾客欢迎。然后，将标准份额、配料量及制作程序固定下来，再根据标准配料量及制作程序反复制作同一菜品几次，或同时制作多份同一菜品，汇总该菜品的总成本额，除以烹制份数，即可得出每份菜的标准成本。

当然，根据现代经营管理理论，餐饮部门在进行新产品开发时，也可先制订出新产品的单位标准成本指标，再根据成本指标设计制作方法、配料及份额。由于配料单价可能会因市场变化而波动，因此在制订标准单位成本时，又引入了标准成本率的指标。它是标准成本额与菜品售价的比率。企业可根据标准单位成本与成本率对菜品饮料的价格进行定价。

（二）标准菜谱及酒水配方的形式

为便于生产管理，许多餐饮部门都将标准份额、标准配料、标准制作程序及标准成本记录在一张张卡片上，同时还可配上成品图或彩色照片，制成标准菜谱（配方）卡。

（三）标准菜谱（配方）卡的作用

1. 有利于餐饮生产的标准化管理

采用标准菜谱（配方）卡可保证每次产品生产的质量保持一致，使产品质量具有一定的稳定性。由于不论谁来制作菜品饮料，都按标准菜谱（配方）卡执行，使产品质量受人为因素的影响减少，即使在职工换岗率较高的情况下也较容易保持产品质量的稳定性，从而有利于增加回头客。

2. 便于餐饮生产的成本控制

由于每份菜品或饮料都有标准配料、用量及制作方法，可以方便地计算出每份菜品的成本，一旦了解销售量，即可方便地计算出产品的标准总成本，从而可检查产品生产的实际成本是否符合标准，对实际生产成本进行控制；同时，生产人员在生产过程中根据菜谱（配方）卡生产，不会盲目配料，可减少不必要的浪费和损失。

3. 有助于菜品价格的确定

由于菜品成本是制定价格时要考虑的重要因素之一，标准菜谱(配方)卡上确定了每份菜品的标准成本，因此有助于管理人员确定菜品的价格，同时也有助于管理人员尽快作出某些经营决策。标准菜谱(配方)卡在设计上还对未来原料价格变化留有余地，以便在配料成本变化时，也能很快调节每份菜品的标准成本和售价。

(四)执行标准菜谱(配方)应注意的问题

制订标准菜谱(配方)应具有可操作性，不能仅凭主观想象来制订标准，而要经过反复试验实践，才能最后确定。

标准菜谱(配方)并非"万灵药"，不要认为制订了标准菜谱就能解决餐饮生产中的所有问题。由于餐饮生产的手工操作性较强，尤其是对于经营中餐的企业来说，尽管制订了标准菜谱，但仍然需要依靠生产人员的实践经验。因此，正因为制订了标准菜谱，就更要加强对员工的操作培训，提高员工的技术熟练程度。

实施标准菜谱要结合企业自身实际情况，切不可生搬硬套。也就是说，餐饮部门实施标准化生产的程度与餐饮部门自身生产条件和产品性质相适应。

是否实施标准化生产及实施的程度应取决于多种因素。因为制订标准菜谱(配方)对生产场地、设备、原料等有较高要求，实施标准菜谱(配方)还受到餐饮部门规模、产品特性、生产人员素质以及管理水平等条件的限制，因此餐饮部门应根据自身条件谨慎决策，切不可盲目上马。

目前，许多发达国家餐饮标准化生产与管理的程度较高，尤其是一些快餐企业。这主要是由于那些餐饮部门规模较大、产品品种相对较少且稳定，产品加工工艺不复杂，且管理水平较高所决定的。而我国餐饮部门标准化生产相对落后，但实施餐饮生产标准化管理仍是我国餐饮界今后努力的方向。

三、产品质量控制

餐饮产品是指各生产部门如厨房、酒吧等加工生产的各类菜肴、点心和饮料，而餐饮产品质量则包括产品本身的价值和外围价值两个方面。前者主要指餐饮产品营养卫生，易于消化，色、香、味、形俱佳，温度、质地适口，能充分满足顾客生理方面的需求；后者则主要指产品销售服务态度好，服务周全而富有效率，就餐环境舒适，能满足顾客猎奇、享乐、美食等更高层次的需求。澳大利亚丽晶斯学校执行经理、职业教育部国家项目经理德蒙克·凯西(Demck Casey)认为：质量是提供的产品或服务不断与顾客的期望和需求相吻合；而质量控制是对原材料和成品质量进行控制，防止生产不合格产品的过程(即消除一切不合标准的状况)。因此餐饮部门生产管理的任务就是要综合采取各种有效的控制方法，保证各类出品质量稳定可靠，并满足顾客需求。

(一)阶段控制法

从餐饮部门经营的特点来看，餐饮产品质量控制贯穿于生产运营的全过程，因此可以将餐饮产品质量控制分为三个阶段，即：产品原料阶段的控制、产品生产阶段的控制和产品消费阶段的控制。

1. 产品原料阶段的控制

产品原料阶段的质量控制主要涉及原料的采购、验收及贮存管理。原料采购应严格按采购标准操作，对于没有制定采购标准的一般原料，也应以方便生产为前提，选购质量上乘、规格分量适当的产品，不得购残次品。同时，验收要全面仔细，严格把关，对没有制定采购标准的原料或新产品以及对质量把握不清楚的，要随时邀请专业人员认真检查评估，把不合格原料杜绝在餐饮部门之外。各类原料的贮存保管应严格区分原料性质，分类分区贮存保管，建立相应的检查制度，配备相应的贮存和检查设备及设施，防止不合格原料出库、流向生产环节。

2. 产品生产阶段的控制

产品生产阶段的控制着重检查原料申领的数量与质量、产品加工、配份与制作是否严格按照标准菜谱（配方）及各岗位操作程序执行，产品在生产各个阶段是否达到规定的指标，如初加工和切割是否符合规格、原料上浆挂糊是否符合规定的用料标准等。

3. 产品消费阶段的控制

产品由生产部门加工完成后，即交服务员出菜服务，消费阶段的质量控制应注意抓好备餐服务与上菜服务两个环节。许多产品在上桌前要配齐相应的佐料、卫生器具及用品，如许多蒸、炸、白灼类的菜品需要配带佐料；一些菜肴需要跟配特殊餐具或用具才方便食用。因此应注意对备餐服务加强管理与控制，才能保证菜品质量。上菜服务则要求上菜动作准确熟练，主动报告菜名，对食用方法特殊的菜品还要适当介绍或提示，按照上菜顺序，把握上菜节奏，并注意保持餐饮产品在顾客食前的形象美观。

（二）岗位职责控制法

岗位职责控制法是利用岗位分工，强化岗位职能，并施以检查督导，从而控制产品质量的方法。它要求餐饮生产各项工作必须全面分工落实，所有工作必须明确划分、合理安排，并分配到各个岗位，明确各岗位的任务与职责。同时各岗位的职责又有主次之分，责任各不相同。只有明确各岗位职责，强化各司其职、各尽其责的意识才能使各岗位既分工又协作，从而使整个餐饮生产形成一个有机相连的系统工程，保证餐饮生产的正常进行和出品质量。

（三）重点控制法

重点控制法是针对餐饮生产与出品的某个时期、某些阶段或环节，或针对重点客情、重要任务以及重大餐饮活动而进行更加详细、全面的督导管理，以及时保证生产与出品质量的一种质量控制方法。对重点岗位、环节的控制，其前提是能通过对餐饮生产过程进行全面细致的检查和考核，找出并确定影响或妨碍生产秩序与产品质量的关键环节或岗位。对重点岗位、环节进行重点控制可以起到事半功倍的控制效果。

对餐饮部门的业绩、声誉等有重大影响的客情或接待任务，餐饮部门应将其与一般正常生产任务区别开来，因为对这些重点客情、接待任务进行重点管理，可使餐饮部门得到更大的社会效益与经济效益。同时，这些重大餐饮接待活动不仅影响范围广，为餐饮部门创造的收入多，而且其成本消耗也高，因此对重大餐饮活动进行重点控制，可有效地节约成本开支。

四、餐饮生产卫生与安全管理

餐饮生产的每一个环节都必须自始至终地强调卫生与安全。卫生是餐饮行业需要遵守的首要准则。餐饮生产卫生是指在原料选择准备、加工生产和销售服务的全过程，都确保食物原料和成品处在安全可靠的状态。它包括采购的原料必须未受污染、贮存的条件卫生安全、加工设备与场地清洁卫生、生产人员身体健康、生产过程符合卫生标准、销售中无污染。

《中华人民共和国食品卫生法》于 1995 年 10 月 30 日正式公布实施，它是餐饮行业的根本法，也是保障广大消费者身体健康的基本法。餐饮业从业人员、各餐饮部门、饮食机构及行业管理部门应认真学习，遵照执行。

安全是保证生产正常进行的前提。安全生产不仅是保证食品卫生和出品质量的需要，同时也是维持正常工作秩序、节省额外费用的重要措施。因此，餐饮生产管理人员和岗位生产员都必须牢固树立卫生与安全意识，严格遵守各项法律与规章制度，确保餐饮生产正常进行，切实维护餐饮部门形象与消费者利益。为了加强餐饮生产的卫生与安全管理，餐饮部门应切实做好以下几方面的工作。

(一)加强员工卫生与安全意识的培养

餐饮部门应定期组织员工对有关卫生与安全的法律、法规进行学习，如举办讲座、观看录像、知识竞赛等。同时将卫生与安全生产同员工效绩评估挂钩，对于安全工作较好的部门和个人进行奖励，对做得较差的部门和个人进行批评教育，违反规定的要给予行政和经济处罚。

(二)建立相关的规章制度

以各相关法律法规为依据，根据本企业的生产特点制定切实可行的卫生与安全标准和规章制度，将卫生与安全责任落实到每个岗位。如对每一个生产岗位制订专门的卫生与安全标准和操作规范。

(三)加强日常检查与督导

制订了相关标准和制度，还必须经常对各个生产环节与岗位进行检查，及时发现问题，排除隐患，对各个岗位加强督导，才能防患于未然。

总之，卫生与安全的定义是健康、不受伤害与损失。餐饮部门不仅要向消费者提供卫生安全的食物，让其享用安全放心的服务，同时还要保护员工的利益不受损害，因此餐饮管理要重视餐饮生产的卫生与安全问题，不断提高卫生与安全防范意识，加强培训与督导，确保餐饮生产的正常进行。

第三节　餐饮生产成本管理

生产成本控制是餐饮生产管理的重要组成部分，是贯穿于餐饮生产全过程的一项重要工作，也是整个餐饮部门成本费用控制的核心内容之一。餐饮生产成本控制的主要任务，一方面是准确计算原材料的消耗和成本，并做好与成本控制相关的各项工作；另一方面是根据核定的成本标准，对生产与销售过程中的各个环节进行严格审核，及时发现问题，通过分析，采取相应控制措施，努力使餐饮部门生产成本达到规定的水平。

一、餐饮生产成本概述

餐饮生产成本也就是餐饮产品成本，它应当包括餐饮产品在生产过程中的各种合理耗费。由于餐饮行业的经营特点，其生产成本构成复杂，生产过程中成本随时变化，因此有必要对餐饮生产成本的构成及其特点作进一步阐述。

（一）餐饮生产成本构成

理论上讲，餐饮部门生产成本应该是生产部门加工制作各种食品饮料的生产费用与销售费用的总和，包括原料材料、燃料、机器设备和人工消耗等。但由于餐饮生产制作各种食品饮料是边生产边销售，产、销、服务集中在一个企业里实现，生产周期短，生产费用与销售费用难以划分，同时产品品种多，数量零星，各种餐饮产品的成本难以一一计算，因此我国现行制度规定：餐饮部门生产成本只核算耗用的原材料成本，其他成本项目如工资、折旧费、物料消耗和其他费用都列入其他有关费用中核算。这一规定极大地简化了餐饮生产成本的核算工作。目前我国所有的餐饮部门都遵循这一规定。正因如此，本章将本属财务管理范畴的成本控制放在餐饮生产管理中阐述，以突出餐饮生产与成本控制的密切关系。

（二）餐饮生产成本控制的难点

餐饮产品生产加工的手工性和投料模糊性以及生产过程短、产品规格品种多、生产批量小而零碎、原料随行就市、价格波动大等特点，使餐饮生产成本控制变得复杂而困难，具体表现在以下几方面。

1. 生产工艺的差异性造成成本波动

餐饮生产的手工操作性强，如果技术精湛、经验丰富可充分节约原料；相反，技艺不精、经验不足，则容易发生浪费现象。设备老化或超负荷运转，极易因机械故障造成原料的损失，从而增大生产成本。

2. 人为浪费，成本加大

由于餐饮生产手工性强，餐饮生产者的个人情绪对生产质量的影响就非常大。同样，餐饮生产者责任心不强，造成的人为损失也是相当严重的，生产管理者经验不足，管理不善，检查不力，也可能给损公肥私者以便利，造成成本控制的困难。

二、餐饮生产成本控制方法与措施

现代餐饮部门生产成本控制的程序应该是：首先，制定衡量实际成本的标准；其次，将实际成本与制订的标准成本进行比较，找出差异，发现问题；第三，采取有效措施，及时消除生产过程中的不正常因素，实现对生产成本的有效控制。

（一）标准成本率控制法

1. 确定标准成本率

要确定标准成本率，首先应使用各种确定标准成本的工具，如前面讲到的标准菜谱（配方）卡；其次应选择一段时间进行测试，测试的时间越长，得到的标准成本率越准确。由于餐饮部门每种产品的成本率不同，所以计算所有产品的标准成本率实际上是计算加权平均成本率。

用这种方法制定的食品成本率可看做是餐饮部门的标准成本率。如果实际成本率和标准成本率很接近,说明餐饮部门成本控制工作富有成效。一般来说,餐饮部门允许实际成本率与标准成本率之间有1%的差异,如标准成本率为35%,则实际成本可允许在34%～36%之间。如果差异过大,餐饮部门管理部门应分析经营管理中存在哪些问题。

2. 应注意的问题

用测试期测定的标准成本率与实际成本率进行比较,应注意以下几个问题:

(1)应考虑食品原材料价格的变化。由于餐饮生产的原材料价格因季节、地区不同会发生变化,如果测试期所购进的原料与比较期的食品原料不同,餐饮部门应考虑对标准成本率进行调整,或重新测试。

(2)应考虑销售品种构成的变化带来的影响。由于各种餐饮产品的售价不同,如果销售菜肴的品种构成发生变化,则会引起菜品成本率的变化。在实际工作中,顾客的饮食爱好会发生变化,餐饮部门也会因季节变化等原因改变菜单中的菜品,因此销售品种构成不可能固定不变。当产品成本率因销售品种构成发生变化而变化时,就要考查成本率变化后销售毛利的变化情况,来对成本率的变化作出相应决策。

(3)实际成本率与标准成本率存在差异,并不说明餐饮部门内部管理一定会存在问题。差异具体可分为合理差异与不合理差异两类。因销售品种构成发生了变化引起的差异,原料价格大幅变化引起的差异或餐饮部门改变核算程序、报表编制方法等引起的差异均属合理差异。而因进货过多、验收不严、保管不当、未按标准菜谱生产等浪费与损失而引起的差异则属不合理差异。餐饮部门应查明原因,采取措施减少实际成本率与标准成本率的差异。

(二)生产过程中的成本控制

前面讲述了餐饮部门通过标准成本率对餐饮生产成本进行控制。但标准成本率计算复杂,对参加实际生产的员工没有多大的指导作用,因此餐饮生产管理者应对各个生产岗位制定成本控制指标,以指导生产人员在生产过程中对生产成本进行控制,并以此指标来检查成本控制的效果。

1. 加工折损率与净料率

净料率是指加工后符合生产要求的原料数量与加工前的毛料数量的比值。

与此比率相对,在加工中丢弃的部分重量与毛料重量的比值称为加工折损率。

净料率与加工折损率可从不同侧面反映原料质量与加工人员的技术水平,也就是说净料率或加工折损率的高低,受到原料本身质量高低与加工人员技术水平高低的影响。餐饮生产管理人员在生产过程中可对加工原料随时记录净料量,并对价值高、用量大的原料进行测试,根据不同等级原料制定相应的净料率指标,以检查和督导加工人员的操作过程,减少原料的浪费。

2. 涨发率

涨发率是指干货原材料涨发后的重量与涨发前的重量之比。

3. 净料成本

与净料率相关的另一个指标是净料成本,也称净料价格,即加工后净原料单位成本。由于原料经过加工处理后重量发生了变化,必须对净料单位成本进行计算,以便使标准菜谱中的标准成本更准确,通常有3种情况。

(1)一料一档的计算方法。对于加工处理后只有一种净料,且没有可作价利用的下脚料和废料,其单位成本计算公式如下:

净料成本＝毛料总值 / 净料重量

对于经过加工处理后得到一种净料，同时又有可以作价利用的下脚料和废弃物，其净料成本计算公式如下：

净料成本＝(毛料总值－下脚料价款－废弃物价款)/净料重量

(2)一料多档的计算方法。

某一档次净料成本＝(毛料总值－其他档次原料价值总和)/某一档次净重量

(3)不同渠道购进的同一原料的成本计算方法。由于餐饮部门从不同渠道购进同一原料，在确定这种原料单位成本时，就要用加权平均法计算该原料的平均成本。

4. 成本系数

与净料价格相关的另一指标是成本系数，是指加工后净料的单位成本与加工前原料单位成本的比值。有了这一系数，无论原料价是上涨还是下降，只要用该系数与新价格相乘，即可得出新的加工后净料的成本，而不必再逐笔逐项计算加工后净料的单位成本，有利于简化原料成本核算工作。成本系数计算公式如下：

成本系数 ＝ 净料价格 / 毛料价格

确定成本系数需要进行多次测试，同时对不同等级的原料要制订相应的成本系数，才能对原料的净料成本进行准确的界定。

5. 酒水成本确定

酒水成本计算分零杯销售的单一酒水成本与调制酒的成本计算两种情况。

$$零杯销售酒每份成本=\frac{整瓶酒售价}{\dfrac{整瓶酒容量-每瓶允许流失量}{每份酒用量}}$$

$$调制酒每份成本=\frac{整瓶酒售价}{\dfrac{整瓶酒容量-每瓶允许流失量}{每份酒用量}}+配料成本$$

餐饮生产成本控制是一个系统工程，餐饮生产管理者应树立和强化全体员工的成本意识，结合餐饮部门自身的生产特点和实际条件，制定切实可行的成本管理制度，加强各生产环节的检查与督导，才能将餐饮部门的生产成本控制在企业要求的水平上，最终实现餐饮部门的经营目标。

复习思考题

1. 餐饮生产计划制定的方法常见的有哪几种？各有什么特点？

2. 某餐饮部购回新鲜一级鱿鱼 20 kg，单价为 12 元/kg，经过加工后得到净鱿鱼肉 17.5 kg，试计算这种等级的鱿鱼的成本系数。

3. 联系实际，请为本地一家中式快餐连锁店制定采购、验收及领发原料的规章制度。

参考文献

1. 张元善. 餐饮企业经营管理实务. 北京：中国轻工业出版社，2006

2. 徐红军. 餐饮管理学. 北京：经济科学出版社，2005

3. 邹益民. 现代饭店餐饮管理. 北京：中国财政经济出版社，2005

4. 李勇平. 现代饭店餐饮管理. 上海：上海人民出版社，1998

5. 聂明林，杨啸涛. 饭店餐饮管理. 重庆：重庆大学出版社，1997

6. 施涵蕴. 餐饮管理. 天津：南开大学出版社，1993

第八章　饭店餐饮服务管理

饭店餐饮服务是以饭店餐饮部为主体的工作人员为来店就餐客人提供餐饮产品和服务的一系列行为的总和。不同民族、不同地区在长期的餐饮发展过程中逐步形成了相对固定、约定俗成和普遍承认的饮食习惯，相对应的餐饮服务方式也相去甚远。大体上，餐饮服务方式分为中餐和西餐两大类，两者的文化背景和服务流程不同。餐饮服务管理是在餐饮流程基础上，对餐饮服务行为和服务内容的引导、管理和创新，通过餐饮服务管理，形成科学、规范、稳定、艺术的餐饮服务方式，以便饭店树立良好的社会形象，获得良好的收益。

第一节　中餐服务管理

中餐，是建立在中菜基础上的餐饮习惯，饭店中餐既区别于传统的家庭用餐方式，近年来又借鉴着西餐的诸多内涵。饭店中餐服务管理是在科学合理的中餐服务流程上，对有形餐饮产品和无形餐饮服务的管理，其核心是让中餐就餐宾客满意和惊喜。中餐餐饮服务流程通常可以分为前期准备和宾客就餐两个阶段(中餐零点服务时两个阶段合二为一)。在前期准备中，主要是同客人进行菜品及就餐环境的协商，然后饭店餐饮部进行相关准备。宾客就餐时应相继经过宾客达到餐厅和席间的走菜、酒水服务等环节。在宾客达到饭店和餐厅时，领位员要主动迎接、问候客人，为客人存放衣物，引领客人到相应座位，拉椅让座。

下面就中餐服务的三个重点环节及服务员要求具体分解如下：

一、餐饮服务环境与场地布置

餐饮服务环境是就餐宾客在餐厅及饭店相关区域消费时所处的环境境况，包括设施设备及装饰装修、餐厅场地的布置及就餐氛围的营造等。餐饮消费除享受美味佳肴和优良服务外，还从就餐环境和氛围中获得相应的感受。搞好餐饮服务管理，首先应该向就餐者提供一个舒适、美好的就餐环境。

(一)餐厅设施设备与就餐氛围

餐厅的硬环境指餐厅的面积、空间、光线与色调、温度与湿度、装修档次与风格、音响及环境声音等方面。其布置与安排取决于饭店餐饮的市场定位、空间位置与建筑结构、餐饮服务类型及档次规格、饭店的资金能力。餐厅设备的配置应讲究实用性,格调力求美观脱俗,表现个性与特色,有利于餐饮产品的服务与销售,能长期让顾客流连忘返,吸引回头客再次光顾。

餐厅的环境是要求设法制造适应经营范围和经营方式的气氛和情调,要求针对不同的装潢、布局、家具、陈列品照明与色彩而选择不同的环境。经营特色菜肴要有特色性的环境及制造与特色相协调的环境。

(二)餐桌布局与席位安排

1. 餐桌布局

餐桌的布局通常根据顾客市场进行,可分为零点餐、普通酒席、宴会餐桌设计。总的要求是:统一规格,整齐有序,间隔适当,既方便宾客就餐,又便于席间服务。

宴会餐桌设计还需注意突出主台,突出宾主席位。一般主台安排在面向餐厅主厅,能纵观全厅的位置,主台的主位安排在主台上方的正中间,背靠厅壁,面向众席的位置。餐桌设计遵循中心第一、先左后右、高近低远的原则。

2. 席位安排

席位安排涉及主人和宾客席位安排两个方面。所谓主人是指宴会主办人,一桌以上宴会,各桌主人位置的确定有两种方法:一是各席主位方向一致,二是各席主位方向不一致,但都面向中间(图 8-1)。

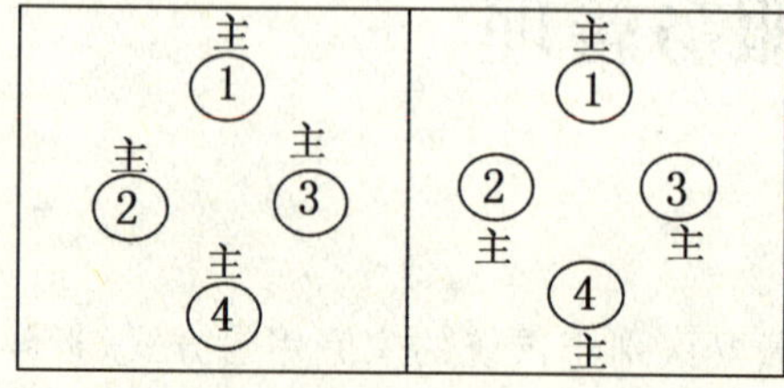

图 8-1 中餐主人席位安排方法

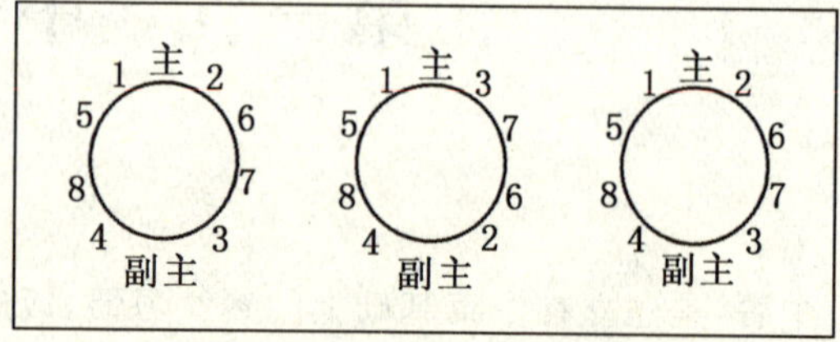

图 8-2 中餐宴会席位安排

正式的宴会一般均安排席位,有的只安排部分宾客的席位,其他人员可自由入座。大型宴会事先将宾客席次打印在请柬上,使宾客心中有数。

席位卡一般是印好的长方形纸片,通常用毛笔或钢笔书写,字迹要清楚、整齐,一般中文写在上方,外文写在下方(图 8-2)。

二、中餐台面布置程序及要求

(一)铺台布

根据餐桌的大小选择合适的台布,检查其是否有破损、油渍、过旧或褶皱;铺设台布前餐厅服务员应洗净双手并消毒;将餐椅(一般为 10 把)依次拉开并均匀地分布在餐桌周围。

站在主人座位或副主人座位处,用双手将台布抖开并一次铺成。要求:抖台布时不要用力过大，做到动作熟练，干净利落，一次到位；台布折线凸面朝上，中心折痕对准正、副主位，十字中心居中，舒展平整；四边四周下垂部分均匀，台布的四角对准且均匀地盖住桌腿。

摆放转台和插花：转台摆在餐桌正中，并试转；插花放在转台中心。

(二)摆餐具

1. 摆接碟或骨碟

摆在座位正中，距桌边 1.5 cm，碟与碟的间距相等，碟中图案对正。操作时手要拿接碟边缘部分。

2. 摆汤碗、汤勺

汤碗摆放在接碟左上方，距接碟 2 cm，中心线与接碟里沿成切线，汤勺放在汤碗内的中心上，勺把朝左。

3. 摆筷子架、长柄勺、筷子、牙签

筷子架摆在与酒杯一条直线上，与白酒杯间距 2 cm；长柄勺垂直摆在筷子架勺托上，筷子前头超出筷子架三分之一；牙签摆在筷子右边，距筷子 1 cm，距筷子尾部 3 cm。

4. 摆甜酒杯、烈酒杯及水杯

将甜酒杯摆放在接碟上方，中心对正，杯底边缘距接碟上沿 3 cm；将烈酒杯摆放在甜酒杯右侧，杯底边缘间距为 1 cm。水杯摆放在甜酒杯左侧，杯底边缘间距 1.5 cm；三杯在同一直线上。取拿高脚杯时要用手指夹住杯脚部分，取拿大玻璃杯时应拿稳杯子下部，不可用手指接触杯口。

5. 摆金属公用筷架(带勺托)、公用长柄勺、筷子

公用餐具摆放在正、副主人的正上方；公用勺在下，筷子在上，公用勺、筷尾部向右；公勺及公筷所在直线与红、白酒杯所在直线平行；公用筷架所在直线与饮品杯、红酒杯、白酒杯所在直线垂直，且正对饮品杯底中心；公用筷架边缘与饮品杯底边缘间距 3 cm。

6. 摆放烟缸

在正、副主人右侧各放一个烟缸，其位置是：在过正、副主人与其右侧客人的接碟中心连线的中点的垂直线上；另外两个烟缸摆在与正、副主人位所在直线垂直的另一条中线上；烟缸边缘皆与转台边缘间距 4 cm。

7. 摆放菜单

在正、副主人筷子右侧各竖直放置一个自然打开的菜单，菜单正面朝向正、副主人，菜单正面底部所在直线与正、副主人的筷子平行，间距 4 cm；菜单背折与正、副主人的筷架所在直线平齐。

(三)口布折花

口布的规格为 50 cm×50 cm 左右，用纯棉布；在托盘内进行口布折花，折好的口布花放入盘中；口布花要捏褶均匀，形象逼真，线条美观，格调新颖，有真实感，要分正、反面；口布花摆放整齐，位置正确，高矮有序，突出正、副主人，口布花观赏面朝向客人。

(四)椅子归位

椅子间距相等，椅子中心对准接碟中心，椅子座的前部边缘距台布 2 cm。在操作时要尽量减少拉椅与取放各种用品时的撞击声。

三、餐间服务

(一)托盘

托盘是餐厅端送物品的常用工具,端托是餐厅服务员必须掌握的基本技能。托盘的操作程序为:

1. 理盘

选择托盘。根据用途、所负载的东西大小与形状等选择好托盘。托盘有木质托盘、金属托盘和塑料托盘和大、中、小及圆形和方形的区分。大、中长方形托盘一般用以托送分量较重的食物、酒水和餐具;大、中、小圆形托盘和小长方形托盘,一般用于摆、换、撤餐酒具及斟酒、送茶、送咖啡等。

整理托盘。使用前将洗净擦干,不留水迹、印迹;为防滑可在盘内垫盘布(防滑托盘可不用),垫布铺平拉直,既整洁美观,又防止盘内物品滑动。

2. 装盘

根据物品的形状、体积、物重和使用的先后次序进行合理装盘,盘内物应排放整齐,重物、高物、后用物品靠近身体,轻物、低物、先用物品在外;不加盖食品在外。注意重量分布均匀、物品安全稳妥及便于托盘平衡。

3. 托盘

托盘的方法分轻托和重托两种。轻托又称胸前托,就是托送比较轻的物品或用于上菜、斟酒等,往往在客人面前进行操作,其熟练、准确、优雅显得更为重要。方法是用右手将托盘从台面上移出 15 cm,左手臂自然弯曲 90°,掌心向上,五指分开,以大拇指指端到手掌的掌根部位和其余四指托住盘底,手掌自然形成凹形,掌心不与盘底接触,平托于胸前,略低于胸部,处胸前 5 cm 为宜。

重托主要用于托运较重的菜点、盘碟等常托端汤汁较多的菜肴,易沾油渍。方法是用右手将装好物品的盘从搁台上拉出 2/3,左手平伸五指均匀分开,用左手掌心及五指贴在盘底重心上,用右手协助左手向上缓慢托起,同时左手向上弯曲手臂,向左后方旋转 90°,托于肩外上方,盘底离肩部约 2 cm。做到盘底不搁肩,盘前不近嘴,盘后不靠发。

4. 行走

轻托行走要求头正肩平,上身挺直,目视前方,表情自如,步履轻快而稳健,以盘中物品不倾斜,汤汁、酒水不外溢为原则。遇障碍物避让而不停,遇紧急情况时,用右手扶住盘前内角外沿 ,以防意外的碰撞。

5. 卸盘

先右脚向前一步,上身倾斜,左手手指应随盘中物重的变化作轻缓的移动,以掌握好托盘的重心,保持托盘平衡,使托盘全部平放在桌面上。轻托直接上菜、上饮品,则托盘稍下移,右手将菜点、饮品递放在餐桌上;重托,身体略向下移,左手轻微转动,右手协助将托盘放在台面上。从盘中把物品取下时,应从左右两侧交替取下。

(二)上菜与分菜

1. 上菜

要正确选择上菜位置,一般选择在副主人的右侧位置,移动台上物品,留出放盘空位;将菜肴摆放在转台边沿，按顺时针方向旋转转台一圈，让每位客人观赏到菜的造型，再后退一步报菜名，然后把菜肴转到主宾面前停下，让主宾先尝。每上一道新菜时，都需将前一道菜移到旁边，将新菜放在主宾面前。

上菜顺序：先凉菜，后热菜；先咸味菜，后甜味菜；先佐酒菜，后下饭菜；先荤菜，后素菜；先风味菜，后一般菜；先干菜，后汤菜；先浓味菜，后清淡菜；先菜肴，后点心、水果。上虾、蟹等手剥食品前，先上洗手盅。上整鱼时，头部朝左（以主人为准），腹部朝向主人。有拼摆图案的冷菜将正面朝向主宾。上菜、撤盘均从副主人座位的右侧进行。为客人服务坚持右上右撤，即侧身站在客人右侧，右手撤盘，右手上菜。

2. 分菜

分菜是宴会服务中技术性很强的工作，必须对各种菜肴的烹制方法、成型后的特点有很好的了解，以恰当自如地分菜。中餐分菜分为转盘服务的席上分菜、走动服务的席上派菜、还有旁桌式的分菜台分菜。分菜的顺序是先送主宾、副主宾、主人，然后依次按顺时针方向进行。现在流行从主宾开始按顺时针方向进行。

席上分菜。菜上桌后介绍菜名，然后将干净骨碟围转盘摆放。分菜时，左手拿汤勺，右手拿服务匙叉，将菜均匀地分到各个骨碟里。最后按顺时针方向依次将骨碟送回宾客面前，或以手势请客人各自享用。

席上派菜。席上派菜就是把菜盘里的菜肴逐一往客人的骨碟中分派。操作时，左手端托菜盘，右手持服务分匙，站在每位宾客的左侧，微弯腰，把菜盘端托至客人骨碟的左侧边缘，用右手的分匙把菜肴夹到客人的骨碟里。

分菜台分菜。分菜前，在宾客餐桌旁准备好一辆服务车（或服务桌），准备好干净的骨碟，备好分菜用的匙、叉等工具。菜肴从厨房端出来后，先把菜肴上席，让宾客观赏后，再将菜撤到分菜台上（冷拼盘除外），由分菜服务员在旁桌上将菜均匀、快速地分到宾客所用的骨碟中。菜分好后由服务员用托盘端送，从宾客的右侧将菜肴送到每位宾客面前。注意端送分好的菜肴时，不能同时收拾脏的骨碟。

（三）斟酒

斟酒前，应先向客人打招呼，将托盘中的酒水饮料展示在宾客眼前，并有礼貌地询问宾客所用酒水饮料。从主宾开始，依顺时针方向进行。

斟酒时，服务人员站在宾客的右后侧，右脚在前，侧身而进，左脚微微抬起。右手握酒瓶的下半部，大拇指握在瓶的内侧，其余四指握在瓶的外侧；酒瓶的商标牌名朝向宾客，左手放在自己的身背后。斟酒时，瓶口对酒杯口缓慢倾，斟完后酒瓶抬高 2 cm，旋转瓶口后抽走，并用服务巾擦干瓶口。

斟酒的一般顺序为：先斟葡萄酒，再斟白酒，后斟饮料。斟酒以八分满为宜，做到不滴不洒，不少不溢。

在主人或客人相互祝酒时，服务员停止走动；主人或客人下桌敬酒时，服务员用托盘盛放两种酒，随客人身后伺机斟酒。

（四）香巾

要求用餐中至少有两次香巾服务。第一次在客人入座后，从主宾开始依顺时针方向为客人上香巾，客人用过后撤下；第二次服务在客人用餐完毕后、上甜食前提供，程序同前。如用餐过程中有手抓菜品，则增加一次香巾服务。

四、中餐餐饮服务员的要求

（一）仪表仪容要求

总体印象上，着本岗位工作服，戴饭店的工牌，穿黑颜色鞋。服装干净，熨烫挺括，纽扣齐全，无破损，无污迹，不将衣袖、裤脚卷起。布鞋要干净，皮鞋要光亮，无破损。男士穿深色的袜子，女士穿肉色丝袜，干净、无破绽。

局部感觉上，头发干净、整齐，男士头发后不盖领、侧不盖耳；女士头发后不过肩、前不盖眼，长发盘起；面容洁净，男士不留胡须，女士着淡妆；手、指甲干净，指甲剪短，不涂指甲油，不戴戒指、耳环及夸张性手表与饰物。

个性特征上，气质高雅，身高适中，身材相对匀称；面带微笑，礼貌温馨，和善可信。

（二）餐饮服务的标准化与个性化

1. 服务标准化

标准化包括两个层次，一是菜品制作标准化，二是服务程序的标准化。服务标准化不仅要求餐饮服务人员掌握扎实的餐饮服务的托盘、斟酒、餐巾摆花、摆台、上菜和分菜以及其他技能等，以熟练、准确、优雅的服务技能给宾客留下深刻印象。因为同样的餐品而服务人员服务技能不同，可能给就餐宾客不同的感受；服务技能是宾客评价餐饮服务质量优劣的重要标准和使餐品增色与否的重要砝码。同时，服务人员还要了解餐厅工作中的每道作业工序，了解有什么原料，提前预备和备好了哪些品种，哪位师傅当班，擅烹什么菜品等等。这样，餐饮服务员熟练优雅的操作技能技巧，而且有丰富的菜品知识、面点知识、成本核算、颜料知识等专业知识，领位周到热情，摆台一丝不苟，开出的菜单不重色、不重味、不重刀工、不重质地、不重形状……这样的服务，标准、气派、专业，令人信服，令人放心。

2. 服务个性化

对于餐饮服务人员来说，既要扎实掌握中餐服务技能，拥有丰富的专业知识，更要积极主动地学习、培训、感悟，提供个性化、针对性的餐饮服务。一是收集多方面的宾客信息，处处留心宾客心理反应，不仅自己及时调节宾客心理，而且把宾客信息反馈给厨房，和厨师在一起研究菜品，改革菜品，从而给宾客更多的惊喜。二是总结、交流、提炼多种个案服务的处理技巧，如客人喝醉了酒、客人很挑剔、客人心情不好等，如何站在宾客的角度去处理好、服务好。三是认识自己，根据自己的个性、特长、兴趣、爱好等，培养自己的魅力，突出自己的服务个性，如服务态度很好或交际能力很强或协调能力很强，通过个性的突出来服务不同的顾客。这样的服务，温馨、体贴、艺术，“受尊重”、“有身份”。

（三）明晰中餐餐饮文化

餐饮文化是一个国家或民族在长期历史条件下形成和保留下来的一种生活习惯和文化传统。中国餐饮文化源远流长，是中华民族文化宝库的重要组成部分。中餐文化具有绚丽多彩的文化内涵和雄厚坚实的技术基础，以味为核心，以养为目的，是文化、科学、艺术的结晶。

中餐文化的内涵可以用“精”、“美”、“情”三个字来概括。精，是对中餐内在品质的概括，选料、烹调、配伍乃至饮食环境，都体现着一个“精”字；美，体现中餐的审美特征，是指中餐形式与内容的完美统一，包括味道、形式、颜色、器具及员工服饰都透着美的成分，能给宾客带来审美愉悦和精神享受；情，是指中餐就餐是人与人之间情感交流的媒介，是一种别开生面的社交活动。一边吃饭，一边聊天交流信息。

第二节　西餐服务管理

西餐的服务方式，是西方文明发展进程中的产物，它既反映了西餐进食的要求与特点，又体现了服务过程中对服务对象需要倾注更多的个人照顾与关怀。西餐服务经过多年的发展，各国和各地区都形成了自己的特色，通常分为法式服务、俄式服务、美式服务、英式服务和综合式服务等类型。西餐服务应在明确西餐文化及相关服务类型特点的基础上，熟练掌握各自服务技能技巧。

一、西餐文化

西餐文化是在西方传统文化的基础上，经过现代工业文化的不断改进而形成的。西餐文化渗透着"平等"、"自由"、"卫生"、"隐私"等西方文化传统。西餐文化着重体现着休闲文化、平等与自由文化、分餐文化。

休闲文化是基于西方国家快节奏、高效率的工作及发达的经济发展而衍生的餐饮文化。由于工作忙、紧张、劳累，因此希望有更多的时间放松、休闲、浪漫。快速解决就餐问题，或在休闲中解决餐饮问题，成为西方餐饮的重要特点。因此，卫生、高效、节约时间和休闲浪漫是西餐发展壮大的文化基础，薯条、炸鸡、饮料之类在中餐看来上不了大台面的寻常东西成了西餐食谱中最平常的玩意儿，甚至成就了麦当劳、肯德基等世界级大企业。

在西餐中，吃饭是个人的事情，自己自主决定食物的种类、分量，分餐适用，丰俭由己；大家平等自由地坐在一起享受食物，随便自由。西餐体现出强烈的"平等与自由"意识。而在中餐中，席位的摆放、餐具的摆放、饭桌上的行为等等，都有许多规矩和框框的制约。

分餐制，各自点菜，各持一份，是西方人用餐习惯。表面上看似乎少了些热闹，多了些客气和独立，但实质上是体现了卫生、适度节俭、合理饮食的理念。

显然，中西餐餐饮文化存在着重大差别。中餐重视的是亲情、气氛、营养、形式；西餐更多重视的是效率、卫生、自由、平等。有人形象地说：如果中餐文化像一首混声大合唱，那西餐文化就像一支浪漫的小夜曲；如果说中餐馆充满了一股阳刚之气，那西餐厅则富有一种阴柔之美；中餐馆营造的是一种公众交友的场所，而西餐厅则是在制造私密幽会的空间。明确和理解中西餐文化差异，是中国人在做西餐服务时一个十分重要的问题。

二、西餐服务类型

(一)法式服务

在西餐服务中，最豪华、最细致、最周密的就是传统的法式服务。通常，法式服务用于法国餐厅——扒房。法国餐厅装饰豪华高雅，以欧洲宫殿式为特色，餐具常采用高质量的瓷器和银器，酒具常采用水晶杯；常采用手推车或旁桌现场为顾客加热、调味菜肴及切割菜肴等服务。在法式服务中，服务台的准备工作很重要，一般需要在营业前做好服务台的一切准备工作。法式服务注重服务程序和礼节礼貌，注重服务表演，注重吸引客人的注意力，服务周到，每位顾客都能得到充分的照顾。另一方面，法式服务节奏缓慢，需要较多的人力，用餐费用高。

（二）俄式服务

俄式服务是西餐普遍采用的一种服务方式。俄式服务讲究优美文雅的风度，将装有整齐和美观菜肴的大浅盘端给所有顾客过目，让顾客欣赏厨师的装饰和手艺，并且也刺激了顾客的食欲；每一个餐桌只需要一个服务员，服务的方式简单快速，服务效率高，服务时不需要较大的空间；服务员将菜肴分给每一个顾客，使每一位顾客都能得到尊重和较周到的服务；俄式服务是在大浅盘里分菜，因此，可以将剩下的、没分完的菜肴送回厨房，减少了不必要的浪费，但也可能出现宾客看到大银盘中的菜肴所剩无几而影响食欲；俄式服务使用大量银器，投资很大，使用和保管不当会影响餐厅的经济效益。

（三）美式服务

美式服务是简单和快捷的餐饮服务方式。一名服务员可以看数张餐台。美式服务简单，速度快，餐具和人工成本都比较低，空间利用率比较高。美式服务是西餐零点和西餐宴会理想的服务方式，广泛用于咖啡厅和西餐宴会厅。

（四）英式服务

英式服务又称家庭式服务。其服务方法是服务员从厨房将烹制好的菜肴传送到餐厅，由顾客中的主人亲自动手切肉装盘，并配上蔬菜，服务员把装盘的菜肴依次端送给每一位客人。调味品、沙司和配菜都摆放在餐桌上，由顾客自取或相互传递。英式服务家庭的气氛很浓，许多服务工作由客人自己动手，用餐的节奏较缓慢。

（五）综合式服务

综合式服务是一种融合了法式服务、俄式服务和美式服务的综合服务方式。许多西餐宴会的服务采用这种服务方式。通常用美式服务上开胃品和沙拉；用俄式或法式服务上汤或主菜；用法式或俄式服务上甜点。不同的餐厅或不同的餐次选用的服务方式组合也不同，这与餐厅的种类和特色，顾客的消费水平，餐厅的销售方式有着密切的联系。

（六）自助式服务

自助式服务是把事先准备好的菜肴摆在餐台上，客人进入餐厅后支付一餐的费用，而后自己动手选择符合自己口味的菜点，然后拿到餐桌上用餐。这种用餐方式称为自助餐。餐厅服务员的工作主要是餐前布置，餐中撤掉用过的餐具和酒杯，补充餐台上的菜肴等。

三、西餐摆台

摆台主要是指餐台、席位的安排和台面的摆设，摆台的好坏直接影响服务质量和餐厅的面貌。摆台的基本要求是：餐具图案对正，距离匀称，整齐美观，清洁大方，为顾客提供一个舒适的就餐位置和一套必需的就餐用具。

(一)西餐餐台、席位的安排

西餐宴会多采用长台,台的大小和台形设计应根据宴会的人数、宴会厅的形状和大小 来布置。一般有长方一字形、T 字形、口字形、U 字形、山字形等,总的要求是左右对称,出入方便。

在一字形的长台上,席位安排通常有两种(图 8-3):一种是把主人和主宾安排在餐台的横向中间,主人坐在正中上方,第一主宾坐在主人的右侧,第三主宾坐在主人的左侧;副主人坐在主人的对面,第二主宾坐在副主人的右侧,第四主宾坐在副主人的左侧。另一种坐法是把主人和副主人安排坐在长台纵向的两端,主人坐在长台的上方,第一主宾坐在主人右侧,第三主宾坐在主人的左侧;副主人坐在长台对应主人的下方,第二主宾坐在副主人的右侧,第四主宾坐在副主人的左侧。

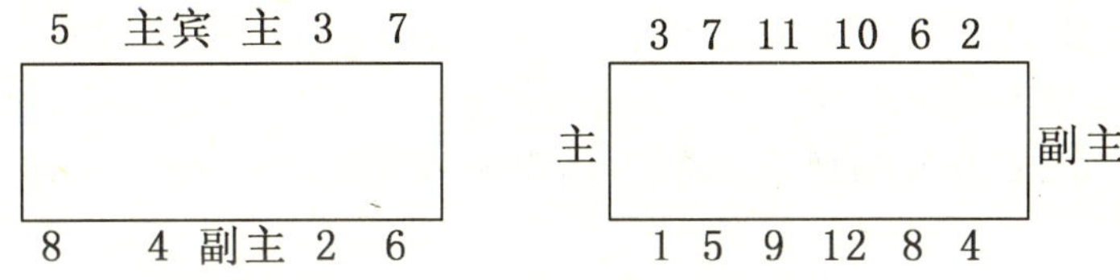

图 8-3 西餐宴会席位安排方式

(二) 西餐台面摆设

西餐讲究吃不同的菜肴用不同的刀叉,特殊菜肴有专用餐具。因此,所使用的餐具形状、大小多种多样。西餐宴会台面摆设应根据宴会菜单,选择各种相应的餐具,按上菜顺序将刀、叉、匙全部摆齐。西餐餐具摆放的顺序是,先摆餐盘(装饰盘),后摆各种餐刀、叉、匙,再摆面包盘等,最后摆各种酒杯。

1. 铺台布

餐桌上先铺上海绵桌垫,再铺上桌布,这样可以防止桌布与餐桌间的滑动,也可以减少餐具与餐桌之间的碰撞声。桌布的四周至少要垂下 30 cm。但是,台布不能太长,否则,影响顾客入席。有些咖啡厅在台布上铺上较小的方形台布,这样,重新摆台时,只要更换小型的台布就可以了,可以减少大台布的洗涤次数。

2. 摆餐盘

餐盘常采用高级的瓷器或银器。将餐盘的中线对准餐椅的中线,盘的图案店徽要摆端正,装饰盘距离餐桌边缘 1~2 cm,盘与盘之间的距离要相等。装饰盘的上面放餐巾(图 8-4)。

图 8-4 西餐台面餐具的摆放

3. 摆刀、叉、匙

在餐盘的右侧从左向右依次摆放餐刀、鱼刀、汤匙、头盘刀,刀把距桌边 1.5 cm(餐刀的右边常放一个汤匙),刀刃向左,刀尖向上,刀柄的底部朝下,与餐盘平行;

然后再从餐盘的左侧从右向左依次摆放餐叉、鱼叉、头盘叉，叉尖朝上，叉柄的底部与餐盘边对齐，鱼刀、鱼叉突出其他餐刀叉 1～2 cm；

在餐盘的正前方摆放水果刀叉（或甜品叉），叉齿、刀把朝右，刀口对着餐盘；甜食匙与水果刀平行横放于餐盘正上方，匙把朝右。

4. 摆面包盘

面包盘摆放在餐叉的左边。面包盘与餐盘中心取齐，盘边距头盘叉 1 cm；在面包碟内右侧 1/3 处摆放黄油刀，刀口朝左。

餐具摆好后，在餐盘中摆上餐巾花，通常选用三种餐巾花：皇冠、主教帽、星形（扇形）。

5. 摆酒杯

水杯和酒杯放在餐刀的上方，杯口朝下，待顾客到餐桌时，将水杯翻过来，斟倒凉水。摆酒杯时，只能用手握酒杯的杯脚，甜酒杯位于水杯右后方位置，烈酒杯位于甜酒杯右后方适当位置。三杯成一直线，并与台边成 45°。

6. 餐桌中间布置

桌子中间摆上花瓶、胡椒粉瓶和盐瓶，还有糖缸和蜡烛台等。通常，每两个顾客使用糖缸、盐瓶和胡椒瓶各一个（图 8-5）。

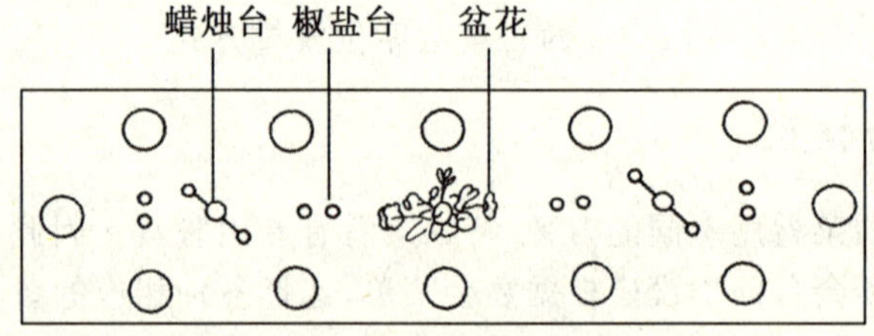

图 8-5　西餐餐面中间布置

四、西餐上菜和分菜

西餐的菜点道数有：头盘、汤、鱼类、肉类、甜食；头盘、汤、肉类、甜食；汤、沙拉、肉类、甜食。西餐上菜的程序一般为：头盘—汤—第一主菜—第二主菜—甜食—咖啡。分菜原则是：先宾后主，先女士后男士。

西餐上菜、分菜的方法主要取决于采用何种服务方式，常用的服务方式有法式、俄式、美式三种或两种、三种方式相结合。

（一）法式上菜、分菜

传统的法式服务是一种最周到的服务方式，由两名服务员共同为一桌客人服务。其中一名为经验丰富的正服务员，另一名是助理服务员，也可称为服务员助手。服务员请顾客入座、接受顾客点菜、为顾客斟酒上饮料后，主服务员在宾客面前制作一些有特色的菜肴，为菜肴调味，或对已烹制的菜肴分切、分份等工作，完成菜肴最后的切配装饰；助理服务员负责将分好的菜送给宾客，所有的菜肴食品及斟酒或上饮料都用右手从宾客的右边送上，右边撤下，但面包、黄油和配菜从客人左侧送上，因为它们不属于一道单独的菜肴。

（二）俄式上菜、分菜

服务员将盛装菜肴的银盘和空的餐盘用肩上托的方法端到餐厅，送到顾客餐桌旁，热菜盖上盖子。服务员先用右手从客人右侧送上相应的空盘，开胃菜盘、主菜盘、甜菜盘等，上空盘依照顺时针方向操作。然后以胸前托盘的方法左手托银盘，用右手操作服务叉和服务匙从客人的左侧分菜，在每位宾客的左侧展示菜肴，用右手的服务匙叉将菜肴夹到宾客的餐盘里，分派时按逆时针方向同台进行，余下的菜肴送回厨房。斟酒、斟饮料和撤盘都在客人右侧。

（三）美式上菜、分菜

在美式服务中，菜肴由厨师在厨房中烹制好，装好盘，一人一盘；餐厅服务员用托盘将菜肴从厨房运送到餐厅的服务桌上，热菜要盖上盖子，并且在顾客面前打开盘盖；传统的美式服务，上菜时服务员在客人左侧，用左手从客人左边送上菜肴，从客人右侧撤掉用过的餐盘和餐具，从顾客的右侧斟倒酒水。目前，许多餐厅的美式服务上菜服务从顾客的右边，用右手，顺时针进行。

五、西餐服务人才问题

随着中国经济的快速发展和经济社会开放度的进一步提高，越来越多的国人认识了西餐，吃西餐也成了现代人的时尚文化。西餐在中国具有良好的发展空间与发展前景。一个成功西餐厅，需要充分关注食品质量、口感味道、服务特色、环境氛围、形象设计、企业文化、员工素质、公关营销、客户管理等多方面因素，而西餐厨师和西餐服务员是决定这些因素良性与优势的关键，这就使西餐服务人才问题成为西餐在中国发展的重要问题。

目前，国内的西餐高级厨师主要以来自国外的总厨为主，本土的总厨凤毛麟角；处于中级的一般西餐厨师总量相对于迅速发展的西餐行业还是不足的；而西餐服务人员是现在人才最大的缺口，很多餐厅都在为找不到和留不住合适的服务员而苦恼。同时，由于人工成本的问题，企业大多“舍低求高”。

为了给国人提供真正的西餐文化，中国的饭店西餐服务管理在人才问题上，总厨还是应由外国人总体把握，加强同国际餐饮行业的接触，促进西餐人才的合理流动，着力提高西餐服务员的素质，使之成为餐饮服务“低端中的高端”人才。

复习思考题

1. 中餐服务的流程及其创新。
2. 中餐服务的基本技能。
3. 西餐服务的基本流传与方式。
4. 中西餐文化的差异及其对服务人员的要求。

参考文献

1. 张元善. 餐饮企业经营管理实务. 北京：中国轻工业出版社，2006
2. 徐红军. 餐饮管理学. 北京：经济科学出版社，2005
3. 邹益民. 现代饭店餐饮管理. 北京：中国财政经济出版社，2005
4. 李勇平. 现代饭店餐饮管理. 上海：上海人民出版社，1998
5. 聂明林，杨啸涛. 饭店餐饮管理. 重庆：重庆大学出版社，1997
6. 施涵蕴. 餐饮管理. 天津：南开大学出版社，1993

第九章 饭店康乐业概述

康乐业是现代饭店的重要业务活动，是体现现代饭店休闲、娱乐功能和档次与品位的载体。本章重点探讨：康乐经营在整个饭店经营活动中的作用，对康乐消费者的影响；康乐项目的设置与饭店的类型和档次之间的合理匹配；阐释我国饭店康乐经营的发展历程、现状以及未来的发展趋势。

第一节 饭店康乐部的地位和作用

一、康乐部的地位

康乐是指人们为达到调节身心、恢复体力和振作精神的目的，在闲暇时间，在一定场地和设施条件下参与的休闲性和消遣性的活动。

（一）康乐项目是饭店构成的基本要素

饭店康乐部是随着饭店业的发展和康乐业的发展而产生的部门。同大多数新生事物的产生和发展一样，康乐部的发展也非常快，不仅成为饭店重要的业务部门，而且有的已发展成为脱离饭店独立经营、独立管理的康乐公司，或已发展成为以康乐项目为主、以住宿为辅的康乐公司。康乐项目开始出现在饭店时只是一些不起眼的附属项目部，有的归属饭店餐饮部，有的归属饭店前厅部，有的归属饭店客房部。随着客人对康乐需求的加大，康乐设施和康乐项目不断增加，康乐部的盈利也越来越多，康乐部在饭店经营中的地位和作用也越来越重要。康乐部门逐步从其隶属的部门中独立出来，成为一个专业化管理的、与客房、餐饮等部门平行的重要部门。现在，大多数三星级以上的大饭店都设有康乐部。饭店设置康乐部，可以起到满足客人需要、稳定进而增加客源、增加经济效益等作用。

根据《 旅游饭店星级的划分及评定 》(GBT14308—2003)中有关设备设施评定标准及相

关服务项目要求，康乐项目群、康乐设施中大部分内容调整到加分项目中，该条目中只保留必备的健身设施：健身房、游泳池、美容美发中心；特色项目选择群包括歌舞厅，地方特色的民俗风情表演，如茶道、民歌、民族舞蹈，饭店坐落于或毗邻 AAA 级景区、大型高尔夫球场或大型滑雪场，饭店专用的沙滩、温泉或海滨浴场、网球场，不少于 4 道的保龄球室、桌球室、乒乓球室、高尔夫练习场、射击场或射箭场、溜冰场、潜水或冲浪、游艇儿童康乐室、室内游泳池，一年内不少于一半时间可以使用的室外游泳池以及其他运动休闲项目。

（二）康乐服务质量是饭店服务质量的组成部分

根据《旅游饭店星级的划分及评定》服务质量评定标准，服务质量的评定涉及服务人员的仪容仪表、前厅服务、客房服务、餐厅（酒吧）服务、会议康乐服务等 5 个部分。其中，康乐服务包含有健身房、游泳池、按摩、桑拿浴、蒸汽浴、保龄球、桌球、网球场、高尔夫练习场、棋牌室、日光浴、游戏室、歌舞厅、理发美容（有相应的美容美发设备，提供皮肤护理、局部按摩服务，有提供相关指导与咨询服务的美容师）和其他康乐项目服务。

（三）康乐项目是饭店特色经营的需要

饭店要想在目前的微利环境中生存，就必须不断创新，推出符合时尚的特色经营项目，树立新的形象，以满足顾客的需要。而新的饭店形象来源于饭店文化，形象的好坏又直接决定着饭店在激烈的市场竞争中所占有的份额和在行业中的竞争地位。饭店经营关键在于推出不同于竞争对手的特色产品和创新产品，而特色产品和创新产品必须基于对目标市场需求的了解和对市场趋势的把握，将资源优势转化为市场优势，形成具有特色的饭店品牌，并最终赢得市场的认可。如北京前门饭店的老舍茶馆，展示了以京剧为特色的中国传统文化的形象；杭州国际大厦雷迪森广场酒店也成功地树立起了一个现代化的歌剧院的独特品牌形象。

（四）康乐项目是饭店文化的体现

在新的世纪里，文化氛围渗透到饭店的方方面面，因此更加要求饭店彰显个性和突出风格。而康乐项目则是体现饭店的专业性和独特性的重要方面。

（五）康乐项目能延长顾客停留时间，提高饭店接待能力

按照客观规律和市场需求，饭店应积极开发休闲、度假及特色康乐项目，强调食、住、购、娱功能的配套完善，形成有吸引力的接待能力，丰富饭店服务内容，延长顾客的停留时间。

（六）康乐项目已成为饭店完善服务功能、吸引顾客、增加收益的主要手段之一

康乐设施的经济效益是从两方面取得的：一方面是直接经济效益，另一方面是间接经济效益。客房新增交互式多媒体游戏、卡拉 OK 点播、网上博弈、视频点播、收费电视、音乐与剧场转播、频道租用、客房订餐等康乐项目。这些项目在直接产生经济效益的同时，也成为吸引客人的主要手段，从而提高客房出租率。

二、饭店康乐活动的作用

康乐活动一般是人们在工作之余，即闲暇时间进行的。具体讲，康乐对于消费者来说，具有以下作用：

（一）增加经历

人们在闲暇时间对康乐活动的需求各式各样，如看书、读报、写作、发明创造、教育子女、社交、参观、游览以及游戏、保健、康乐体育等。现代人把增加经历作为消费满意度的主要标志，通过参与康乐活动使自己陶醉于其中，或获得冒险的刺激，从而获得兴奋感。现代社会的人们认为对提高休闲技能的投资是非常必要的。随着人们现代休闲意识的增强，人们将会把更多的资金投入到康乐设施和康乐环境较好的场所。

对消费者来说，进行休闲康乐活动，必须同时具备 3 个基本条件：一定数量的闲暇时间、必需的康乐设施和消闲技能。康乐活动是以一定的康乐技能为基础，因此，消费者必须学会一定的休闲技能（如游泳、保龄球、滑冰等），即使是参观、旅游也需培养一定的观赏能力和学习能力。个人的休闲技能不可避免地具有社会特征，不同阶层的人对不同休闲技能的兴趣会有明显的差异，地区差异和文化差异也会使个人的休闲技能呈现出不同特色。我国古代的“六艺”（礼、乐、射、御、书、数）与现代社会的休闲活动都强调寓教于乐。顾客参与或享受饭店的康乐服务，有助于掌握康乐基本知识和基本技能，养成良好的休闲康乐习惯；可以使生活丰富多彩，如学习各种自己喜爱的技能，发展丰富多样的兴趣，可自由地进行社会交往，得到艺术上的享受。同时，还可以学习知识，促进自我教育，发展自己的智力和能力 。

（二）愉悦心情

人类的工作应当有张有弛，如集中精力思考某一个问题时，大脑皮层处于兴奋状态，在紧张生活过后，应该主动地争取休息，重新调整机体的平衡，否则大脑神经因长期处于兴奋状态会影响整体机能不协调而损伤身体。通过参与康乐活动，人们可从中享受到人生的乐趣，使心情愉快，获得满足感。人需要精神文化活动来提高自己的思想和境界，而康乐休闲活动能给人们以精神上的需要，使人生观、世界观得到陶冶和升华。康乐休闲活动能给人们带来内心的满足感，不仅是康乐身心，而且还有助于人们自我价值的实现，从而能帮助完成社会目标。人体任何部位的机能都与心理活动有关，同时，身体各部位的机能变化，也会引起强烈的心理变化，再反过来影响机体的功能。显然，心理平衡对机体的平衡有利 。

（三）健身美体

社会的进步、物质的丰富促进人们对美好生活的追求，人类的体质也是在这种新的条件下发展提高的。饭店的各种康乐活动，动以养身，静以养气，促使身心、情感和理智的和谐发展。如欣赏音乐可以消除紧张，稳定情绪；跳交谊舞，可以使动作协调，肌肉活动，并能获得自我表现的感受等。饭店顾客无论是商务客人还是其他旅游者，他们都有使身心得到放松的需要。适度的休闲、康乐，可以消除疲劳，使工作效率得以提高。休闲康乐活动代表着社会现代化的趋势。此外，康乐活动还可以恢复体力，振奋精神。

（四）社会交流

每个人都是社会人，这就决定了人们之间要不断进行交流。每个人都有自己周围的人群，结合为各种各样的人际关系，亲属之间、同学之间、师生之间、同事之间、上级与下级之间等等都有着人际关系。人际关系相处得好，会使人获得愉悦的心情、安全感和信心；相反，人际关系紧张，会使人心情烦躁，进而影响身体健康。饭店的康乐项目正是为人们提供了一个交流感情、交换信息、陶冶性情的重要场所。参与康乐休闲活动还可以增进人与人之间的理解与信任，增加交往的机会，消除冷淡与隔阂，形成和谐的社会风气。

（五）文化功能

康乐活动的方式和内容是人们文化生活的反映，康乐成为人类文明进步中的一个元素。文化的显著进步主要是由于人们对于休闲时间加以创造性的运用。饭店客人通过享受饭店的康乐服务，能了解当地的文化或当时社会各个方面的流行趋势。

第二节　饭店康乐项目设计

一、饭店的类型与康乐项目

不同类型的饭店有不同的市场定位，而不同的市场定位导致其顾客的康乐需求亦有不同，因此要做到饭店类型与康乐项目的完美匹配，才能保证饭店客源的回头率，最终确保饭店的生存与发展。

（一）商务型饭店

商务型饭店主要是为进行商业、贸易等商务活动的宾客提供膳食住宿等服务的饭店。商务型饭店多位于城区，靠近商业中心，以接待商务旅行者为主。该类旅游者的经济收入和文化水平都较高，对健康有自己的理念和习惯，对健身设施的要求比较专业，对价格不敏感。其特征是：

（1）客源主要是以商务散客为主，并有部分长住客，回头客较多。

（2）商务客人住店时间一般从周一至周五，商务散客一般住店时间为 2～3 天。

（3）饭店客房类型除符合普通标准间要求外，还需要增添一定的商务办公设备（电话、传真、电脑网络、复印机等）。一些饭店专门开设商务楼层，同时满足客人住宿和商务需求。

（4）饭店提供的商业设施齐全。包括电话、传真、投影仪、录像机、谈判间、会议室等。

（5）配备商务客人必需的健身房、游泳池、酒吧等康乐设施，并为宾客提供休闲服务。

（6）服务人员必须具有娴熟的服务技能，服务态度热情周到，有礼有节。

（二）会议型饭店

会议型饭店的主要接待对象是举办政治、经济、贸易、学术等各种会议的团体，会议宾客不仅要求有较好的住宿和膳食条件，而且还要配备相应的会议设施。会议团队的集体康乐活动较多。其特征如下：

(1)会议型饭店主要设在大都市和政治、经济中心，尤其是在国际会议中心，也有设在交通方便的地带。

(2)会议型饭店设有不同规模或功能的会议厅，以及可根据需要兼作会议厅、舞厅或宴会厅的多功能厅，有的饭店还设展览厅。

(3)会议型饭店除应具备相应的住宿和餐饮设施外，还必须配备会议设备，如投影仪、录放像设备、扩音录音设备、先进的通讯及视听设备，接待国际会议的饭店还要求具备同声传译装置。会议设施和条件是吸引不同层次会议团队的主要条件。会议饭店一般都配备工作人员帮助会议组织者协调和组织会议各项事务，要求饭店具有高素质的接待人员。

(4)饭店客房和接待会议的厅室、设施的水平决定了会议接待的能力。

（三）观光度假型饭店

度假型饭店多位于自然和人文景区，如海滨、山区、温泉、海岛、森林等地区，以接待游乐、度假的宾客为主。此类饭店利用天然的地理环境和景观资源，开辟各种康乐体育项目，如滑雪、骑马、狩猎、垂钓、划船、潜水、冲浪等活动来吸引游客，因此这些活动的质量往往是一家度假型饭店经营成功与否的关键。如以温泉为天然资源开辟的温泉疗养型饭店即属此类。

近年来，在许多饭店业发达的国家，已出现度假与商务、会议相结合的饭店，即所谓多功能的度假型饭店，而且被认为是当代饭店设施发展的方向。度假饭店的产品有别于商务饭店，周边环境、自然环境是度假饭店产品构成的核心部分（通常由五大要素构成，即：大海、沙滩、阳光、空气、绿色）。要突出饭店的度假特色，要使客人的度假生活物有所值，饭店必须在人与自然的亲和上、在营造自然环境上做足文章。珠海御温泉度假村的御温泉是中国第一家日式露天温泉，该度假村于 1998 年 2 月开业，各种温泉项目设计、布局奇特，被游客称之为“华夏奇泉”。日式客房无论在硬件设计还是在软件服务上均有鲜明的度假特色，被中国旅游专家评价为“不是中国没有，也是中国少有”的个性化饭店。

（四）度假村

度假村通常是由一群乡村式的住宅组成。这些住宅一般采用单元房布局，内有一间或几间卧室并带有卫生间和厨房。度假村中心设有餐厅和酒吧，客人可以自己烹饪也可以在度假村中心的餐饮设施内就餐。度假村中心还设有较为齐全的体育和康乐设施，例如骑马场、网球场、滑冰场、游泳池等康乐活动场所。度假村采用宽松式的管理，给客人最大限度的活动自由健康度假等。度假村的经营特色来自于度假村的主题休闲项目，如健康度假等。

二、饭店的星级与康乐项目

我国的《 旅游饭店星级的划分及评定 》中规定，三星级以上饭店要求有康乐设施设备，并提供相应服务。星级越高，要求的特色项目越多。

（一）星级标准中饭店可选择的特色项目

· 有至少容纳 800 m^2 以上的多功能厅；
· 有舞台设施和艺术灯光控制系统，能满足一般演出需要；
· 多媒体演讲系统（含电脑、多媒体投影仪、实物投影仪、可接驳数码摄像机的投影机）；
· 有宽带网接口；
· 有封闭酒吧；
· 有具有地方特色的建筑风格或建筑小品；
· 有本地特色艺术品陈列；
· 观光电梯；
· 歌舞厅；
· 有地方特色的民俗风情表演，如茶道、民歌、民族舞蹈、文娱表演，店内提供旅游信息电子查询系统；
· 本地观光服务；
· 坐落于或毗邻 AAAA 级景区、大型高尔夫球场或大型滑雪场等区域，有饭店专用的沙滩、温泉或海滨浴场；
· 网球场；
· 不少于 4 道的保龄球室，桌球室，乒乓球室，高尔夫球练习场；
· 至少 9 洞的高尔夫球场；
· 射击或射箭场；
· 溜冰场；
· 潜水；
· 冲浪；
· 游艇；
· 其他运动休闲项目；
· 婴儿看护和儿童康乐室；
· 室内游泳池。

（二）饭店选择康乐项目的基本要求

饭店在根据星级标准要求保证基本康乐项目的同时，可以选择集中在某个项目上实现特色经营。

1. 项目选择应遵守的几个条件

（1）具有现代化的经营场地和洁净、高雅、温馨的环境。

（2）康乐设施完善，主营设施与配套设施设计合理。

（3）康乐项目能代表社会的潮流，不仅具有超前性，而且还具有持久性。

（4）康乐服务要求规格化、标准化。

（5）康乐场所同时应具有社交场所的功能。

（6）饭店对项目的可选择性可以促进项目实现特色化经营、专业化经营和规模化经营。

2. 不同星级标准对康乐项目的基本要求

饭店是为顾客提供住宿、饮食、康乐、商务活动的服务性场所。饭店不仅可使旅游者得到住宿休息，充实体力、恢复精力，而且饭店康乐区能为住店宾客、所在地顾客提供康乐设施及相应服务。

(1)二星级饭店必须有能提供酒吧服务的设施。

(2)三星级饭店必须有独立封闭式的酒吧、舞厅、游艺厅、咖啡厅、美容室、健身室、闭路电视等。

(3)四星级饭店除拥有三星级饭店的设施外，还要有背景音乐系统、健身房、桑拿浴室、游泳池、鲜花店、装饰高级的理发室与美容室(两者可兼用)、小书亭或小书店。

(4)五星级饭店必须具备舞厅、健身房、按摩室、桑拿浴室、游泳池、网球场、理发(美容)室及多功能康乐厅和一年内不少于一半时间可以使用的室外游泳池等。

第三节　现代康乐业现状与发展趋势

一、现代康乐业的现状

近几年来，随着人们生活水平的提高，消费观念的更新，我国康乐业经营有了较大的发展，并取得了一定的经验，但也暴露出了一些问题。

(一)康乐消费需求有较大的增加，但消费层次有待提高

我国的现代康乐经营是在改革开放以后开始兴起的。随着经济的发展，人们收入水平的提高，人们在衣、食、住、行等基本生活方面得到满足之后，对康乐消费的需求也在不断增加。特别是中青年人，他们的收入较高，消费观念新，把康乐作为基本生活的一部分。

由于我国康乐业经营处于起步阶段，对康乐场所的消费者缺乏引导，同时，从整体上看人们收入水平还不高，尤其是可用于康乐方面的支出有限，使得高档次、高规格的康乐项目经营受到限制。因为康乐消费者个人文化素质不高，对高层次具有文化内涵的康乐项目难以理解和接受，导致一些康乐项目在经营上格调低下，严重影响康乐业正常的经营和发展。

康乐消费，严格地说，是一种高雅的精神消费。它给人提供的主要是消除疲劳，放松神经，舒畅身心，恢复平衡，陶冶情操的一种高层次的精神享受。因此，康乐消费不仅要以一定的经济收入为基础，而且还要有一定的文化知识为底蕴，只有这样，人们才能真正从康乐消费中体验到现代康乐的功能，达到最佳理想消费的效果。

(二)康乐设施日益现代化，但存在着投入不足的现象

现代康乐业经营是以现代科技的设施和设备为基础的，如电脑蒸汽桑拿浴，电脑模拟高尔夫球场、保龄球等现代化的技术促进了康乐项目的发展。

1. 设备的现代化使原有的各种康乐项目日趋完善

科学技术完善了各种康乐设施的功能，填补了原有设备的不足之处。例如，歌舞厅中的音响设备，其效果从最初的单声道到立体声，后来又出现环绕立体声，让人们有身临其境的现

场感受；现代化的设备使歌舞厅的功能和内容在不断地扩展丰富，从单一歌舞厅到具有多功能的包括影视欣赏的 KTV 。

2. 现代科技和设备改进了原有的康乐项目

如电子游戏从手柄操作发展到模拟游戏机再发展到利用机器人参与的游戏。卡拉 OK 从按键操作到遥控，从录影带到影碟、从 DVD 到电脑储存，现在又加上电脑分析、判断功能，可以为演唱者打分。康乐业的各种服务项目随设备的现代化日益丰富起来，而且其趣味性和真实感也有明显的提高。

3. 设备的现代化可以使康乐业的项目更加新颖、独特

电脑蒸汽桑拿浴，集桑拿、蒸汽于一体；电脑模拟高尔夫球场，只需一个房间即可，一切场景由计算机控制。

随着设备的现代化，康乐的项目越来越多，康乐的内容越来越丰富，但当前我国康乐经营中普遍存在设施投入不足，难以与国际接轨的现象。具体表现在：

1. 设施配套不全、利用率低

一方面是饭店康乐往往只重视其中一项或某几项康乐活动，而又不形成规模和特色；另一方面项目之间不配套，这样难以在市场上形成竞争力，导致其设施不能有效充分地利用。

2. 对设施维修、保养投入不足

目前大多数的康乐设施技术先进，维护保养条件要求较高。如果在设备的运作过程中，缺乏正常的保养维修，就会直接影响康乐设施的正常工作。

3. 投入资金时不考虑设施性能

设施性能差，难以发挥最佳效果，对顾客缺乏吸引力，性能过高不合乎实际需要会造成浪费。

总之，在现实的康乐经营中，决策者在进行经营决策时，既考虑每一个项目的经营特色和规模，又要考虑充分发挥康乐项目的综合经营能力。

（三）康乐项目日益丰富，但项目选择配套不合理

骑马、赏花、赏蝶、划船、游泳、听音乐、从事书画创作等传统的休闲活动在现代设备设施和场地环境下依然是现代人闲暇生活的重要内容。随着康乐业的发展，康乐项目的开发不仅在康乐形式上，而且在内容上都开始结合本地区的特色，洋为中用，增加其吸引力。从高尔夫球场到普通的迪厅、卡拉 OK 厅、健身房、日光浴、蒸汽浴、水力按摩、药物按摩等洗浴中心、健身中心、戏水乐园等国际先进康乐项目或设施设备都已成为我国人民的现代康乐消费热点。

康乐项目的每一次创新往往都会带来新的客源市场。然而饭店康乐经营因豪华程度的不同，设施先进程度的不同，档次不同，在选择和配套上还存在许多不合理的方面。

1. 项目综合性布局不合理

客人康乐消费往往不是单一消费，如健身的顾客并不想带着一身臭汗离去，而游泳的顾客也不光只想泡在池子里不出来。一些设施简单的康乐场所之所以服务效果差，就是因为综合性服务项目开发不够。比如人们做完健身运动，出了一身汗，最基本的需要是洗个热水澡，而如果配套项目齐全，客人可顺便洗桑拿浴，再接受一次全身按摩；如果再能有个休息室小憩一会儿，或到小咖啡屋喝点饮料就更惬意了。游泳也同样如此，客人如果能游泳后洗桑拿、做美容、按摩或披着浴巾喝点饮料小坐一会儿，就会感觉很满足，而这一系列享受如果不能一气呵成就会使客人扫兴。然而，目前我国很多康乐项目不是缺少某一环节，就是各项服务的地

区相隔太远，让客人在康乐消费的过程中出现尴尬情景。这都是完美享受中的缺陷，若遇到对饭店康乐有消费品位的客人，往往会造成投诉甚至不再登门。此类问题其实是可以避免的，只要在设计项目时，从方便顾客的角度出发综合考虑到一些附设项目，就会使客人满意。

2. 环境布局不协调

环境布局与康乐功能不协调，往往会让顾客感到档次不够，服务质量太差造成顾客不满意，而其实解决这些问题并不困难。从顾客的需要出发来增设配套服务项目，从方便顾客出发来设计各服务区间的位置，缩短客人消费中的行走过程，合理摆放桌椅，有专人负责清理客人遗弃的杂物，随环境调整灯光亮度，只要想到了，客人会立刻感觉到不同。

总之，一切以最大程度方便客人为原则，在设计布局时考虑周全，是康乐业场所在开业前、营业中都必须重视的环节。

（四）饭店康乐发展迅速，但康乐经营管理服务水平较低

改革开放以来，我国康乐业经营随着经济的发展而逐渐兴旺起来。桑拿、按摩、美容美发、健身等饭店康乐的管理服务在西方已达到相当完善的程度，而在我国经营管理还没有步入正轨，主要表现在：

1. 经营管理人员缺乏康乐项目的专业知识

大多数康乐项目的服务、操作等的管理都具有较强的专业性，如果缺乏专业知识就难以使各项康乐活动经营走上正轨。但管理人员对康乐活动的特性缺乏了解，在营销方法与策略上缺乏创造性，致使这些对广大人民日常生活、强身健体非常有益，而且应该让广大人民群众正常享受的康乐设施设备没能发挥作用。

2. 观念落后

管理者的思想不开放，经营观念落后，使康乐经营难以达到现代的管理水平。

3. 康乐服务人员缺乏基本的技能和服务技巧的培训，难以保证服务质量

我国康乐经营，普遍存在着投资前期对市场调查不足，不了解顾客的消费需求的问题，导致经营决策具有盲目性，造成了康乐设施、服务方式千篇一律、服务项目不配套、服务质量不高。

（五）康乐经营开始面向大众，但大众对康乐在认识上还存有偏差

随着饭店康乐项目的增多，竞争越来越激烈，很多康乐场所和饭店康乐开始从国民收入实际出发，采取较低收费标准策略，为广大中、低收入者提供了享受现代康乐项目、感受现代设施设备带来的精神乐趣的机会和条件。这样，一些属于“贵族性”消费的项目也开始走向大众。如今天的保龄球如同前几年的台球一样成为普通工薪阶层、青少年学生较为时髦的康乐活动。

由于饭店康乐业的宣传不够，营销不得力，社会上大多数人对康乐业缺乏了解，许多人认为康乐是一种奢侈性消费，对一些康乐项目采取抵触情绪。同时，因康乐经营者经营水平不高，经营项目中存在一些低级趣味，使得康乐业经营中，部分康乐场所成为卖淫嫖娼等社会丑恶现象和其他不法活动繁衍的温床，给社会带来很多负面的影响，加剧了人们对康乐消费的偏见和误解。

为使我国康乐场所发展成为大众消费的健康场所，对康乐业的经营管理需要用法律来规范，使康乐业的管理逐步规范化、制度化、法制化。可以肯定，这些法规措施的出台将有利于

我国康乐行业健康持续快速发展。

二、现代康乐业的发展趋势

随着人们的物质和文化生活水平的提高，人们对康乐消费的要求也有了更高层次的追求。现代康乐业的发展大致将呈现以下几方面的趋势：

（一）饭店康乐既具有特色又要配套发展

随着信息时代的到来，人们生活水平的提高，生活节奏的不断加快，人们的工作、生活越来越趋向于多向型或综合型的高信息服务范畴。

1. 饭店康乐与周围环境的配套

现代的高星级饭店有“浓缩型社会”或“袖珍式社会”之称，服务项目比较齐全，饭店内客房、餐饮、康乐等能基本满足顾客的工作、生活和娱乐。然而饭店由于受到经营场地等各方面条件的限制，一些饭店的康乐项目单一，难以形成经营特色。不仅饭店业如此，一些大中型的购物商场也不失时机地开辟出楼层，将其装修、改造成餐厅、酒吧、舞厅、游乐场。一是可吸引顾客，二是可给顾客创造一种可集购物、休闲、康乐、就餐等多功能于一体的综合性休闲的空间。这类饭店就应尽量与周围环境和设施形成互补，形成自身的特色。如深圳海景酒店是三星级的商务酒店，酒店几乎没有自己的康乐设施，但充分发挥了与周围的保龄球馆、休闲保健中心、购物中心等配套的优势，收到了较好的效果。

2. 饭店康乐的内部完善与配套

对于有财力的饭店，在设计康乐经营活动项目时应充分考虑顾客的相关需要，一是康乐项目的相互配套，二是康乐项目与辅助项目的配套。一座大型的康乐城，如果没有餐厅、购物商场或其他服务项目的话，很难生存与发展。所以说，康乐业应成为综合性的能整体满足顾客需要的场所，只有配套完善，才能求得共同发展。

功能设计有误，必然造成经营困难。在饭店的设计中，各类设施的面积是有一定的比例配套要求的，这个比例越科学，越符合经营需要，在经营中每平方米的产出就越大。比如，客房的总面积一般占饭店总建筑面积的 50%，设备层及内部使用面积一般占建筑总面积的 10%，走道、大堂等公共面积一般占建筑总面积的 15%～20%。餐饮、娱乐以及其他经营面积一般占建筑总面积的 20%～25%。根据饭店类型的不同，如商务饭店、机场饭店、会议饭店、度假村饭店、公寓饭店、超豪华饭店，客房区、餐饮区、功能区、娱乐区、大堂、停车场的面积配比，都是有所区别的。

有特殊功能的饭店，在设计中各功能项目之间的配比更为重要。如某会议中心饭店，会议场馆的面积和客房面积不配比，会议场馆可以容纳 8000 人，但客房只有 200 多间，这种设计上的不合理，可能使这个会议饭店流失了大量的、当有大型会议召开时应该在客房部分赚取的利润。如果客房数量为 600 间，就会相对合理得多，不合理状态下的 400 间客房的利润自然地流入到附近的饭店，这些饭店并没有花费巨资投入会议设施，却由于会议中心饭店设计中的比例失调而轻易地得到了不花促销成本的客源。

（二）康乐项目内容更加丰富多彩

康乐内容的丰富多彩是饭店康乐吸引顾客增加营业收入的主要来源。由于现代科技的发展，现代声光设备、音响设备、健身设备、康乐设备正在走进人们的生活空间，新颖丰富的康乐项目不断涌现。康乐经营内容的丰富性主要表现在健身、休闲、康乐相结合的综合性发展，传统康乐项目、地方项目与现代项目相结合的多样性发展，主营与配套项目相结合的多功能性发展。

(三)参与和冒险性康乐活动增多

顾客的参与和冒险的意识或行为对康乐活动提出了更高的要求：

1. 康乐活动要有文化内涵

康乐活动是人们生活的一部分，每一项康乐活动都应有丰富的文化内涵，不仅要求有趣味性，而且能提高人们的情趣，增长人们的见识，以此来吸引顾客。

2. 康乐活动更能满足顾客需要

康乐活动无论从形式上还是内容上都更要符合客人的需要，让客人乐意接受。康乐活动不能迎合低级趣味，而要满足人们正常的高品位的需求，如亲身体验、热爱活动过程、寻求刺激等。

3. 康乐活动内容应丰富多样

康乐活动内容的多样性，增加了顾客参与的机会，使客人能在康乐活动中找到自己的快乐。

(四)康乐经营的环境、档次在逐渐提高

1. 从业人员素质在提高

一批受过专业训练，并且具有一定职业道德素质的经营管理和服务人员为提高我国康乐业经营的档次奠定了基础。管理的科学化，服务的标准化，使我国饭店康乐业朝着与国际水平接轨的方向发展。

2. 现代设备、设施更加科学完善

现代设备、设施及材料的使用使经营环境，尤其是卫生状况得到了很大的改善。高科技设备使康乐效果更逼真。

(五)由高消费向大众化消费发展

由于饭店康乐项目的增多，竞争更加激烈，很多康乐项目的基本价格也降到普通消费者能接受的程度。如桑拿浴，由过去基本费 80 元以上，下降到 8～15 元；保龄球，由每局 20～30 元下降到 5～10 元，甚至更低，已成为中学生继台球之后的又一康乐项目。饭店康乐的经营选择薄利多销，面向大众经营已成为发展趋势。

(六)经营项目向文化性、高品位发展

随着更多的时尚青年进入康乐消费市场，改变了原有康乐消费的单一主体。他们要求康乐活动不仅要有趣味性，而且要有知识性，对康乐、对康乐服务都有较高的要求。同时，由于人们文化观念的变化，应对节奏缓慢而不受消费者青睐的项目加以改进，使内涵加深、外延拓宽而适应人们自娱、自乐的康乐需求。

按营业税政策规定，兼有饮食、娱乐业的企业(饭店)，其饮食和娱乐收入必须分开核算、分别报税，并适用不同的税率(饮食收入按 5%，娱乐收入按 20%)。原则上，对不能分别核

算、分别报税的，必须从高税率计征税款。但是，对一些业主在实际操作中确实难以分别核算的，地税局重新做了如下规定：根据企业饮食、娱乐业主兼营的情况分别确定饮食、娱乐收入的比例进行核定营业额，即对以饮食业为主但同时设有专业歌舞厅（或夜总会）的，其娱乐业营业额外负担不能低于该饭店饮食娱乐、桑拿服务业总收入的15%；无专业歌舞厅（或夜总会）的，其娱乐业收入比例不能低于该饭店饮食、娱乐、桑拿服务等总收入的5%。对以娱乐业为主的，原则上按全额征收娱乐业税收，但如果兼营桑拿、西餐等饮食、服务业项目且难于准确分开核算的，则可由征收单位根据实际情况按比例划定其娱乐业收入，但娱乐业收入额不能低于其总收入的70%。

复习思考题

1. 饭店康乐对康乐消费者的作用是什么？
2. 不同星级的饭店对康乐设施设备的具体要求分别有哪些？
3. 我国康乐经营的未来发展趋势如何？

参考文献

1. 吴克祥. 现代娱乐业经营管理实物. 北京：中国旅游出版社，1998
2. 陈海娟. 娱乐业营销. 北京：企业管理出版社，2000
3. 刘哲. 当代康乐项目管理实务. 北京：经济管理出版社，1999
4. 林清波，吴俊伟，陈秀忠. 现代饭店康乐经营与管理. 广州：暨南大学出版社，1998
5. 周彬. 现代饭店康乐管理. 上海：上海人民出版社，2001
6. 董晓峰. 康乐部服务与管理. 大连：东北财经大学出版社，2000
7. 万光铃，曲壮杰. 康乐经营与管理. 沈阳：辽宁科学技术出版社，1996

第十章　饭店康乐项目管理

通过本章的学习，了解饭店各种康体项目的具体管理方法；掌握饭店常见的娱乐场所的类型和娱乐项目，娱乐场所营运管理的内容；了解保健休闲项目的服务流程。

第一节　康体项目管理

一、饭店康体项目的管理特征

饭店康体项目分为室内运动和室外运动。室内运动有：健身器械运动、室内球类运动（保龄球、壁球、乒乓球、羽毛球、台球等）、室内游泳运动等。饭店康体的室外运动主要有球类运动（高尔夫球、网球等）和室外游泳运动。管理要求如下：

第一、建立、健全安全管理制度，依法配备安全保护设施、人员，确保使用者安全。

第二、建立、健全服务规范，开展与康体设施功能、特点相适应的服务，并完善服务条件。

第三、对于专业性强、技术要求高的康体项目，应当符合国家规定的安全服务技术要求。必须在服务过程中多提示、提醒注意安全，努力防止意外事故发生。

第四、应当向顾客公示其服务内容和开放时间。

第五、体育设施的设计，应当符合实用、安全、科学、美观等要求，并采取无障碍措施，方便残疾人使用。

第六，体育设施的经营管理必须符合国家和地方的相关政策法规，如建设部、国家体育总局发布的行业标准《体育建筑设计规范》《公共文化体育设施条例》《中华人民共和国体育法》以及各地方的体育设施管理条例。

二、饭店室内康体项目管理

饭店室内康体项目能提供多元化的服务，包括有氧舞蹈、健身操及各种项目新颖的健康设施和学习指导，它不受天气和时间的影响，使顾客能随时享受运动的乐趣。齐全的设施，为做完健身运动的人们提供桑拿浴等服务，使人身心愉快，疲劳尽消。

（一）保龄球运动服务管理

保龄球运动是一项文明而高雅的室内运动，集娱乐、休闲、健身、训练和竞赛于一体。球道是用枫树或松树等硬质木料铺成的细长水平滑道，在球道终端置 10 个木瓶柱，摆成三角形，参加比赛的人在投掷线上轮流用球滚投撞击瓶柱。球场有自动记分装置和机械传送装置。保龄球球道由犯规线到 30 英尺左右涂有薄厚不均的油，球在油区中基本保持滚动状态，到了薄油或是无油区（临近球瓶处），球才会出现变向运动。知道了球道和球高的这个基本点，掷球时，只要按自己习惯调整走位和出手点就可以了。保龄球在中国的发展充分显示了现代人休闲观念上的一种变化：即人们正向体育文化性质的身心锻炼转向。

保龄球对人体的心、肺、四肢功能的健身功效是显而易见的。它拥有休闲娱乐的品位，不受天气影响，具有随时娱乐的特性，对喜爱健身运动的人有一种不可抗拒的魅力。

服务质量对于康乐项目经营来说是非常重要的。

1. 保龄球项目的服务程序

根据客人要求确定保龄球场馆营业时间，保龄球项目的服务程序具体如下：

（1）热情、礼貌地向客人打招呼，并询问客人有何要求。

（2）请客人出示住房卡或房间钥匙。

（3）请客人在登记本上签字。

（4）检查客人的住房登记，看房间号是否与客人姓名相符。

（5）问清是否有预订，向有预订的客人介绍保龄球场设施、租金、收费标准以及为客人提供的服务。

（6）对无预订的客人，如果场地已经占满，应礼貌地告知客人打保龄球需要提前预约，以免与其他客人在时间上发生冲突。

（7）如果客人需要陪打员或教练，则做出相应安排。

（8）弄清结算方式，并在保龄球登记本上记清开始和结束时间，然后由服务员带领客人去保龄球场。

（9）到结束时服务员应礼貌地征求客人意见，是否需延长使用场地的时间；如客人结束租用，最后检查有无遗失物品，客人是否归还租用球鞋和球等。

（10）向客人致谢，欢迎客人再次光临。

2. 保龄球室服务员职责

（1）服务人员要熟悉保龄球的打法和规则，掌握投掷方法、要领、规则及记分办法。

（2）备齐所需的运动鞋及其他客用品，引导客人换上专用的运动鞋，严禁客人穿皮鞋运动，以保护球道。

（3）保龄球是新型的休闲娱乐项目，传入中国时间并不长，大多数人对它还不太熟悉。因此，各球馆很有必要进行有关保龄球的咨询和科学的指导，帮助初学者掌握投掷保龄球的要领和记分办法,及时纠正违反球场规则和妨碍他人的行为,迅速排解客人纠纷。始终保持球场秩序井然,在整个服务过程中要做到耐心周到。提醒客人,不要取他人的用球。取球时要辨认自己的球号与颜色。球道两边若有人预备掷球时,应待两旁人掷出后进行。不要在球道上停留过久,球撞击到球瓶时应后退,打出全倒也不要大声喊叫。

(4)为客人记分,统计客人所打保龄球局数。

(5)在对客人服务过程中,要热情、礼貌、一视同仁;并注重在服务过程中积极向客人推荐饮品,满足客人需要,增加收入。

(6)保龄球场设急救药箱药品,配氧气袋和急救器材。如客人发生意外事故,应及时采取措施并向主管报告,确保客人安全。

(7)做好保龄球室、休息区、更衣室、淋浴室与卫生间的清洁卫生,定期检查、维修机器使设备处于最好的状态,延长机器寿命。

(8)保管好保龄球室的所有运动器具,以免造成不必要的损失。

(二)台球游戏服务管理

台球运动起源于欧洲,是贵族专享的娱乐活动。台球与高尔夫球、网球被认为是贵族球。直到现在,正式的台球赛中,选手们仍穿着西装、皮鞋,打着领结出场竞技,是唯一穿着西装比赛的球类运动。台球是一种脑力与体力相结合的室内球类运动项目。大多数饭店都设有台球场,成为人们消磨时间和交际的场所。

1. 台球服务员职责

(1)台球用具要每日擦拭,台面吸尘、台球保养及球杆的管理要严格。

(2)熟悉台球的历史,懂得各类台球的击打要领、规则、计分方法。

(3)根据客人人数、球台出租状况迅速安排球台。要准确记录客人姓名、房号(饭店宾客应登记房号)、台球桌号、运动时间。

(4)及时提供球竿、台球服务。对任何客人都要一视同仁、热情、耐心、周到。对有刁难或不友好的行为,要不卑不亢、彬彬有礼,不要与客人争辩,要及时向主管汇报。

(5)客人玩球过程中,为初学者提供讲解示范,示范动作要规范、标准,并及时提供其他需要的服务。掌握客人心理和陪练输赢分寸,以提高客人兴趣为原则。

(6)准确计时收费,做到账目清楚。

(7)积极向客人推荐饮品,满足客人消费需要。

(8)能区别不同接待对象,准确运用迎接、问候、操作、告别语言。

(9)常客和回头客能够称呼姓名或职衔,服务周到,态度和蔼。

(10)球场组织比赛,预先制定接待方案,球场秩序良好。

2. 台球的服务程序

(1)热情、礼貌地向客人打招呼,并询问客人有何要求。

(2)请客人出示会员卡或房间钥匙。

(3)请客人在登记本上签字。

(4)检查客人的住房登记,看房间号是否与客人姓名相符。

(5)问清是否有预订,向有预订的客人介绍台球场设施、租金、收费标准以及为客人提供的服务。

(6)对无预订的客人,如果场地已经占满,应礼貌地告知客人打台球需要提前预约,以免与其他客人在时间上发生冲突。

(7)如果客人需要陪打员或教练,则做出相应安排。

(8)弄清结算方式,并在台球登记本上记清开始和结束时间,然后由服务员带领客人去台球场。

(9)台球场设有急救药箱药品,配氧气袋和急救器材。客人不适或发生意外,能够及时采取急救措施。

(10)到结束时服务员应礼貌地征求客人意见,是否需延长使用场地的时间;如客人结束租用,最后检查有无遗失物品,客人是否归还租用球杆和球等。

(11)向客人致谢,欢迎客人再次光临。

(三)健身房管理

拥有专门健身器材的健身运动中心在我国的星级饭店中较为普及。健身房就是满足人们从事健身、健心和健智等一系列活动所必需的场所。健身房可以说是现代人类物质文明和精神文明高度发展的产物,也是人们精神文化生活水平提高的必然需求。健身房不仅能提供设备齐全、安全、隐秘性高的场所,而且能使人在汗水的释放中,舒畅身心,解除工作疲劳和精神压力。

1. 服务人员的素质要求

(1)熟练掌握健身房工作内容、工作秩序。

(2)熟悉各种健身器材的性能、作用和使用方法。

(3)健身房门口应设立客人须知、营业时间、价目表等标志标牌。

(4)每日营业前整理好健身房、休息区、更衣室、淋浴室与卫生间的清洁卫生。

(5)正式营业前准备好为客人服务的各种用品,整理好个人卫生,准备迎接客人。

(6)准确登记客人姓名、房号(饭店客人需登记房号)或健身俱乐部会员号码及到达时间。

(7)及时为客人提供更衣柜号码、钥匙、毛巾等用品。

(8)对不够熟悉器材的客人,能够详细讲解器材名称、基本性能、使用效果、使用方法,并为客人提供示范服务,指导和帮助客人进行健身活动。

(9)能够指导客人使用健身器材。客人使用健身器材时,保证随时提供服务。

(10)健身房必须配急救药箱、氧气袋和急救药品。客人有身体不适现象,及时照顾,采取有效措施。

2. 提醒健身者运动注意事项

(1)运动前要准备舒适且吸汗的运动服装、合脚的运动鞋、擦汗的毛巾和换洗衣物等。必须穿着运动服装及运动鞋入场。

(2)运动前 1 h 不要进食,以免产生腹痛、体力不支的现象。为保护肌肉,一定要先做准备运动,将肌肉纤维拉长,避免运动时受伤。

(3)运动时要视个人健康状况及体质对运动量进行调整,千万不要运动过度。

(4)运动后要休息 10 min 再进行洗浴,运动后 1 h 可进少量水,不要进食、喝酒。

(5)场内不得高声喧哗及随地吐痰、乱扔果皮纸屑,以保持场内清洁。

(6)禁止在场内吸烟,不得携带食物或饮料,以保持场内整洁卫生。

(7)使用各项器材后,请擦拭流下来的汗水。

(8)请随时准备将器材分享给其他的运动者使用。

(9)必须服从服务人员管理，避免因使用器材设备不当而发生意外。

三、饭店户外康体项目管理

户外运动项目成为人们消费的一种趋势，饭店为了适应这种变化总是在不断开发新的深受顾客欢迎的户外运动项目。下面仅对饭店常见的几种户外项目的管理进行介绍。

(一)网球场管理

网球是一项高级社交性质的休闲体育运动。对许多打网球的人来说，时髦的网球用具、和朋友们进行社会交往的机会以及轻松的网球场环境与这种运动本身同等重要。

网球，已经成为现代人的主要休闲活动之一。奔跑、挥拍、扭腰、跳跃，全身上下的肢体都得到了适当的活动；在球来球往之际，也能训练打球者的判断力和反应力。不论男女老少，都能轻松享受其中的乐趣。

网球运动的起源可以追溯到12～13世纪法国传教士在教堂回廊里用手掌击球的游戏。此后这种游戏逐步演变成用拍子击球，成为宫廷内供贵族们消遣的一种室内活动。到了14世纪中叶，这种活动从法国传入英国。16～17世纪是英法两国宫廷内网球运动的兴盛时期。网球的起源在法国，却在英国发达起来。1874年，网球成为一项大众化的球类运动。同年，英国军官韦恩费尔德少校出版了第一本草地网球规则，将网球由室内移到室外，改良成今日的模式，他也因此被尊称为"现代网球之父"。

网球场服务管理：

(1)熟悉网球运动规则，有一定运动水平，能够熟练提供陪练服务。

(2)场地照明充足，光线柔和，顶灯下设反射罩。

(3)网球场场地平整清洁，无废纸、杂物、垃圾。每日营业前整理好网球场、休息区、更衣室、淋浴室与卫生间的清洁卫生。

(4)将设备设施摆放整齐。

(5)正式营业前准备好为客人服务的各种用品，整理好个人卫生，准备迎接客人。

(6)客人前来打网球时，要向客人介绍球场设施、开放时间、服务项目并准确记录客人姓名、运动时间。

(7)及时提供更衣柜钥匙、毛巾等用品，帮助客人保管好衣物。

(8)客人要求租用或修理球拍，应及时、周到地提供服务。

(9)客人休息时应主动及时询问是否需要饮料、小吃，做好记录，并迅速提供服务。

(10)网球场设急救药箱药品，配氧气袋和急救器材。客人不适或发生意外时，能够及时采取急救措施。

(11)加强对网球场的各种器械设施的保养，对破损或不能正常使用的设施要及时报请工程部进行维修。

(二)游泳池管理

1. 游泳池服务管理

(1)游泳池是饭店或休闲场所不可缺少的一项健身运动设施，游泳也是客人喜爱的一项运动。一般饭店游泳池免费提供给本饭店的住客进行运动，一些饭店也向非住客开放。

(2)对有皮肤病、急性结膜炎、艾滋病等传染病患者,心脏病、癫痫病、精神病、酗酒者及过饥过饱者,应谢绝其进入游泳池。

(3)进入游泳池前应先淋浴。擦太阳油者必须淋浴后方可进入池内游泳。

(4)客人进入游泳池一般凭房间钥匙或饭店发的证件,由服务员带领客人到更衣室更衣。客人来到游泳池,要准确记录客人姓名、房号(饭店宾客应登记房号)、到达时间、更衣柜号码。客人的衣服用架托好挂在衣柜里,鞋袜放在柜下,贵重物品要客人自己保管好,需要加锁的要为客人锁好,钥匙由客人自己保管。

(5)发给客人"三巾",即浴巾、长巾、方巾,以方便客人游泳和游泳完后洗澡用。

(6)若客人未自带游泳衣裤,要卖给客人游泳衣裤,服务一定要周到细致。

(7)由于游泳池水深浅不一,游泳者中有大人、有小孩,有会游泳的、有不会游泳的。对此一定要注意。要勤在游泳池边观察,注意游泳者的动向,防止发生意外,保证客人的安全。对不会游泳者可给予技术指导。

(8)客人休息时需要饮料、小吃,主动及时询问其需求,做好记录,并迅速提供服务。

(9)客人离开游泳池时,要注意提醒客人带齐自己的东西,不要遗留在游泳池场地或更衣室。

2. 安全服务

(1)游泳池"客人须知"中应明确公告:"饮酒过量者谢绝入内"、"本池无救生员"。

(2)服务过程中发现客人中有饮酒过量者,婉言谢绝入内。

(3)服务人员须受过救生训练,注意水中客人情况,发现异常情况,及时采取有效措施。

(4)池边备有救生圈,配有 2 倍于池宽的长绳和长竿救生钩。

(5)对带小孩的客人,提醒其注意安全。

(6)整个服务过程中,保证无客人衣物丢失和溺水等安全责任事故发生。

第二节 娱乐项目的管理

一、饭店娱乐项目的营运管理

第一,娱乐场所的从业人员在营业时间内,应当统一着装并佩戴工作标志。

第二,娱乐场所提供的各种娱乐项目、服务项目等的收费标准,必须明码标价。

第三,歌舞娱乐场所聘请文艺表演团体或者个人从事营业性演出的,应当符合国家有关营业性演出的管理规定。

第四,歌舞娱乐场所不得接纳未成年人,歌舞娱乐场所须在明显位置设置"未成年人禁止入内"的标志。

第五,娱乐场所的营业时间不得早于早上 8 时,晚于凌晨 2 时,特殊情况经文化行政主管部门同意可以适当延长。

第六,娱乐场所内设置的包间、包厢应当在房门上安装高度适宜、面积不小于 0.2 m^2、能够展现室内整体环境的透明窗口，不得设置内锁和套间，不得设置可调节灯光。

第七，娱乐场所的边界噪声必须符合国家规定的标准。

第八，任何人不得在娱乐场所卖淫、嫖娼、赌博、吸毒；不得贩卖、传播淫秽书刊、影片、录像带、录音带、图片及其他淫秽物品；严禁从事淫秽、色情或者违背社会公德的活动和封建迷信活动，或者从事以营利为目的的陪侍。

第九，任何人不得在娱乐场所内打架斗殴、酗酒、滋事；不得调戏、侮辱妇女；不得进行扰乱娱乐场所正常经营秩序的活动。

第十，任何人不得非法携带枪支、弹药、管制刀具和爆炸性、易燃性、放射性、毒害性、腐蚀性物品进入娱乐场所。

二、娱乐项目演出的管理

（一）歌舞娱乐场所必须遵守的要求

(1)营业期间，经理、技术员、服务员、保安员均须佩戴工作标志。

(2)加强财务、票务管理，建立制票、售票、验票、回票的登记制度。

(3)严格执行《 食品卫生法 》和有关卫生标准。

(4)各种经营收费项目，必须明码标价。

(5)依法纳税。

（二）营业性歌舞娱乐场所聘用人员必须遵守的要求

(1)凡在营业性歌舞娱乐场所从事演奏的乐队和表演人员，必须经文化行政管理部门考核，办理演出证。

(2)专业艺术表演团体的演职员在营业性歌舞娱乐场所从事营业演出，须持所在单位开具的证明到演出地文化行政管理部门办理演出证。

(3)国外、境外演职员在营业性歌舞娱乐场所从事营业演出，须按文化部对外、对台文化交流的有关规定办理审批手续，并向所在省、自治区、直辖市文化厅(局)申领演出证。

（三）经营歌舞娱乐场所不得违反下列规定

(1)不得聘用未经文化行政管理部门审核发证的乐队和表演人员。

(2)售票数和入场人数不得超过核准登记的定额。

(3)不得接待 18 岁以下未成年人。

(4)不得用色情或变相色情的方式服务，或用此方式招徕、陪随顾客。

(5)不得举办核准登记项目之外的营业性活动。

(6)不准播唱未经文化行政管理部门批准的音像制品或曲目。

(7)不准播放或演奏(唱)内容反动、淫秽的曲目。禁止携带枪支、弹药、管制刀具、易燃、易爆、剧毒腐蚀、放射性等危险物品入场。

（四）营业性歌舞娱乐场所负责人的要求

营业性歌舞娱乐场所负责人必须经过岗位培训，经考核合格，并持有资格证书方可上岗。

考核标准和资格证书由各省、自治区、直辖市文化厅(局)统一制定、签发。

三、娱乐项目的服务管理

(一)舞厅服务

(1)舞厅经理、DJ 音响师、服务员和安全巡逻员有强烈的整体服务意识。

(2)服务过程中能够互相配合,密切合作。

(3)服务员视客人需要随时提供补充酒水饮料和小吃服务,手续完善,无漏账现象。

(4)DJ 音响师掌握好舞会节奏。

(5)各项服务无断档、脱节和互不协调等现象发生。

(6)客人来到门口,主动问好,询问人数,收取票据,引导客人进入舞厅。

(7)客人入座后 2 min 内服务员应提供桌面服务。

(8)及时递送饮料、小吃,摆放整齐。

(9)客人跳舞,安全巡视员加强巡视,维护舞厅纪律。

(10)谢绝饮酒过量者入内。

(11)客人发生矛盾时,主动调解;客人之间或服务员之间发生冲突,请双方迅速离场,在安静房间调解处理,并报告值班经理和有关部门。

(12)进入高潮时,注意控制客人情绪,始终保持舞会气氛高雅。

(13)杜绝不文明和安全岗位责任事故发生。

(二)领舞与伴舞

领舞和伴舞是歌舞厅经营不可缺少的岗位,领舞多在迪斯科舞厅,能带动全场客人跳舞,营造良好的舞厅气氛。伴舞,即“陪舞”,是指伴舞小姐作为客人舞伴陪客人跳舞。

(三)点歌服务

点歌服务的服务技巧性强,服务程序要求严格。点歌服务的优劣直接对整个娱乐厅的形象造成影响。点歌服务是卡拉 OK 娱乐场所的核心,点歌服务具体要求有如下几点:

(1)在客人入座安定之后,服务员应能够准确及时地递上点歌单、点歌纸与笔一齐送到客人面前,并退在一旁等待客人点歌;当客人点完歌招手后服务员应上前双手接过歌单,送至音控中心。

(2)点歌单传送应及时,并排好先后顺序。服务员接受了客人点歌后应注意按客人的先后顺序安排,并及时将点歌单交给音控中心,避免点歌曲目和顺序发生冲突,延误播放时间。

(3)在无客人点歌时要避免冷场。除播放歌曲外,服务员应礼貌地提醒客人点歌。服务人员对歌单上的歌曲应有一定的了解并对歌曲进行推销。

(4)服务员应当具备一定的音乐知识。在客人需要帮助的时候,能提供伴唱服务,来歌舞厅消费的客人不一定都有很好的音乐基础,当他想唱某首歌而又有困难时,应顾客要求,服务员提供伴唱服务是至关重要的。这能在很大程度上使客人感到满意,进而也显示了歌舞厅的服务水平,能在一定程度上吸引更多的消费客人。但要注意,一定要在顾客提出邀请之后。

(5)点歌服务要求服务员具有一定的应变能力,能活跃气氛,使客人积极性调动起来。不根据歌单点歌而是口头点出某歌名，服务员应立即判断出是否有此歌，大约在哪个唱片上，编号是多少，并迅速查找到歌曲为客人点歌。

(6)在一个客人演唱时，礼貌地站在一旁并保持厅内活跃的氛围，避免因秩序较乱而使演唱的客人感到尴尬，进而影响客人情绪。当客人唱到投入时或唱完一曲后，应给予赞美和鼓掌，提高客人再次演唱的兴趣。适时有礼的鼓励行为也可使顾客对歌舞厅形成一定好感。

(7)对于客人点唱的歌曲数或点歌记录要保存好，并与音响控制中心保持联系，以便核对和最终结账。

(8)服务员在点歌服务时不应急躁，不能催促客人或在客人未做决定时一直等在客人身边，而应该具有准确的判断力和一定的应变能力，能够在需要的时候协调气氛，推销出更多的歌曲。

第三节　保健项目管理

一、保健休闲场所的服务规定

第一，不得提供有偿陪侍、异性按摩(头部、足底按摩以及残联部门批准的盲人按摩除外)。

第二，不得张贴、悬挂或者设置格调低下、有悖社会道德的图片或者装饰物。

第三，沐浴、按摩场所不得设置完全封闭的包间；美容美发场所只能设置开放式隔断。

第四，从业人员统一着装或者佩戴统一的服务标志。

第五，洗浴业的营业时间不得超过凌晨 2 时。

第六，严禁洗浴和美容美发经营场所的经营者及其从业人员组织、强迫、引诱、容留、介绍他人卖淫；严禁提供色情服务；严禁开设赌场、赌局；严禁吸毒、贩毒和传播淫秽书刊、录音录像制品、图片等物品。

第七，洗浴和美容美发经营场所的经营者及其从业人员发现在洗浴和美容美发经营场所内从事卖淫、嫖娼、赌博、吸毒、贩毒和其他犯罪或者违反治安管理行为的，应当予以制止，并立即向公安机关报告。

二、洗浴流程与服务配套项目

(一)洗浴流程的服务流程

服务流程是根据各功能区域的布置情况和顾客、员工的作业流程来制定的，并可以保证服务与管理的完整、顺畅。员工与顾客的标准流程图如下。

1. 顾客通道

接待厅→更衣室→湿洗区(桑拿池浴)→干身区→搓澡→休息区→美发→按摩房。

2. 员工通道

员工通道→休息更衣室→办公室→接待厅→休息厅→按摩区休息室。

(二)服务区域的功能特点

1. 接待厅布局

洗浴中心的接待厅通常是装修的重点。接待厅要求主题鲜明,因为这里体现着康乐中心的整体形象。接待厅除了接待和结账用的柜台外,还应设置供客人小憩或等候的沙发。

2. 更衣室

更衣室的主要设备是衣柜,其数量应与设计标准即接待能力相适应。具体计算公式是:

衣柜数量=每天消费人数(设计容量) / 2(或 3)。

装修通常比较简单、比较高级的场所可以将更衣室分割成多个独立的小更衣室。

3. 洗浴区布局

洗浴区一般包括按摩池、蒸汽房、桑拿房、淋浴。洗浴区要求线条明快简洁,空间要高,光线要明亮,空气交换量要大。按摩池区一般要求设计有 3 种水池,即热池(40 ℃~45 ℃)、温池(25 ℃~30 ℃)、冷池(10 ℃~12 ℃),现在有些场所流行设药池即中药房池等。

4. 休息厅布局

休息厅所占面积一般是场地的 25%~30%。目前将休息室设计成具有视听功能的小区,通常应设有水吧,休息厅要求空间较高、气流通畅、光线柔和、环境安静、格调高雅,形成一个比较舒适的小憩区。

5. 按摩房布局

按摩房一般以暖色调配合调光灯,形成融洽、舒适的氛围。按摩房一般应与洗浴区相邻,不应间隔太远。按摩房可以是单间,也可以是一个多床位的按摩室,以满足不同顾客的需要。

6. 贵宾房

贵宾房是指配备独立的淋浴房、蒸汽桑拿房和按摩房所组成的单独房间。

贵宾房一般要求装修豪华气派、温暖舒适、富有特色、不落俗套。在设计中要尽可能将淋浴间、卫生间和蒸汽桑拿房隔开,以便于同时接待多位客人,有些贵宾房还设有 KTV 包厢(当然要注意做好隔音措施),以使客人得到更全面、更高档的享受。

(三)服务配套项目

洗浴的流程决定了各种设施布置的位置和先后次序。为满足客人的需要,桑拿浴经营需要为客人提供各种服务项目,每一个服务项目都要设计出相应的服务区域。

(1)更衣换鞋服务。为客人擦拭皮鞋,代客洗衣等。

(2)洗浴用品服务。为客人备齐一次性使用的洗发液、浴液、毛巾、内裤等。

(3)洗浴指导服务。提醒客人蒸浴标准时段,向客人介绍标准的、科学的蒸浴方法。

(4)搓澡服务。

(5)理疗药浴服务。

(6)推拿按摩服务。

(7)休息室服务。客人更衣后进入休息室,为客人提供饮料,送上报纸或播放音乐、电视。

(8)结账服务。

三、洗浴服务

(一)桑拿洗浴的注意事项

第一,在剧烈运动后,以及饥饿、太饱、太累时,血液量及循环状态不佳,会加重心脏的负荷,影响皮肤对温差的调节作用。

第二,由于排汗量会增加,为补充体内水分,在洗桑拿浴前应多喝水。

第三,洗完桑拿浴后,体重会减少 0.8～1.5 kg。在排汗的同时,也会排除油分,具有减肥功效。但事实上,所失的体重会很快恢复,只有常洗桑拿浴才会真正收到效果。

第四,患有高血压、心脏病、脑中风、肝肺功能不佳以及耳炎、皮肤病等患者,不宜洗桑拿浴。浴室门口明确公示"患心脏病、高血压、脑溢血等病的客人不得使用桑拿浴。

(二)桑拿洗浴接待服务

第一,每天提前 10～15 min 上班,换好工作服,整理好服务台卫生专用品。做好桑拿浴室、休息区、更衣室、淋浴室与卫生间的清洁卫生。

第二,正式营业前准备好为客人服务的各种用品,整理好个人卫生。

第三,客人进入桑拿浴室前,做好开启桑拿、调好温度和沙漏控时器等准备工作。

第四,登记客人的姓名、房间号、时间和要做的其他项目。

第五,向客人说明桑拿浴的费用标准,并按标准收费。

第六,递送毛巾及服务用品(一条浴巾、一条手巾)及更衣柜钥匙,准确分配浴室,对不熟悉环境的客人做出必要的介绍。

第七,客人享用桑拿浴期间,每 10 min 巡视一次,注意客人情况,满足客人的各项要求,如传电话、找人等。

第八,随时同服务台人员保持联系,有情况及时同服务台沟通。

第九,客人使用桑拿浴期间,发现就浴客人有不适感觉或意外情况,及时采取紧急救护措施,保证客人安全。

第十,注意保护客人衣物安全。

四、按摩服务

顾客可根据自己的要求选择按摩师,穿上专用的干净的按摩服或睡袍,在按摩室,放松身心,享受舒适的指压按摩。

(一)按摩人员的要求

(1)具有医疗保健和按摩服务专业技术知识,持证上岗。

(2)掌握人体各部位肌肉、穴位施术的一般手法,基本做到用力得当、选穴准确,能缓解一般的肌肉损伤等病状。

(3)能运用推、拿、按、摩、揉、搓、拔、理、点、抖、啄、击、叩、拍、颤等 15 种基本手法。

(4)能正确使用按摩器械、用品和工具。

(5)熟练掌握按摩室的工作内容、工作程序。正式营业前准备好为客人服务的各种用品。

(6)穿按摩室专用工作服上岗，颜色标志醒目。

(7)每日营业前整理好按摩室、休息区、更衣室、淋浴室与卫生间的清洁卫生。认真细致地检查按摩室设施、设备，保证按摩设施的卫生。

(8)当服务员带客人进入按摩室时，应主动向客人介绍按摩种类、特点，耐心、细致地帮助客人选择按摩项目。

(9)准确记录客人姓名、洗浴柜号、按摩项目、使用时间、指定按摩员。

(10)及时通知有关人员做好准备，使客人有方便感。

(11)服务热情、礼貌、大方，但又掌握分寸。

(12)具有通过"望"诊，判断宾客身体状况的一般能力；常客、回头客能够称呼姓名或职衔。

(13)服务操作规范，能够回答客人提出的有关问题。

(二)按摩服务的标准

(1)客人来到按摩室，主动问好，迎接、询问客人有无预约。

(2)开始按摩前 15 min，向客人提供整洁干净的专用按摩衣和消毒后的拖鞋。

(3)请客人更衣。

(4)询问客人是否需要做桑拿浴。

(5)按摩室能够提供全身和局部 5 种以上按摩服务项目。

(6)开始按摩前，热情、礼貌、耐心地询问客人需要按摩的项目、部位。

(7)在按摩过程中，每一个按摩项目均按操作程序和技术要求操作。

(8)按摩一般按钟计时，做到时间够，按摩部位、穴位准确，力度掌握适当。

(9)细致观察客人反应和面部表情。

(10)征求客人意见。

(11)向客人致谢并欢迎客人再次光临。

五、美容美发服务

(一)美容服务应注意事项

(1)注意清洁卫生，使用干净消过毒的毛巾，具备整齐的仪容等。

(2)美容中心不能有治疗行为，对有问题的皮肤应建议到医院皮肤科就诊。

(3)不使用不合格的营养品和保健品.

(4)不以虚假广告招徕顾客。

(5)要提供最基本的美容咨询、概况介绍、环境及服务程序、物品保管、收费说明等服务项目。

(二)美发师操作服务程序

1. 沟通

发型师要征求顾客意见，顾客要将自己想要的发型提出来与发型师沟通，并告诉发型师自己的职业、兴趣、生活方式等。专业发型师会判断顾客想要的发型与其个人职业、发质等各方面是否适合。若不适合，什么样的发型较好？为什么？美发后的效果如何？专业的发型师应跟顾客谈清楚，直到顾客满意为止。

2. 操作过程

发型师的技术纯熟与否，助手的配合度如何都应注意。好的发型师会细心整理顾客的头发，不会因为争取时间而用力地操作，扯伤脆弱的头发。

3. 药水调和

在烫发、染发、护发的程序中，药水好坏占了一半的因素。专业发型设计师应依个人发质，烫、护、染次数，头发的健康状况及鳞状表皮的张开度来决定调和的药水及烫、护、染的时间长短。

4. 发型整理

发型师会为顾客设计一个方便整理的发型，并告诉顾客回家后该如何自行整理和保养。倘若对发型不满意，可在一周内向原发型师提出，发型师会免费为顾客做补救措施或回复原来发型。

复习思考题

1. 饭店室内康体项目经管特点是什么？以保龄球项目为例来说明。
2. 饭店户外康体项目的管理和服务特点。
3. 娱乐项目的服务管理包括哪些内容？
4. 保健休闲场所应遵循哪些服务规定？

参考文献

1. 吴克祥. 现代娱乐业经营管理实物. 北京：中国旅游出版社，1998
2. 陈海娟. 娱乐业营销. 北京：企业管理出版社，2000
3. 刘哲. 当代康乐项目管理实务. 北京：经济管理出版社，1999
4. 林清波，吴俊伟，陈秀忠. 现代饭店康乐经营与管理. 广州：暨南大学出版社，1998
5. 周彬. 现代饭店康乐管理. 上海：上海人民出版社，2001
6. 董晓蜂. 康乐部服务与管理. 大连：东北财经大学出版社，2000
7. 万光铃，曲壮杰. 康乐经营与管理. 沈阳：辽宁科学技术出版社，1996

第三编　饭店综合职能管理

综合职能管理是为饭店的主营业务部门——房务部门、餐饮部门和康乐部门的经营管理活动服务的，具有涉及面广、内容庞杂、影响重大等特点，饭店综合职能管理水平的高低将直接影响主营业务部门的运营效率与效果以及饭店全局的经营管理活动。

本编主要内容

◎饭店安全管理

◎饭店服务质量管理

◎饭店营销管理

◎饭店宾客关系管理

第十一章　饭店安全管理

现代饭店是一个人员复杂集中、设备多样密集、流程细致协作的小社会，安全是饭店存在和发展的基础要素。没有安全的饭店，是不允许存在的或存在不久的；缺乏安全感的饭店，客人不敢来或来了不敢住，员工不安心，企业不持久。因此，强化和优化饭店安全管理，确保宾客、员工、饭店的实际安全和心理安全，是现代饭店管理的重要工作。本章在分解饭店安全的基本内涵基础上，着重介绍饭店安全的管理体系、饭店安全管理的运行策略。

第一节　饭店安全管理体系

饭店安全管理，是饭店营运的重要基础。充分认识饭店安全管理的重要价值和全面内容，明确饭店安全管理的科学流程，从而使饭店安全管理既有积极的动力，又有科学的思路。

一、饭店安全管理的重要性

安全，在《现代汉语词典》中解释为没有危险、不受威胁、不出事故等。从拆字法解释看，可以有“安定、安稳、安逸等”和“全部、保全”的含义叠加，可以表现为因“安”而“全”或因“全”而“安”，即因为安定、安稳而保全、全身心投入，或因为全部、全体没有危险而安定、安逸进而满意、愉悦。

饭店是为住店客人及社会公众提供以住宿、餐饮为核心的多种服务的场所。现代饭店人群集中、人员复杂、资金密集、设备多样、流程细致、强调协作等，各种人、财、物要素结合在一起共同保障宾客、员工、饭店的满意。其中，安全是饭店存在和发展的基础要素。没有安全的饭店，是不允许存在的或存在不久的；缺乏安全感的饭店，客人不敢来或来了不敢住，员工不安心，企业不持久。因此，实施饭店安全管理，保障饭店安全运行，是现代饭店管理的重要工作。

具体而言,饭店安全管理的重要性尤其表现在如下几个方面:

(一)饭店安全管理是存在和发展的重要前提

安全工作是关系企业发展的重要环节,而饭店的安全管理工作是饭店经营、服务、效益的基本前提和重要保障,亦是整个饭店综合管理水平的重要指标。一方面,安全是国家有关部门管理的基本底限,没有达到相关安全标准,国家不允许饭店开业;饭店存在着安全隐患,国家要求饭店停业整改。另一方面,通过安全管理,饭店可以消除存在的各种隐患和风险,最大程度地预防和避免意外事故的发生;通过对物的不安全状态的监控,保证设备的正常运转,减少污染与损坏等,为饭店提高销售业绩和改善顾客服务水平保驾护航;通过制定相应的管理措施和培训教育,使饭店具备意外事件的应急能力,降低和避免饭店的意外损失。

(二)饭店安全管理是提高宾客满意度获取良好效益的根本保证

安全是人类的一个最基本的需求。随着生产水平和生活质量的提高,人类对安全的需要逐渐凸现出来,安全意识逐渐强烈,安全需求层次逐步提高。我们发现,当今世界,人类对安全的渴求从来没有像今天这么强烈,安全已经逐渐成为影响经济发展的突出因素。

饭店宾客如同其他任何人类一样,具有免遭人身伤害和财产损失,要求自身权利和正当需求受到保护和尊重的安全需求。特别是当宾客来自他乡,身处异地,他们对自己的生命安全、财产安全和心理安全的关注与敏感,其期望程度比平时更甚。饭店不安全或缺乏安全感,客人则不敢来或来了也不敢住,更别说休息、娱乐、享受等,即使宾客住下来,饭店也将面临投诉、索赔甚至承担法律责任。没有宾客和没有宾客的满意,就不可能有良好的经济效益与社会效益。因此,从经营的角度而言,加强饭店按区管理,为宾客提供安全的环境以满足客人对安全的期望,是饭店正常运营、宾客满意和认同、获得效益的根本保证。

(三)饭店安全管理是饭店稳定员工培育核心竞争力的有效保障

饭店安全管理不仅是对客人安全的管理,还对员工安全和饭店运营安全的管理。一方面,在饭店安全管理过程中,关注员工的身体健康与心理健康,避免工伤事故,形成和谐文化,有效地稳定饭店员工队伍,进而开发人力资源,积累人力资本;另一方面,通过各种防范措施与保护措施,实现饭店财产安全、设施设备运行安全及整个饭店营运安全;在此基础上,优化饭店工作流程与工艺流程,优化人事匹配,培育和提升饭店核心竞争力。因此,千万不能视饭店安全管理是依附于服务而生、不直接产生利润、属于非生产性部门等而轻视之。

二、饭店安全管理的内容体系

(一)饭店安全管理的内容体系

饭店安全是在饭店所控制的范围内,前来饭店消费的宾客、饭店财产以及饭店员工没有危险、没有威胁、没有事故。饭店安全所保护的对象是在饭店所控制范围内的所有人员及所有财产,因此,饭店安全管理在内容上就是一个复杂的系统。我们可以从多个侧面来分解饭店安全管理内容系统(表 11-1)。

表 11-1 饭店安全管理的内容体系

内容子系统	子系统内容
标准	国家标准、行业标准、饭店自身标准
对象	饭店宾客、饭店员工、饭店自身及饭店周边
内涵	人身安全、财产安全、信息安全、秩序安全、心理安全
状态	现实安全、潜在安全
职能	饭店安全计划管理、饭店安全组织管理、饭店安全指挥管理、饭店安全协调管理、饭店安全控制管理
措施	硬件上配备必要的安全设施并保持良好状态；软件上建立完备制度，加强安全教育与培训，发动全员参与

(二)饭店安全管理的特点

基于饭店安全管理内容系统的分解，我们可以看到，饭店安全管理具有如下特点：

1. 广泛性与全员性

饭店安全管理涉及范围几乎包括饭店的各个部门和每项工作，所以其管理内容极为广泛而复杂。既要保障宾客安全，又要保障员工及饭店的安全；既要保障人身安全，又保证财物安全，还要兼顾心理安全形成安全感。因此，饭店安全管理首先要求饭店各个部门、每个岗位及每个员工都要参与，都要重视；同时，还要求来店宾客自身有较强的安全意识，积极配合饭店的安全管理。饭店安全管理的广泛性使其具有全员性，必须强调群防群治，让每个员工都树立本职工作与饭店整体安全有关的观念，才能真正把安全工作落到实处；让每位宾客感受或参与安全管理，更能形成良好的安全感。

2. 政策性与服务性

饭店安全管理的重要性决定了其很强的政策性和标准性，不仅要严格执行国家的相关法律法规，更要基于饭店自身的实际而制定和执行严格的企业标准。但是，饭店首先是服务宾客，不是紧急情况则一般不能影响宾客消费饭店产品、享受饭店服务，应当处理好饭店安全管理的政策性与服务性之间的关系，应该明确严格执行安全政策、标准最终是为了更好地服务宾客。在开展安全保卫工作过程中贯穿服务的思想，在安全管理各个环节体现出服务为本的宗旨。

3. 系统性与应急性

饭店安全管理内容多、范围广、难度大，必须纳入饭店管理的整体系统进行周密安排，全面布置，强化安全意识、加强技能培训、立足预防为主。饭店应当在硬件上配备必要的安全设施，包括消防设施、防火通道、隔火装置、烟感装置、监控装置、报警系统等，并保持良好状态；在软件上建立完备制度，加强安全教育，发动全员参与，时时处处留心，把隐患和苗头消除在发生之前。同时，由于饭店安全管理内容多、范围广，有些因素也是饭店自身难以控制的，如恐怖行动、社会疫情、自然灾害等。饭店必须建立危机管理机制，在事故发生前要有多种应急预案，在事故发生后要有及时科学合理的应对措施，以有效应对事故和危机。

三、饭店安全管理的流程体系

饭店安全管理是一项系统工程，必须建立合理的管理流程和科学的制度规范，方能保证饭店安全管理的有序运行，实现饭店的安全保障。饭店安全管理的流程体系分解如下：

(一)设置饭店安全管理机构

饭店安全管理必须有饭店领导的高度重视与大力支持。俗话说"火车跑得快，全靠车头带”。饭店安全也不例外，安全好不好，关键在领导。在饭店董事会和总经理的高度重视下，设立专门的安全管理机构，以对饭店安全管理工作负责。饭店可根据自身的规模、经营服务内容及国家有关标准要求（特别是星级饭店的标准要求）等设置符合实际的饭店安全管理机构，通常的机构设置如下图（图 11-1）：

1. 饭店安全委员会

它是饭店安全管理工作的领导机构和群众性组织，它在总经理的领导下，由各部门选派一名管理人员（部门经理或副经理）组成。安全委员会对饭店的安全负有全面责任，其工作重点包括：制定饭店安全奖惩条例、检查饭店安全状况、提出安全管理意见和建议，指导和监督保安部开展日常工作，对员工进行安全教育和法制教育；根据饭店财力与现代科技的发展，提出饭店安全设施的配置建议。

2. 保安部

保安部是饭店安全管理的常设机构，饭店规模小时常由办公室兼行其职责。其主要任务是贯彻落实国家有关安全政策法令和饭店安全委员会制订的条例、决定及意见建议，预防各类不安全因素的侵害，处理各类突发事件，收集并定期向安全委员会及总经理汇报相关信息，确保饭店、宾客、员工全面安全。

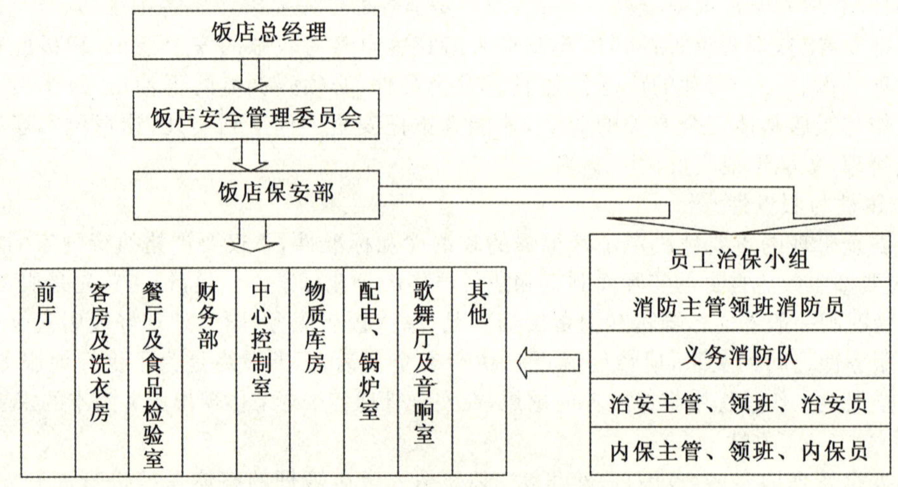

图 11-1 饭店安全管理机构设置示意图

3. 执行部门

由饭店各个部门及员工的纵向执行层与保安部分设的各类安全管理员形成的横向执行层组成，其主要任务是具体实施饭店安全日常管理，执行有关饭店安全管理的规章制度，保障饭店安全运行，收集和反馈饭店安全信息、意见和建议。

（二）制订饭店安全管理规章制度

尽管饭店安全管理的有关内容贯穿于各部门的各项工作，但为突出安全管理的重要性，各项安全管理制度仍应自成体系，而不能“融化”于各部门的其他工作制度中。在拟定各项饭店安全管理制度时，必须考虑国家有关法律法规及饭店所在地的地方性法规、饭店宾客的心理需求、饭店的现状与基础条件、各部门岗位职责和任务、相关犯罪走势和犯罪手段等要素；同时，以简洁、具体、明确的文字表述，以饭店文件的形式权威化。

一般的，饭店安全管理制度应从饭店安全管理的总体方案、各种防范措施及各项安全制度、规定等来构建。常用的安全管理制度包括：员工安全守则、安全奖惩制度、安全检查制度、安全会议制度、安全宣传教育与培训制度、防火管理制度、安全用电制度、安全档案管理制度、设备管理制度、员工持证上岗制度等等；同时，饭店各部门、各岗位还应根据部门和岗位特点，拟定部门或岗位安全责任制，保安部负责审定各部门和岗位拟定的岗位安全制度、规定，包括门卫制度、巡逻制度、钥匙管理制度、消防安全管理制度、访客登记制度、住宿验证登记制度、交接班制度、安全隐患报告制度、财务保管制度、电器设备安装制度等。

（三）保证安全设施投入，执行安全管理制度

一方面，饭店必须保证在安全方面的投入，如设施设备的老化、灭火器材、消防联动设备的维护保养等，如果“欠账”则会不断产生和增加新的隐患，形成“旧债”未还又欠“新账”的恶性循环。

另一方面，饭店要抓好安全管理制度的贯彻落实。一是建立安全责任制。本着“谁主管、谁负责，谁当班、谁负责”的原则，将安全责任分解到各部门、各班组、各岗位、各员工，实行“定人、定岗、定责”，各项制度在各级岗位的贯彻执行。二是强化日常安全检查。保安部和安全委员会通过常规检查和随机抽查、一般检查和重点检查及专项检查、部门自查和交叉检查等多种方式，形成详细的文字检查记录，建立安全检查档案，以提高安全管理工作效率，并以此作为评比部门工作的重要依据。发现问题，及时填写饭店安全整改通知书（表 11-2），并在第一时间内下发到责任部门，限期整改。三是抓好安全事故的管理工作，坚持“四不放过”原则，即事故原因不清不放过、事故责任人未受到处理不放过、员工未受到教育不放过、整改措施未落实不放过。四是饭店安全管理制度的落实和安全状况同奖罚制度有机结合起来，以充分调动有关部门和人员的积极性。

表 11-2　饭店安全隐患整改通知书

<table>
<tr><td colspan="2">________部：
　　我部________同志于________年________月________日________分检查发现你部存在如下安全隐患必须迅速整改，限于________年________月________日整改完毕，并将整改情况及时通知我部。
保安部（盖章）
年　　月　　日</td></tr>
<tr><td>隐患情况和应采取措施</td><td></td></tr>
<tr><td>整改结果</td><td>责任人：
年　　月　　日</td></tr>
<tr><td>复查记录</td><td>复查人：
年　　月　　日</td></tr>
</table>

（四）开展广泛的安全教育培训

开展好安全教育培训工作，是增强员工的责任感，提高员工的安全意识和预防事故、处理事故的能力，确保安全经营的有效措施。饭店保安部和人力资源部要精诚合作，从专业化的角度实施饭店内安全和法制教育、培训及安全素质考核，强化员工“安全第一”的观念，培育人人关心安全的氛围。

安全教育培训要分类进行，对新入职的员工，重点是介绍饭店安全管理的重要性及消防、治安等基本安全责任和防范措施；对老员工，重点是时刻提醒其强化安全意识，任何时候不能

有任何懈怠心理和侥幸心理;对宾客,要重点告知如何强化自我保护能力,免遭意外伤害。

安全教育培训要注重方式方法的针对性与有效性,要根据不同的时期或不同的教育对象采用不同的教育形式,如领导或专业人员讲授,组织消防运动会、安全知识竞赛、模拟消防演习等安全方面的活动,利用板报、宣传标语等宣传安全方面的知识、好人好事、先进经验等。

(五)维护饭店治安秩序,协助公安机关查处有关事故

饭店内部治安管理工作包括对宾客入住登记实行监督、对重点可疑人员进行控防、对轻微违法员工进行教育、对危险物品进行管理和对酒吧、舞厅、商场、游乐场所、出租场所等易引发治安纠纷的区域进行重点管理等。保安部在维护饭店经营秩序和治安秩序时,要主动取得治安部门的指导下,获得公安机关的支持。保安部应承担起公安部门的"协助员"角色,主动向当地公安机关汇报工作,反映情况和问题,请求支持和帮助。在此基础上,建立治安联防制度,为饭店安全提供良好的外部条件。

表 11-3　饭店危机管理机制

阶段	机制	措施
危机防范	设置危机管理机构	从组织上明确饭店危机管理的部门、人员及其责任、义务和基本工作内容
	强化危机意识	通过饭店内外多种媒体宣传安全的重要性,通报有关安全情况,形成全员的危机意识,并把危机意识转化为日常工作中的自觉行动
	建立危机预警机制	从多种途径收集相关信息,包括了解国家经济政策以及旅游行业政策的变化、征求重点宾客的意见和建议、定期或不定期进行自我诊断以找出薄弱环节、关注分析竞争对手的经营策略、借助暗访了解饭店质量现状
	设立警戒指标	设立宾客流动率、住房率、餐饮营业额、企业见报率、员工流动率、宾客投诉率、宾客满意程度等警戒指标,一旦达到,就应对这一问题进行专项整改
	拟定危机应变计划	针对饭店易发危机,如住店宾客丢失钱财、发生火灾、诈骗犯罪、打架斗殴、抢劫凶杀、食物中毒、突然死亡、自然灾害、非法经营、恐怖威胁等制定危机应变计划,明确危机出现后饭店各部门、各级人员的职责分工、工作程序、相关对策等基本内容
	进行危机模拟训练	以模拟训练提高危机处理的快速反应能力、强化危机管理意识、检测危机应变计划的可行性
危机处理阶段	做好危机隔离	明确危机涉及的范围和处理危机的基本成员,确保危机范围之外的部门和岗位正常运转,快速启动
	危机应变计划	根据危机应变计划的指导,针对饭店员工、宾客、新闻媒介、主管部门启动不同的对策,以协调各方关系
	确立"发言人"	选择思维敏捷、口才好、熟悉饭店情况的中高层领导作为发言人;及时准备相关书面材料,以恰当方式和统一口径公布事实,引导舆论的走向,维护饭店形象
危机总结阶段	调查事态全貌	调查的内容包括危机的种类、引发危机的原因、危机发生的地点、时间、危机涉及的相关人员、危机的影响和后果、本次危机处理对策等
	评价处理过程	包括对预警系统的组织和工作内容、危机应变计划、危机决策和处理等各方面的评价,要详尽地列出危机管理工作中存在的各种问题,要分析危机应变计划的合理性和针对性等
	提出整改措施	对危机涉及的各种问题综合归类,分别提出整改措施、责成有关部门逐项落实;相关资料形成档案,以备后续检查

（六）建立与优化饭店危机管理机制

饭店安全管理头绪多，内容杂，有些因素饭店自身也难以控制。因此，即使有良好的饭店安全管理，也难保饭店没有安全问题。饭店必须强化危机意识，建立和优化危机管理机制（表11-3）。在事故发生前要有预案有准备，在事故发生时能应对少损失，事故结束后快总结多积淀。

第二节　饭店安全管理策略

重视饭店安全管理，把握其广泛的内容体系，遵循其管理流程，这是做好饭店安全管理的基础保障。饭店还应积极探索安全管理的新思路、新举措，特别是在紧急情况发生时冷静科学地处理，形成饭店安全管理的策略、技巧和艺术，从而既提高安全管理工作效率，又促进饭店对客服务的优化。

一、把安全作为饭店吸引要素来培育

关于饭店安全管理，我们可以看到三个层次的观念变化：最低层次是把安全管理工作当做饭店经营管理的一项辅助性工作，在安全管理各项工作运行上被动、滞后；中间层次是树立“安全无小事、安全无侥幸、安全无万一”的防范意识，突出“以宾客安全为主”的基本理念，把宾客安全放在首位，尊重宾客的利益和宾客的隐私，保护宾客财产及各项权益；最高层次是把安全作为饭店的吸引要素、经营要素，在安全认识与安全管理上培育特色、形成品牌。

当前，我国还有少数饭店停留在最低层次，安全管理被动、滞后，还有这样那样的安全隐患，显然这会逐渐为宾客所抛弃，饭店亦会在“不重视安全——饭店存在安全隐患——宾客安全感不够——饭店接待越来越少——没有足够的资金投入安全设施与安全管理——安全隐患得不到解除或增加”的恶性循环中。

大多数饭店的安全管理正在从第一层次向第二层次过渡与转换，逐步重视饭店安全管理，增大饭店安全的硬件投入和软件建设，使宾客获得越来越好的安全感，从而获得更好的饭店产品与服务的体验与享受。这是一个良好的发展态势，无论是饭店自身还是政府、社会、宾客等，都应当积极鼓励和推进这种趋势的进一步发展。在走向第二层次的过程中，我们也看到饭店内安全管理的“宾客优先”与“员工优先”的争论，“员工安全”与“饭店发展”的矛盾，“安全需要”与“饭店实力”的差距等等问题，我们有理由相信，随着饭店的进一步发展，这些发展中的问题一定会逐步得到有效的解决，一定会走向“安全管理”与“饭店发展”良性互动的新局面。

值得特别注意的是，我们还应当努力把饭店安全管理推向第三层次（最高层次），即使饭店安全成为饭店吸引因素、品牌因素。因为随着安全观念和自我保护意识的强化，现代饭店宾客在对餐饮的卫生、住宿的干净、交通的安全等基本旅游要素安全基础上，提出了更多更新

的要求，如对饮食的营养要求、对住宿的舒适要求、对娱乐的健康要求等。如果我们能先于竞争对手一步，开发设计出相应的满足宾客新安全需求的产品和服务，那就是特色、优势和品牌。

现代饭店安全管理要变事后弥补为事前防范、变被动为主动、变守势为攻势，应当着力研究宾客安全需求的新变化和安全内涵的新拓展，将保健理念、休闲理念、文化理念等等融入饭店安全管理之中；借助现代科技新成果，开发设计新的产品和服务，改造更新饭店传统安全配置，提升饭店产品的安全质量和饭店安全的层次。如针对老弱病残宾客的电话求救服务，在饭店总机所控制的范围内，若话机被搁、没有拨号，可知宾客需要求救；若电话线短路，则会自动发出报警信号。又如饭店常用的门锁系统是磁卡门锁，采用指纹或视网膜以鉴定宾客身份等。再如根据安全环境、宾客需求与国际惯例接轨，淘汰“访客必须在晚上十一点离开”之规定。这样，现代饭店的安全管理就有了更好的效果，宾客就有了更好的安全感，饭店安全管理就不仅是饭店正常营运的基础保障，更是饭店发展壮大的动力与引力。

二、在安全管理中凸现人性化服务

安全管理具有明显的“刚性”、“硬性”，有时甚至还显得有点“冷酷”、“无情”，这是安全管理自身的内容和安全管理的要求所决定的。所谓“水火不留情”、“质量责任重于泰山”，均表明安全管理的严格、准确、标准、不合格就不能营运等等；隐患出现时，事故发生后，管理者、执法者越严厉越好，越快越好，不能讲情面，不准讲情面。

另一方面，饭店是以服务为核心产品的，同样的设施设备，服务的内容与水平不同，宾客的认同与饭店的效益就会大不一样。服务是饭店的存在发展之本，如何针对宾客的需求和心理，提供个性化、温情化的服务，使饭店真正成为宾客之家，是饭店营运的永恒话题和持久追求。因此，饭店的各项工作都必须“围绕服务”、“帮助服务”来开展，饭店的安全管理也一样。这就出现了安全管理的“刚性”与饭店服务的“柔性”的矛盾，既不能因为服务需要而不顾安全管理，也不能因为安全管理而影响服务提供。饭店安全管理与饭店服务营运必须强力协调，有机配合，实现“在人性化服务中保证安全”和“在安全管理中凸现人性化服务”的有机统一。

在饭店安全管理中凸现人性化服务，需要注意如下三个方面：

其一，以良好的安全配备与安全管理为饭店对客服务提供坚强的后盾。在硬件上，充分考虑饭店的各种安全因素，配置合理的安全设施设备，保证饭店对客服务流程的安全、顺利、有效；在软件上，不是从安全管理方便性出发而是以宾客消费的便捷性为出发点来拟定饭店安全管理制度，饭店以人性化的安全管理制度和优良的安全管理作风及温情化的安全管理氛围，为饭店服务增色添彩。如变“禁止吸烟”为“请勿吸烟”、“吸烟有害健康”。

其二，提高饭店安全管理的人性化含量。对饭店员工特别是安全管理员工进行人文关怀和人性教育，提高员工协调安全管理刚性与饭店服务柔性的能力。如遵循外松内紧的工作原则，在思想上保持高度警惕，加强责任心，防范各种安全隐患；在形式上应适应环境，表现自然，如果发生事故，则要及时做好隔离，只在局部范围内解决，对客人保密等。

其三，在对客服务中，安全管理首先遵循“宾客第一”原则，凸现人性化、柔性化。如安全管理员工仪表仪容符合规定要求，服务态度友善，语言谈吐礼貌，行为举止得体；不在客人面前议论安全问题，不因一般事故而惊慌失措；在处理与客人相关的安全问题时，既要按政策、原则、制度办事，又要文明执勤、助人为乐。这样，既让宾客感到安全，又让宾客感到受尊重。

三、全面把握不安全因素，重点部位随时应急

（一）明确饭店各方面的不安全因素

现代饭店是一个复杂的大系统，饭店工作总会存在不安全的因素（表 11-4）。明确饭店自身存在的不安全因素，心中有数，平时做好准备和准备好应急预案，饭店的安全管理就会有序有效得多。

表 11-4　饭店不安全因素

分类	表现
饭店内部存在的不安全因素	(1)饭店内机器、设备、水、电、热力、煤气（或液化气）系统由于管理不严、维修不及时或操作方法不当而发生跑水、跑气或造成火灾事故。 (2)建筑物的维护保养搞得较差而发生建筑工程方面的事故，如天花板掉落，游台、阳台、观赏台等安装不牢固造成倒塌事故。 (3)住店宾客的现金、财物发生失窃事件。 (4)因设施不良，如地板太滑、楼梯不整、照明不良造成跌伤事故。 (5)饭店内财务、商品等部门因管理不善、缺少安全防范措施、值班员擅离职守或睡大觉而发生现金、财物失窃的事件。 (6)饭店内职工发生的偷盗、赌博等犯罪活动。 (7)饮食部门没有很好地执行卫生工作操作程序而发生食物中毒等事故。 (8)饭店服务人员身患传染病而使宾客和其他工作人员的健康受到威胁和危害。 (9)工作人员违章在室内明火作业或工作完毕后清理工作现场不彻底而导致火灾事故的发生。
住店宾客自身存在的不安全因素	(1)客人将各种易燃易爆、剧毒、放射性等危险物品带进客房，造成火灾等各种事故和隐患。 (2)客人违反饭店规定，在客房内使用各种电热设备而发生火灾或烫坏、烧坏客房内家具、地毯等设备。 (3)客人醉酒后摔倒在大厅、楼梯或公共厕所内的地面上，造成摔伤事故。 (4)客人在客房内因一些主客观原因而寻机自杀，客人发病突然死亡，极个别客人肆意滋事或客人白吃白住后潜逃。 (5)乔装的不法分子混进饭店客房内偷盗宾客财物。 (6)客人中不法分子利用饭店进行吸毒、赌博、卖淫嫖娼等违法犯罪活动。

（二）做好安全重点部位的应急准备

在内容多、范围广的饭店安全管理中，既要明确各方面的内容，更要寻找管理重点，要特别重视要害部位的不安全因素，贯彻“抓重点，保一般”的原则。所谓要害部位是指饭店容易发生火灾、盗窃等事故的命脉性部位，这些部位一旦遭到破坏会使饭店受到严重的损失和极大的危害。确定饭店内要害部位的原则是：容易发生火灾的部位、发生火灾后影响全局工作的部位、物质财富集中的部位和人员集中活动的部位。

一般来说，在空间上，饭店安全管理的重点包括饭店与宾客第一接触点，包括前台、客房（尤其是 VIP 客房）、餐厅、娱乐场所、商场；各类监控中心，如安全保卫部及其所属的消防中

心、闭路电视监控中心等；财务及信息中心，如总出纳室、宾客行李房、保险柜库房、机要档案室、总经理室、电脑房及数据库等；一些基础设施类的要害部位，如总配电间、总水泵房、电话总机房、电视播发中心、客房钥匙管理中心、棉织用品库、通风采暖中心、汽车库及油库、液化气站、建材库等。在时间上，饭店应加强夜间、节假日、交接班等时段的控制和管理。

四、把握紧急情况的应对程序，提升饭店安全管理的艺术

（一）客人违法的处理

客人违法一般是指宾客在入住饭店期间内犯有流氓、斗殴、凶杀、抢劫、嫖娼、强奸、盗窃、赌博、诈骗、走私等违反我国法律的行为及其他刑事案件。出现客人违法或客人受伤害时，饭店安全管理应遵循如下基本程序，并注意下列相关处理技巧：

1. 报告

员工发现案件后，应在 5 min 内向保安部报案，保安部接报后迅速赶赴发案现场，查明情况，保护现场，并立即向店领导或直接向公安部门报案。对涉外案件，还要及时通知外国驻华领事馆或大使馆。

2. 初步调查

保安部值班人员或经理在接到案件报告后，应立即了解情况，展开调查，包括案件发生时间、地点和经过，当事人的姓名、性别、年龄、身份、入住时间、从哪里来等。保安部人员在找客人了解情况时，一定要慎重，要根据客人身份采取恰当方式。

3. 保护现场

值班经理接到报告以后，要立即派保安主管和警卫人员或亲自到现场了解情况，保护和维持现场秩序。对于客人之间一般的吵骂等不良行为，保安部要及时进行调解。对于违法行为，保安部要对当事人进行监控，等待公安人员的到达，但保安部人员不能对违法行为人进行关押。

4. 移交公安机关

待公安人员达到后，饭店保安部和报案人应积极协助公安机关开展工作，并将有关情况及时移交公安机关人员。随后配合公安机关侦察破案。

5. 做好公共关系工作

饭店保安部应及时通知公关部，通报事态进展，做好公共关系协调、沟通，维护饭店声誉。

6. 总结归档

待案件处理完毕后，保安部要及时做好总结工作，将有关情况记录汇总存档。

（二）客人伤、病与死亡的处理

救死扶伤，是基本的人道主义精神。一旦发生客人受伤或生病，饭店应立即启动紧急救助措施：

1. 报告

员工发现客人受伤或生病时，应立即同时报告饭店保安部和医疗室及专业的医护人员，选择合适员工实施紧急救助，决定是否请 120 救助。经专业人士检查确认客人已经死亡时，要保护好现场，同时向公安部门报告。

2. 记录

对客人伤病事件，保安部或保安部责成相关部门做好详细的原始记录，必要时据此写出伤病事件的报告。若客人已经死亡，保安部当就客人死亡的地点、时间、原因及客人身份等做好记录。

3. 归档

在一切事项处理完毕后，保安部要处理的全过程详细记存留档。

（三）火灾事故的处理

1. 确认与报警

当饭店消防控制中心的报警红灯发出警报信号，那就证明火灾探测器已发现了“可疑情况”，此时，消防中心人员应立即查清报警地点、位置，并通知巡检员或层间服务员赶赴现场予以确认。如确认起火，便立即通过消防控制中心或电话总机向公安消防队报警，并通知宾馆最高负责人。报警人应尽可能详细说明起火地点、起火部位、燃烧物品、火势情况以及自己的姓名、服务部门、工号、电话号码等。

2. 有序灭火

迅速成立由在店的最高负责人和相关职能部门负责人组成的救灾指挥部，实施紧张有序的灭火工作（表 11-5）。根据火势情况通报人员疏散，指挥客人从防火通道迅速撤离，让客人不要惊慌，尽快将客人撤离现场；动员员工奔赴现场，并利用饭店的安全灭火设备，切断电源，隔断火源，布置救人，疏散物资，安排排烟等；待公安消防队到达以后，及时报告情况、服从统一指挥。

表 11-5　饭店灭火工作要点

环节	工作要点
通报	将火灾情况通知有关部门和人员，向需要疏散的人员发出通报。通报次序是着火层—着火层以上各层—有可能蔓延楼层；通报的方式有语言通报（包括消防应急广播、室内电话等）、警铃通报、逐层敲门通报等；通报时，通报人的语气要温和沉着，以稳定客人的情绪，避免产生惊慌。
安全警戒	在适当位置设立安全警戒线，不准无关人员进入饭店；指导疏散人员离开大楼；看管好疏散物品；保证消防电梯为消防人员使用；指引公安消防队进入着火楼层和消防控制中心。
疏散和救护	疏散的次序是：先疏散着火房间，后疏散着火房间相邻房间；先疏散着火层以上层面，后疏散着火层以下层面；指导青壮年冲过烟雾沿安全楼梯疏散；护送行动不便人员从消防电梯疏散。疏散时必须逐房清理，不让一人遗漏。疏散时一些与消防有关的重要部门则必须照常运转。如电话总机、工程部的水、电等在岗人员都必须坚守岗位。如这些部门受到威胁，应迅速向救灾指挥部报告，请求组织力量保护，尽力排除各种险情。
组织灭火	在着火现场的相对安全点设灭火指挥组，组织侦察火情，掌握火势发展情况；及时向救灾指挥部汇报火情；根据火势情况指挥切断电源、可燃气源；指挥参战人员实施灭火、疏散、抢救伤员；派出人员关闭着火层防火分区的防火门，阻止火势蔓延；公安消防队到场后，协同组织灭火抢救。
防烟排烟	根据灭火指挥组的报告，关闭指定的防火门；消防中心根据救灾指挥部的命令，启运送风排烟装置，在安全楼梯间进行正压送风排烟。

3. 调查善后

火灾扑灭后保护好现场，协助公安部门查明起火原因；饭店各级领导应分别到客人新的住地，向客人表示问候和歉意；因火灾给客人造成的经济损失应及时赔偿，如果发生死亡事故，饭店应配合公安部门根据有关法律程序处理；饭店其他地方应迅速清理、清查饭店设备物品损失，派专人负责，一一登记；请保险公司派人到场查看，请求保险公司赔偿，办理有关手续；打扫现场清洁卫生，修理设备，恢复营运。对人为原因造成的火灾事故，移交公安部门追究刑事责任。

4. 总结归档

保安部要及时会同饭店有关部门，做好总结工作，将有关情况记录汇总存档。

（四）食物中毒事故处理

1. 确认与报告

食物中毒多表现为恶心、呕吐、腹疼、腹泻等症状。发现客人出现这些症状时，应立即报告本部门经理通知医生诊断。在基本确认为食物中毒后，应迅速报告总经理和前厅、饮食、保安等有关部门经理。

2. 救助

接到报告后，各有关部门及时救助处理：医务室负责对中毒者诊断和紧急救护，病情严重者，及时送往医院抢救；餐饮部对可疑食品及有关餐具专门控制，以备查证和防止其他人中毒；保安部会同餐饮部对中毒事件进行初步调查，核实中毒客人人数、身份等。

3. 查找原因

餐饮部对客人所用的所有食品取样备检，积极配合当地卫生防疫部门，进行食品取样、化验，确定食物中毒类型和中毒原因。

4. 善后与补救

由前厅部和销售部通知中毒客人的有关单位和家属，并向他们说明情况，做好善后工作；如系内部员工食物中毒，人事部应负责做好善后工作。根据客人食物中毒的原因，采取补救措施，强化管理规章。

5. 总结归档

保安部要及时会同饭店有关部门，做好总结工作，将有关情况记录汇总存档。

（五）客人物品被盗事故处理

客人报告贵重物品丢失或被盗，管理人员要保持冷静，应根据客人提供的线索，分析是否确实被盗，并分别采取不同措施。在掌握确切事实之前，不要给客人以肯定的答复，但应对客人表示同情和安慰。如被盗部件涉及某一服务员，在未掌握确切事实之前管理人员不可妄下结论，也不可盲目相信客人的陈述，以免损伤服务人员的自尊心。要坚持内紧外松的原则，细心查访和找寻。

（六）停电事故处理

停电事故发生后饭店紧急供电装置启用前，相关部门要保持平静和紧张的心态，一是确保所有员工平静地留守在各自的工作岗位上；二是向客人及员工说明情况，避免紧张，保卫人员重点保护有现金及贵重物品的地方，防止有人趁机作案；三是安全人员加强巡逻，帮助滞留在走廊及电梯中的客人转移到安全地方;四是查找停电原因,采取紧急措施排除故障,恢复电力供应。

(七)反恐防爆处理

人为爆炸破坏事件,在国际饭店业时有发生。随着世界恐怖主义势力的增强 ,发生此类事件的概率不断增高,现代饭店一定要有相应的防范措施。一是饭店明文规定严禁客人将易燃、易爆、剧毒、腐蚀性和放射性等危险物品带入楼层;二是饭店楼层内不得存放任何易爆、易燃的危险品,如确系工作所必需,则应规定专门的地方,采取必要的安全措施,且只作短期存放;三是当在饭店内发现爆炸物或可疑爆炸物后,应迅速向保安部进而向公安机关报告,组织人员部署以爆炸物或可疑爆炸物为中心的警戒线;不要轻易触动物体,尽可能保护、控制现场,等待专业防爆人员前来处理爆炸物或可疑爆炸物。

复习思考题

1. 认识饭店安全管理的重要性。
2. 说明饭店安全管理的特点。
3. 论述饭店安全管理的流程。
4. 饭店安全管理与饭店经营的关系。
5. 饭店安全管理重点。

参考文献

1. 黄惠伯. 饭店安全管理. 长沙:湖南科学技术出版社,2001

2. [美]哈维·伯斯坦著,赵丰跃译. 美国饭店安全防损管理. 长沙:湖南科学技术出版社,2004

3. 国家旅游局人教司. 饭店安全与消防管理. 北京:旅游教育出版社,1996

第十二章　饭店服务质量管理

服务质量是饭店的生命线和竞争力量之源，服务质量管理是饭店服务管理的核心环节。饭店管理者和服务人员应当了解饭店顾客服务质量期望的形成机理、服务质量评估体系、服务质量控制策略以及服务补救的方法。

第一节　饭店服务质量

一、质量与饭店服务质量

（一）质量的内涵

质量的一般概念是指产品或者服务满足顾客需求的能力。国际标准化组织在ISO8401-1994中对产品或服务质量给出如下定义：质量是反映实体满足明确和隐含需求能力的特性综合。实体是可以单独描述和研究的事物，泛指质量管理、质量控制、质量保证和质量认证工作的对象，既可以是活动过程也可以是产品，还可以是组织，也可以是以上各种要素的综合体。其中，明确需要是指在合同、标准、规范、图纸及其他文件中明确作出规定的需要。隐含需要是指需求主体——顾客、社会对实体的期望，或者虽然没有在相关文件中给出明确的解释，但是为人们所公认、无需申明的需要。特性是对需要特征的定性或定量化的描述，表征实体满足需要的能力。不同类别的实体，满足需要的特征不同。对于实物产品，其质量特性包括性能、可靠性、安全性、经济性和适应性等要素。对于服务产品，其质量特性则强调功能性、经济性和舒适性等要素。

（二）饭店服务质量及其特性

饭店服务质量是指饭店服务能满足宾客现实和潜在需求的特征与特性的总和，是指服务工作能够满足被服务者需求的程度，它具有以下属性：

1. 时间性

时间性是指服务工作在时间上能否满足客人的要求。客人入住登记、离店结账要求省时，在餐厅用餐上菜速度要求适时，叫早服务要求准时，提供所有服务要求及时等。

2. 方便性

服务的目的是为了满足顾客的需求，因此饭店的各种服务设施设备和服务项目都 应使客人在消费使用时感到方便，比如床头柜上的电器控制盘、浴缸上的扶手等等都充分考虑了方便客人使用。

3. 经济性

经济性是被服务者为得到一定的服务所需要的费用是否合理。这里所说的费用是指在接受服务的全过程中所需要的赞用，即服务周期费用。经济性是相对于所得到的服务质量而言的，即经济性是与功能性、安全性、及时性、舒适性等密切相关的。在饭店服务中，饭店产品价格与其质量比对客人来说永远是很重要的，饭店至少应让客人感到物有所值。

4. 安全性

安全性主要体现在饭店应当保证客人的人身安全和财产安全等方面，它贯穿于饭店所有部门的经营管理活动之中。比如客房部要格外重视消防安全和客人的财物安全，餐厅特别注意食品卫生安全，运输部门要保证客人的交通安全，话务中心要注重客人的信息安全等。

5. 舒适性

饭店在在为客人提供服务的过程中要让客人感到一种享受。实惠与舒适之间客人往往首先选择舒适。这里除了高档的设施设备外，更要注重服务环境的氛围如饭店的文化品位和艺术品位等。

6. 审美性

主要涉及饭店服务人员的言语、动作、仪容仪表以及交往过程中融洽和谐的气氛。

7. 功能性

功能性是指饭店服务场所的环境和设施设备的完好程度。功能性覆盖了饭店的每一个角落和空间，主要有两层含义，一是饭店必须保持服务功能的基本有效性，二是服务功能必须与饭店的档次相一致。

8. 文明性

文明性属于服务过程中为满足宾客精神需求的质量特性。被服务者期望得到一个自由、亲切、受尊重、友好、自然与和谐的气氛，有一个和谐的人际关系。在这样的条件下来满足被服务者的物质需求，这就是文明性。它是全部服务需求特性中的一个极为重要的一个方面。

二、饭店服务质量的类型

（一）按照服务质量的基本构成划分

1. 设施设备的功能质量

主要是指饭店设施设备的配备是否符合特定的要求，其运转是否正常。

2. 服务行为质量

是指通过服务人员的行为表现出来的服务质量，如效率、守时守信、礼貌热情、标准与个性化等等。

（二）按照饭店管理者与顾客感知的不同角度划分

1. 内部管理服务质量

这是指出于保障顾客满意度的考虑，饭店事先在自己的管理工作中要保证的经常性的、专业性的质量。

2. 顾客感知质量

这是顾客在消费过程中直接感受到的质量，因为顾客有自己独立的价值观体系，个人消费经验与偏好，对服务会形成自己的感受与判断。

（三）按照承诺与兑现为基点划分

1. 承诺质量

这是饭店在行业标准、饭店管理标准的指导下，在宣传中所确定的质量标准，这一质量标准将被看成是饭店对顾客作出的一种质量承诺，这种承诺必须通过饭店的每一位员工的努力去兑现，否则就会失信于顾客。如果饭店失信，顾客理应得到补偿或赔偿。

2. 实际质量

是饭店在作出承诺的前提下，在实际工作中落实了的承诺服务质量的状况。

三、影响饭店服务质量的因素

（一）物质因素

物质因素主要是指饭店服务中所涉及的硬件的质量。硬件的质量优劣会直接影响饭店服务的整体质量水平，同时它也是饭店服务质量必不可少的组成部分。硬件质量主要涉及：硬件的数量是否充足；硬件的性能是否有效；硬件的组合效果。

（二）人为因素

1. 饭店服务人员

他们的言行举止、仪表仪容、服务态度、服务技术等都会影响饭店服务质量的结果。

2. 饭店顾客

顾客的需求状况、消费经验、行为习惯、个性特征都是影响服务质量的重要因素。

3. 客我互动状态

饭店的许多服务工作必须客我双方互相配合、合作才能完成，只有服务人员的主动积极与努力是不够的，顾客要得到完美的、符合自己愿望的服务必须参与服务过程，主动与服务人员配合合作，形成良性互动状态，才可能有高水平的服务质量。

4. 饭店服务质量管理系统

主要涉及饭店的质量标准、质量检查与控制系统是否完善。

第二节　饭店服务质量评估

一、饭店顾客服务质量期望

（一）饭店服务质量期望的影响因素

在服务营销研究领域，研究者站在不同角度，对“期望”理解也各有不同。在研究“顾客满意度”的文献中“期望”被定义为顾客对他(她)认为可能接受的事物的一种预测。在研究服务质量的文献中“期望”被看成是顾客的要求和愿望——即顾客认为应当提供的事物。研究者依赖的理论基础不同对其所下的定义也有差别。以期望理论为基础的研究者认为，“顾客期望”是由顾客就他们坚信的服务交易结果作出的一种预测。以公平理论为基础的研究者认为“顾客期望”是顾客的某种服务需求所表现出来的一种希望或渴望水平，这一定义已成为构建服务质量评价体系和设计量测服务质量工具的理论基础。以焦点品牌(focal brand)理论为基础的研究者认为，“顾客期望”是由顾客就他们相信在服务接触过程中将会发生的事所作的一种预测。

简言之，饭店宾客的服务质量期望是指宾客对饭店将要交付的服务质量所作的一种预测，它是在以下因素的共同作用下形成的(图 12-1)。

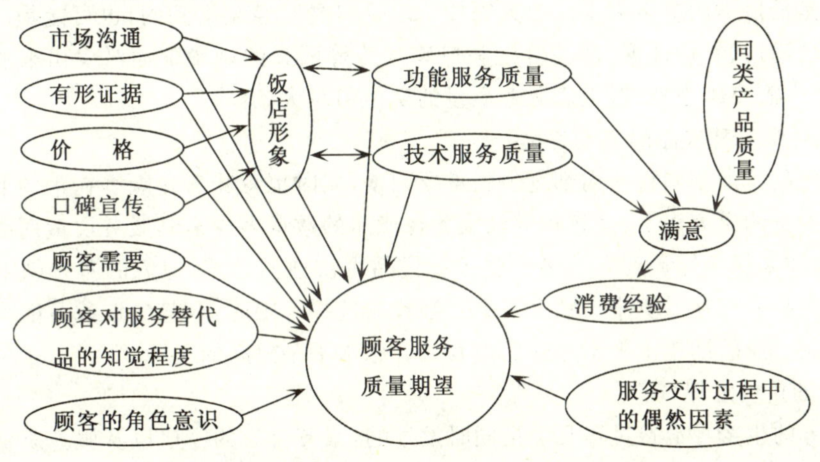

图 12-1　饭店顾客服务质量期望的影响因素

1. 饭店形象

饭店形象是在饭店的市场沟通、有形证据、产品的价格和顾客的口碑宣传共同作用下形成的市场印象与影响。

饭店的市场沟通包括产品与形象广告、销售推广活动和个人推销活动等多种形式，它是饭店就产品与服务的质量向顾客作出的一种承诺，是顾客服务质量期望的重要依据，它会直接影响顾客的服务质量期望水平。

有形证据包括饭店的建筑物、内部装修装饰、服务设施设备、员工的仪态举止等。它既是饭店形象的重要组成部分，也是饭店顾客服务质量期望形成的必要条件。顾客面对现代气派、内部设施高档豪华的饭店所形成的服务质量期望必定要高于面对一座建筑物外观普通、内部设施一般的饭店所形成的服务质量期望。研究表明，顾客在服务接触前后，都会积极寻找能预示自己的服务质量期望的有形证据，有形证据不仅影响顾客的服务质量期望水平，而且会影响顾客在接受服务时的行为表现和改变其后续购买行为的期望。

产品价格常常是顾客作出购买决策、确定期望、评估服务质量的依据，也是饭店产品品质和服务能力的体现。一般来说，顾客的服务质量期望与价格呈正比。价格越高，顾客对饭店服务质量的期望越大；价格越低，其对饭店服务质量的期望越小。同时，顾客对价格的高低也有一个接受阈限，如果价格高出顾客能接受的阈限，其消费欲望会受到抑制甚至中止购买行为；如果价格低得让顾客难以置信，顾客会因此而怀疑饭店产品和服务的质量而不敢购买。

口碑宣传是顾客搜集有关服务信息的主要渠道，由于服务具有十分突出的体验性特征，口碑宣传通常被顾客视为更为可靠和可信的信息。据辛西娅·韦伯斯特研究表明，口碑宣传相对于饭店的广告宣传、市场推广、个人推销等对顾客的服务质量期望的影响更大。

2. 顾客的消费经验

顾客过去的消费经验是在接受同一饭店或不同饭店的服务所形成的对饭店产品与服务的一种认识累积。顾客的服务质量期望随其经验水平的变化而变化，经验越丰富的顾客抱有更高的服务质量期望。顾客对过去接受服务时的满意评价不仅会促成其对饭店的积极的口碑宣传和重复购买行为，而且成为其将接受再次服务的质量期望的主要依据。

3. 顾客的需要

顾客的个人需要是其消费动机和消费行为产生的基本诱因，它是一个人的生理需要和心理需要，或持续需要和临时需要的综合体现，在所有影响顾客的服务质量期望的因素中，顾客的个人需要是最根本的决定因素。个人需要可以是自身已经觉察到的，也可能是在外部因素如饭店的市场沟通、有形证据、产品价格和口碑宣传等因素的刺激下而激发出来的。一般而言，顾客的个人需要越强烈，对饭店服务质量的期望值越大。

4. 顾客对服务替代品的知觉程度

服务替代品是加剧同行业内部竞争的重要因素，同时也意味着在顾客在市场上有更多的选择机会。大量的研究表明：顾客知觉到服务替代品的数量多少是其服务质量期望形成的重要影响因素，如果顾客知觉到有更多的服务替代品可供他们选择，他们的容忍阈限比没有知觉到服务替代品的存在时要小。顾客常说："当我的选择有限时，我将争取我可能得到的产品中最好的产品。我的期望水平不必降低但我的容忍水平是较高的"。

5. 顾客的角色意识

饭店服务的生产与消费过程几乎是同时发生的，服务行为的完成以及服务质量的实现需要顾客的参与与配合，因此，顾客的角色意识的强弱将直接或间接地影响其服务质量期望水平。如果顾客对自己在服务交付过程中所扮演的角色、自身的行为表现对服务质量的影响认识不清，不能准确扮演"兼职服务员"的角色，往往将实现服务质量的期望全部寄托在饭店员工身上。

6. 服务交付过程中的偶然因素

服务交付过程中的偶然因素是暂时影响顾客服务质量期望的因素。如果饭店在交付服务过程中出现质量缺陷，甚至失败，顾客要求补救性服务的愿望增强，对尚能接受的服务质量的期望水平提高，其容忍阈限缩小。如果顾客需要紧急服务，其期望值会明显提高。如果服务现场需要提供服务的顾客很多，等待服务难以避免时，顾客的期望值则可能降低。

尽管顾客的消费经验、饭店的市场沟通、有形证据、产品价格、口碑宣传、饭店形象、顾客的需要及其对服务替代品的知觉程度等因素对顾客服务质量期望的影响大小是不均衡的，同时同一因素对不同的顾客或在不同的环境中对同一顾客所产生的影响是存在差异的，但可以肯定上述所有因素对顾客的服务质量期望都有重要的影响。

（二）饭店顾客服务质量期望的层次

大量的实证研究表明：顾客服务质量期望水平呈现出明显的层次性，并且不同层次的期望水平会对顾客的服务质量评价、满意度和购买后的心理与行为产生直接的影响（图 12-2）。

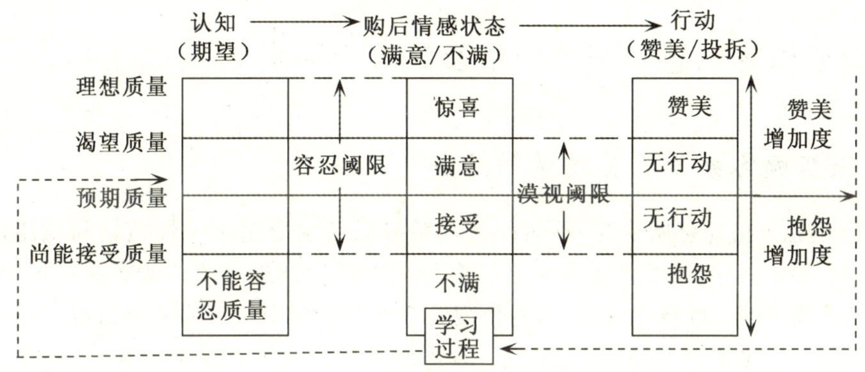

图 12-2　饭店顾客服务质量期望层次及其影响

1. 理想质量的期望

这是一种最高层次的稳定性强的顾客服务质量期望水平，这种期望所要求实现的是近乎于完美、卓越的服务，它体现了顾客的一种持久的愿望与需要。

2. 渴望质量的期望

这种期望是顾客对盼望得到的服务质量的一种向往。这是一种顾客基于个人的经验相信饭店能够提供的服务质量和顾客基于产品的价格相信饭店应当提供的服务质量的混合物，顾客也承认这种服务质量水平并不是饭店经常能达到的。同时，顾客的渴望质量的期望水平往往因相关者如顾客的个人关系环境或权威人士的积极影响而提高。饭店实现顾客渴望质量的能力越强，顾客对饭店服务质量的满意度就越高，顾客忠诚越容易实现。

3. 预期质量的期望

这是顾客对再次到某个饭店消费，饭店将会提供或者可能提供的服务质量的一种预测与估计。顾客过去消费同一个饭店的产品或者同类产品所获得的经验以及顾客对饭店的核心产品性能的知觉是形成这种期望水平的重要影响因素。

4. 尚能接受质量的期望

这是顾客对饭店会提供的自己可以接受的服务质量的一种预测。它以顾客对饭店会提供的服务质量的基本估计为基础，这种服务质量期望水平更多地受到特殊环境的影响，因此，它相对于渴望水平的服务质量期望而言是多变的。饭店如果不能实现顾客尚能接受水平的服务质量期望，顾客会对饭店产生不满，从而放弃对饭店的信任。研究表明，顾客知觉到服务替代品的数量多少，发生在服务交付过程中的意外事件或服务失败是提高顾客的尚能接受服务质量的期望水平时的影响因素。

如果饭店能够为顾客提供介于理想质量与渴望质量期望水平之间的服务，顾客会对饭店提供的服务有物有超值之感，自己因获得了意外的收获而惊喜，从而对饭店提供的服务感到非常满意，对饭店的服务赞不绝口，逐渐形成对饭店的信赖与品牌忠诚。

如果饭店为顾客提供介于渴望质量与预期质量期望水平之间的服务，尽管顾客对饭店提供的服务表示满意，顾客可能会赞美饭店的服务，也可能不采取对饭店有帮助的积极行动。

如果饭店为顾客提供介于预期质量与尚能接受质量期望水平之间的服务，顾客仅仅对饭店的服务表示基本认可和接受，尽管这种服务质量还没有超出顾客的容忍阈限，顾客可能不会采取对饭店有利的行动，但是同时也存在着顾客抱怨饭店提供的服务的可能性。

如果饭店交付给顾客的服务低于顾客尚且能接受质量的期望水平，顾客就难以接受和容忍饭店提供的服务质量，会对饭店的服务表示不满意，从而导致顾客的抱怨甚至投诉行为。

二、饭店顾客的感知服务质量及其决定因素

(一)饭店顾客感知服务质量的构成

克里斯坦恩·格朗鲁斯认为：顾客的感知服务质量主要由技术性质量和功能性质量组合而成(图 12-3)。其中，技术性质量是指顾客可用客观标准进行评估的产品的技术要素，它是服务生产过程中的一种技术性结果，它体现的是顾客在接受饭店服务的过程中得到的实实在在的有形产品。比如，一位顾客入住饭店时得到的房间和可以安睡的床，在餐厅接受餐厅服务员的服务时得到的美味食品等都是技术性质量的具体体现。

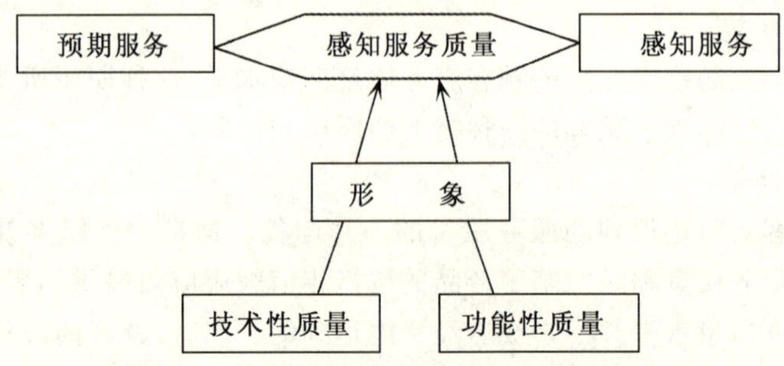

图 12-3　饭店顾客感知服务质量构成模型

由于服务具有较强的无形特征，往往是生产过程与消费过程同时发生，因此，顾客不仅关心服务生产过程的结果，而十分在意服务的生产过程本身，亦即是说顾客是怎样获得服务的技术性结果或技术性质量。这一质量要素就是所谓的功能性质量，这种质量实际上相当于服务的表现能力。比如饭店的方便程度，服务人员的外表、言行举止，服务现场其他顾客的行为表现等都是功能性质量的构成要素。

技术性质量和功能性质量有明显的区别。技术性质量回答了顾客什么样产品的问题，是可以用客观标准进行评价的；而功能性质量则回答顾客怎样获得这些产品的问题，它不能像技术性质量那样用客观标准来进行评估，而只能凭借一些主观方法来感知与评价它。

饭店形象也是一个重要的质量要素，它是在服务的技术性质量和功能性质量共同作用下形成的，对顾客的感知服务质量的形成起着至关重要的作用。比如，一位顾客相信他到一个好的餐厅去用餐，即使某一次餐厅提供的菜品不怎么完美，或者服务员的行为令人不快，他对服务的感知仍可能是满意的，因为他对餐厅的良好印象使他总是要为不愉快的经历找些谅解

的理由。反之，不良的形象很容易增强顾客对服务质量缺陷的知觉，从而使顾客更加不愉快。

（二）饭店顾客感知服务质量评价的基本依据

关于顾客依据何种标准评价服务质量的论述颇多。结合饭店服务质量的自身特点，我们认为顾客主要依据以下几个要素来评价其感知到的服务质量。

1. 可靠性

可靠性是指饭店可靠地、准确无误地完成所承诺的服务的能力。它是饭店服务质量属性的核心内容和关键部分，是顾客在一个陌生环境中对服务质量最重要的期盼。任何一个顾客都希望通过饭店提供可靠的服务来获得美好的服务消费经历。而饭店也应当把服务的可靠性作为树立饭店形象的重要手段。

2. 响应性

响应性是指饭店准备随时帮助客人并提供及时有效服务的愿望。响应性体现着饭店服务交付系统的运转效率，并反映出饭店的服务交付系统的设计是否以顾客需求为导向。服务交付系统应当首先考虑顾客关注的利益与价值，尽量缩短顾客在饭店消费过程中的等候时间，如顾客在饭店办理住宿登记的等候时间、就餐等候的时间等。当服务交付系统出现故障导致服务失败时，及时地解决问题将会给顾客的感知服务质量带来积极的影响。

3. 保证性

保证性是指饭店员工具有的知识技能、礼貌礼节以及所表现出的自信与可信的能力。首先，员工应具备完成服务的知识和技能，这是赢得顾客信赖的首要因素；其次，员工应对顾客礼貌、尊重与友好，好客的尊重会使顾客在相对陌生的环境中倍感亲切，产生宾至如归的感觉；第三，员工要有可信度，主动与顾客沟通与交流，随时随地将顾客关心的事放在心上，等等。

4. 移情性

移情性是指饭店设身处地为顾客着想并给予顾客特别的关注。在服务过程中，员工主动接近顾客，了解他们的现实需求，并对他们的心理变化和潜在需求有较强的敏感性，从而使整个服务过程充满着“人情味”，如里兹·卡尔顿提供的富有人情味的个性化服务。

5. 有形性

有形性是指有形设施、服务人员的外表、服务过程中使用的设备与工具、服务现场的其他顾客等，这是饭店向顾客传递服务质量的一种物化形式。由于饭店服务具有无形性的特征，因此，通过有形的物质实体可以有效展示服务质量。有形性为顾客提供了饭店服务质量的线索，也为顾客评价服务质量提供了直接的依据。如饭店通过装饰材料、色彩、照明、温度、湿度、背景音乐等来营造高贵、富有情调的氛围，加上服务人员得体的服装、高雅的举止、甜美的语言，不仅提高了服务质量的外在表现形式，也会对顾客评价服务质量产生直接而积极的影响。

6. 补救性

补救性是指饭店在服务系统发生故障导致服务失败时，饭店所持的态度与解决问题的能力。饭店追求100％的服务可靠性，但由于服务本身的复杂性决定了100％可靠性的难度，因此对服务失败的补救尤显重要。补救措施可以提高顾客的满意度、避免顾客的负面宣传，并可能与他们建立良好的关系，促成其继续购买饭店的产品。但是补救服务质量必须有保障，否则顾客对服务质量的评价会更糟糕。例如，在旅游旺季，饭店实行超额预订，导致保证类预订的客人没有房间，饭店不仅要向客人道歉，主动帮助客人解决问题，而且要给客人一定的补偿，尽一切努力使客人满意。既要维护客人的利益，又要维护饭店的形象。

(三)饭店顾客评价服务感知质量的过程

饭店顾客的服务质量评价模型主要涉及三个重要因素。一是顾客在饭店形象、个人需要和过去的经验等因素的综合影响下形成对饭店的预期服务。二是顾客在接受饭店服务过程中形成的感知服务。三是顾客将预期服务与感知服务相比较即获得感知服务质量。如果预期服务低于感知服务，则感知服务质量超出客人的期望，会感到惊喜和特别满意。如果预期服务和感知服务基本吻合，服务基本满足客人期望，客人感知服务质量满意。如果预期服务优于感知服务，服务低于客人的期望，顾客无法接受饭店提供的服务质量，顾客对感知服务质量不满意，甚至投诉。于饭店而言，是为服务缺陷或服务失败，必须立即采取措施进行补救，否则会酿成严重后果(图 12-4)。

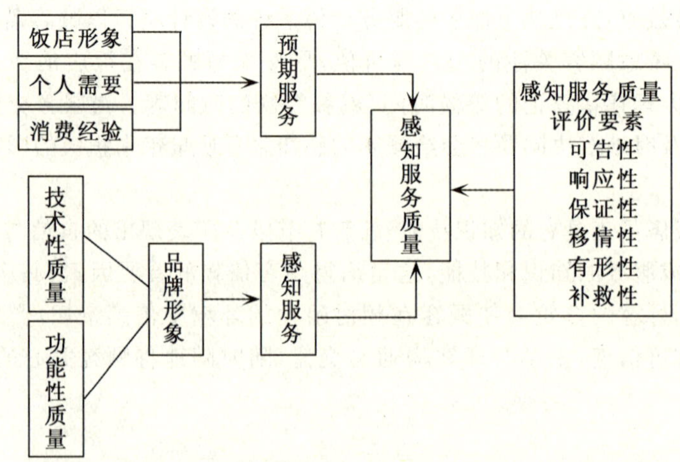

图 12-4　饭店顾客评价感知服务质量过程

三、饭店服务质量的评估方法

(一)SERVQUAL 模型

量测饭店服务质量对管理者而言是一项挑战，因为饭店服务质量不像其他有形商品那样具有物理的、客观的可量测的质量属性，其中包含大量无形的、心理的因素，比如饭店的氛围等等。尽管如此，帕拉苏诺言曼等学者以差距理论为基础创立的 SERVQUAL 服务质量评估模型仍不失为量测饭店服务质量和顾客满意度的有效工具，其操作方法如下：

1. 确定饭店服务质量量测项，设计调查问卷

SERVQUAL 模型运用多项量表来测量体现服务质量属性的五大要素，即可靠性、响应性、保证性、移情性和有形性。调查表包括两个部分，第一部分包括 22 项分别描述服务质量五大要素的量项，可用于评价顾客、管理者或员工对某类服务的服务期望或实际感知。第二部分也有 22 项，可用于量测顾客、管理者或员工对服务饭店的整体评价。每一个量项包含 1(完全不同意)～7(完全同意)共 7 个数值，被调查者可根据自己对量项的认知选择 1～7 中的任何一个数值。服务质量的得分是通过计算调查表中顾客期望与顾客感知之差得到的。

SERVQUAL模型自发明后在多种服务中运用并且证明它是行之有效的。SERVQUAL模型为饭店服务质量的量测提供了必要的参考依据，在实际运用过程中，可根据饭店服务的自身特点设计服务质量的量项。该方法可以用于对整个饭店服务质量的量测，也可以用于某一个部门服务质量的量测。运用这种量测方法有助于管理者定期追踪服务质量的变化趋势，弄清饭店每个部门的服务质量状况，找出质量差距，探寻造成服务质量达不到顾客期望的原因，以便及时改进。同时，管理者也可以运用该方法进行市场调研，与竞争者的服务质量进行比较，确定本饭店的服务质量在哪些方面优于竞争对手，在哪些方面次于竞争对手。

表 12-1 SERVQUAL 量表

说明：这项调查旨在了解你对________服务的看法。你认为提供这种服务的公司在多大程度上符合下列陈述所描述的特征。请从每个陈述后面的7个数字中选出你认为最合适的。完全同意选⑦，完全不同意选①。如果感觉适中，请选择中间的数字。你的回答没有对错。我们最关心的是你对________服务的看法。

E1 他们应该有先进的设备 ①②③④⑤⑥⑦ ( )
E2 他们的设备应该具有明显的吸引力 ①②③④⑤⑥⑦ ( )
E3 他们的雇员应穿着得体、整洁 ①②③④⑤⑥⑦ ( )
E4 公司的设备的外表应与提供的服务相匹配 ①②③④⑤⑥⑦ ( )
E5 他们承诺了在某时做某事，他们应该做到 ①②③④⑤⑥⑦ ( )
E6 当顾客遇到困难时，公司应当表现出同情心 ①②③④⑤⑥⑦ ( )
E7 公司应是可靠的 ①②③④⑤⑥⑦ ( )
E8 他们应在承诺的时间提供服务 ①②③④⑤⑥⑦ ( )
E9 他们应记录准确 ①②③④⑤⑥⑦ ( )
E10 不能指望他们告诉顾客提供服务的确切时间(—) ①②③④⑤⑥⑦ ( )
E11 期望他们提供及时的服务是不现实的(—) ①②③④⑤⑥⑦ ( )
E12 员工不总是愿意帮助顾客(—) ①②③④⑤⑥⑦ ( )
E13 如果因为工作太忙而不能立即回答顾客的请求，也可以理解(—) ①②③④⑤⑥⑦ ( )
E14 员工应是值得信赖的 ①②③④⑤⑥⑦ ( )
E15 顾客应在与公司的交往中觉得放心 ①②③④⑤⑥⑦ ( )
E16 员工应有礼貌 ①②③④⑤⑥⑦ ( )
E17 公司应给予员工充分支持，使他们工作得更好 ①②③④⑤⑥⑦ ( )
E18 不应指望公司给予顾客个别关注(—) ①②③④⑤⑥⑦ ( )
E19 不应指望公司的员工给予顾客个性化关注(—) ①②③④⑤⑥⑦ ( )
E20 期望员工了解顾客期望是不现实的(—) ①②③④⑤⑥⑦ ( )
E21 期望公司把顾客最关心的事放在心上是现实的(—) ①②③④⑤⑥⑦ ( )
E22 不应指望营业时间便利所有顾客(—) ①②③④⑤⑥⑦ ( )

说明：下列陈述与你对XYZ公司的看法有关。请根据你对XYZ公司的了解，指出你对每个陈述的同意程度。完全同意选7，完全不同意选1。你也可以选任何中间的数字，表述你对公司的感觉。回答没有对错，我们想了解的是你对XYZ公司的看法。

P1 该公司应该有先进的设备 ①②③④⑤⑥⑦ ( )
P2 该公司的设备应该具有明显的吸引力 ①②③④⑤⑥⑦ ( )
P3 该公司的雇员应穿着得体、整洁 ①②③④⑤⑥⑦ ( )
P4 该公司的设备的外表应与提供的服务相匹配 ①②③④⑤⑥⑦ ( )
P5 该公司承诺了在某时做某事，他们应该做到 ①②③④⑤⑥⑦ ( )
P6 当顾客遇到困难时，该公司应当表现出同情心 ①②③④⑤⑥⑦ ( )

P7 该公司应是可靠的 ①②③④⑤⑥⑦ (　　)
P8 该公司应在承诺的时间提供服务 ①②③④⑤⑥⑦ (　　)
P9 该公司应记录准确 ①②③④⑤⑥⑦ (　　)
P10 该公司不能告诉顾客提供服务的确切时间(—) ①②③④⑤⑥⑦ (　　)
P11 期望该公司提供及时的服务是不现实的(—) ①②③④⑤⑥⑦ (　　)
P12 该公司的员工不总是愿意帮助顾客(—) ①②③④⑤⑥⑦ (　　)
P13 该公司的员工因为工作太忙而不能立即回答顾客的请求(—) ①②③④⑤⑥⑦ (　　)
P14 该公司的员工应是值得信赖的 ①②③④⑤⑥⑦ (　　)
P15 顾客应在与公司的交往中觉得放心 ①②③④⑤⑥⑦ (　　)
P16 该公司的员工有礼貌 ①②③④⑤⑥⑦ (　　)
P17 该公司给予员工充分支持,使他们工作得更好 ①②③④⑤⑥⑦ (　　)
P18 该公司没有给予顾客个别关注(—) ①②③④⑤⑥⑦ (　　)
P19 该公司的员工没有给予顾客个性化关注(—) ①②③④⑤⑥⑦ (　　)
P20 期望该公司的员工了解顾客期望是不现实的(—) ①②③④⑤⑥⑦ (　　)
P21 期望该公司把顾客最关心的事放在心上是现实的(—) ①②③④⑤⑥⑦ (　　)
P22 该公司的营业时间不是顾及所有顾客的(—) ①②③④⑤⑥⑦ (　　)

[资料来源:A. Parasuraman et al. SERVQUAL: A Multiple-Item Scale for Measuring Consumer Perceptions of Service Quality. Journal of Retailing,64(1),1988,38～40]

2. 确定被调查对象并实施调查

将设计好的问卷发给特定的被调查对象进行调查,被调查者根据自已的情况对每个问题打分,表达自己对每一个量测项的看法。

3. 计算服务质量的分值

评估服务质量实际就是对被调查者给出的分值进行计算,被调查者的感知服务质量与期望质量往往是不同的,其差距就是服务质量的最终评估结果。其计算公式为:

$$SQ=\sum(P_i-E_i) \qquad (1)$$

SQ:SERVQUAL 模型中被调查者感知到的总体服务质量。

P_i:被调查者体验的第 i 个问题的得分。

E_i:被调查者期望的第 i 个问题的得分。

该公式表示的是一个被调查者感知到的总体服务质量,将所得的分数除以问题的总数就得到某一个被调查者的 SERVQUAL 的分数。把所有被调查者的 SERVQUAL 分数相加再除以被调查者总数就可以得到被调查者对某个饭店的总体感知服务质量的分数。

在公式(1)中隐含着一个假定的条件,即饭店提供的服务属性的量测项在被调查者的心目中的重要程度是相同的,不存在哪个属性更重要。但是实际状况却不是这样,不同行业的服务属性在顾客心目中的重要性是不一样的,即使在同一个饭店的不同服务部门的服务属性在顾客心目中的重要程度也是有差别的。因此,SERVQUAL 模型中需要顾客填写服务属性的权重,这样得出的结果更符合实际。在公式(1)基础上可得到一个加权计算公式:

$$SQ=\sum W_j\sum(P_i-E_i) \qquad (2)$$

SQ:SERVQUAL 模型中被调查者感知到的总体服务质量。

W_j:某个服务属性的权重。

P_i:被调查者体验的第 i 个问题的得分。

E_i:被调查者期望的第 i 个问题的得分。

(二)SERVPERF 模型

克罗宁和泰勒认为运用 SERVQUAL 模型评估服务质量,无论在概念化和操作方面都存在局限性。他们认为在该模型中和顾客满意度中对顾客期望的解释是混乱的。在评估感知服务质量时,顾客期望是指顾客应该期望什么,而在评估顾客满意度时是指顾客一直期望的是什么。鉴此,两位学者提出了以服务表现(Performance)为核心的 SERVPERF 模型,也就是在评估服务质量时不考虑顾客期望的影响,用服务表现来评估服务质量。在进行顾客调查时,两位学者采用了 SERVQUAL 模型的问卷调查内容,但顾客只需就服务的体验和服务量测项的重要性打分,而不必给服务期望打分。两个模型的比较是通过四个公式展开的:

服务质量=服务表现-服务期望　　(1)

服务质量=(服务表现-服务期望)× 权重　　(2)

服务质量=服务表现　　(3)

服务质量=服务表现 × 权重　　(4)

其中,公式(1)(2)表示 SERVQUAL 模型,公式(3)(4)表示 SERVPERF 模型。克罗宁和泰勒对银行、干洗、快餐等行业的调查并计算出调查结果,认为 SERVPERF 模型比 SERVQUAL 模型更适合评估服务质量,而且不计权重的 SERVPERF 模型比带权重的 SERVPERF 模型的评估效果更好。

四、饭店服务质量差距分析

(一)饭店服务质量差距

1. 差距一:顾客服务期望与饭店管理者对顾客期望知觉之间的差距

造成这种差距的原因主要有三个方面:一是饭店缺乏及时准确的市场研究。管理者能否准确认知和理解顾客的期望,关键在于对顾客需求信息的掌握。如果饭店没有科学系统的市场研究规划,没有定期对饭店的目标市场与目标顾客进行全面系统的调查与研究,对顾客的需求状况和变化趋势知之较少,因而管理者无法获得准确的顾客需求信息,自然就难以准确认知与正确判断顾客的服务质量期望。二是饭店缺乏上行沟通制度或渠道,饭店营销人员和一线员工不能及时、准确地向管理者反馈顾客需求和意愿,管理者缺乏顾客需求信息、要准确认知顾客的期望就存在一定的困难。三是管理者的认知水平。如果管理者的认知能力有限,即使掌握了顾客的需求信息,也不一定作出准确的判断。加之管理者与顾客接触沟通交流的时间少,以至于不能准确评估顾客的需求。

2. 差距二:管理者对顾客期望的知觉与服务质量标准之间的差距

饭店管理者要将顾客的服务质量期望转变成现实的服务质量,必须首先将顾客的服务质量期望变成指导饭店服务行为的规范与标准,并以此规范和约束饭店服务人员的服务行为。而在饭店管理者将其对顾客的服务质量期望转换成饭店的服务质量标准的过程中往往存在着一定的差距,主要的影响因素是饭店的目标定位。目标定位是确定饭店服务质量水准的基本依据,定位越高,对质量的要求也就越高越严。

3. 差距三:服务质量标准与实际交付服务之间的差距

服务质量标准确定后由饭店的员工按照质量标准与规范提供为客人服务,但是由于在服务的交付过程中受到以下一些因素的影响往往存在着一定的差距。

(1)团队工作。包括团队的内聚力、团队承诺、决策参与和成功分享。团队工作效率越高,服务交付的效果越好;工作效率越低,则交付的服务质量越差。

(2)员工—工作适应。主要指员工完成工作的技术与能力。员工工作适应程度越高,交付的服务质量越高;员工工作适应程度越低,交付的服务质量越差。

(3)技术—工作适应。主要涉及员工在完成工作任务时使用的工具与技术的适宜程度。

(4)知觉控制。涉及个人对压力的反应及个人控制这种压力的可能性。其中,服务操作规范与程度、饭店文化与需求预测是关键性因素。

(5)监控系统。主要指对员工的工作表现的评估。评估本身对差距三的存在没有直接的影响,但评估结果往往影响员工对饭店及其他员工的信任、影响员工之间的合作,从而间接影响服务的交付。

(6)角色冲突。主要是指饭店管理者、顾客的期望与员工对他们不能满足其要求的知觉之间的一种差距。

(7)角色模糊。当员工在完成服务工作时得不到必需的信息支持时就会产生角色模糊问题,其中关键在于下行沟通与沟通技巧的训练。

4. 差距四:饭店外部沟通与交付服务之间的差距

饭店外部沟通意味着饭店对目标顾客作出的承诺,是形成顾客对饭店服务期望至关重要的影响因素,但服务承诺并不等于实际的服务,况且在饭店中对顾客作出服务承诺的营销部门并不是服务的直接提供者,外部沟通与交付服务之间存在差距是可以想象的。造成这种差距的根源在于:

(1)横向沟通不畅。即饭店营销部门与服务交付部门之间缺乏信息交换,一方面使服务交付部门不了解顾客对饭店服务的期望水平,无法按照顾客的期望提供相应的服务;另一方面使营销部门不了解服务交付部门的服务能力,而在与顾客沟通时作出超出服务交付部门实际能力的服务承诺。

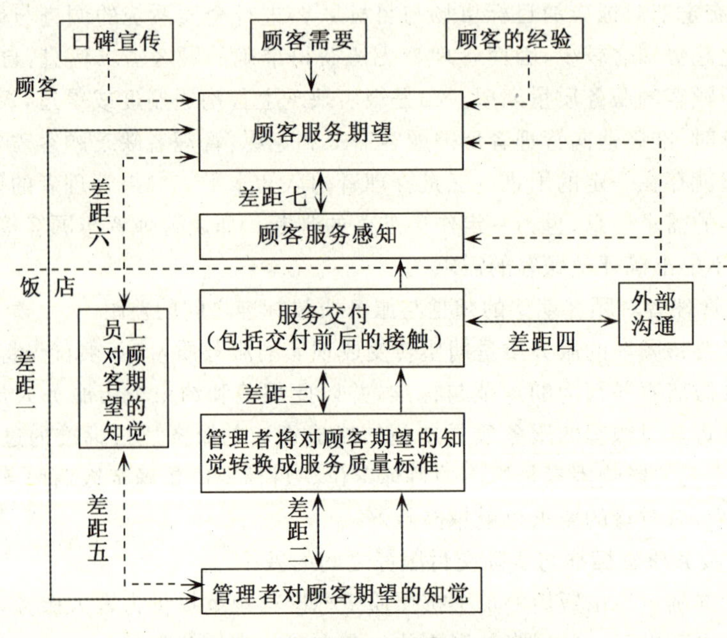

图 12-5 饭店服务质量差距模型

(2)过度承诺。也就是饭店营销部门在与顾客的沟通过程中有意或无意地夸大饭店的服务能力与服务质量水平，误导顾客。

5. 差距五：饭店管理者与一线员工对顾客期望知觉之间的差距

这种差距的存在主要是饭店的信息沟通渠道不畅引起的。一是下行沟通渠道不畅。饭店管理者没有将自己对顾客服务期望的认知与理解传输给一线员工，使一线员工不了解管理者对顾客期望的知觉水平。二是上行沟通渠道不畅。饭店的一线员工未能将自己在与顾客接触过程中获得的顾客需求信息反馈给管理者，使管理者不能及时把握顾客需求变化情况。

6. 差距六：饭店管理者与一线员工对顾客期望知觉之间的差距

这种差距的形成取决于两种因素的影响。一是由于一线员工缺乏足够的信息支持。如果饭店的下行沟通与横向沟通不畅，管理者对顾客期望的分析与判断不能让一线员工及时准确地掌握，从而影响一线员工对顾客期望的认知；如果饭店的横向沟通渠道不畅，尤其是饭店的营销部门与服务交付部门缺乏沟通与信息交换，服务交付部门不能及时准确地掌握顾客的需求信息，也会影响一线员工对顾客服务期望的认知。二是一线员工的认知与理解水平造成的。

7. 差距七：顾客的期望服务与感知服务之间的差距

这一差距是前述四种差距的共同作用造成的。在这个差距分析模型中，前一种差距的存在都是造成后一种差距产生的原因。

(二)缩小饭店服务质量差距的主要措施

一般而言，饭店管理者、一线员工和顾客之间的服务质量期望或多或少存在着差距，饭店服务质量管理的核心就在于缩小或消除彼此之间的期望差距，尤其是要消除饭店管理者和一线员工的服务质量期望低于顾客期望的现象，使三者趋于一致，从而提高饭店产品的市场适应性和顾客的满意度。

1. 适度承诺，让顾客的服务质量期望维持合理的水平

一般来说，顾客服务质量期望是在饭店的市场沟通、顾客的口碑宣传、顾客的经验和需要等多种因素共同作用下形成的。其中饭店的市场沟通是主导因素，因为饭店在市场沟通时所提及的服务质量往往被顾客视为饭店对服务质量作出的承诺，饭店作出的承诺越多，顾客的期望就越高，饭店在满足顾客服务质量期望时所面临的难度就越大。一旦饭店实际交付的服务质量达不到顾客的期望，就会引起顾客的不满，从而影响饭店的市场形象，甚至失去已有的市场份额。因此，饭店在促销宣传时必须客观介绍饭店的服务质量，甚至有所保留地向顾客承诺，使顾客的服务质量期望保持合理水平。

(1)强调饭店服务的主要属性

饭店应当通过市场调查弄清楚顾客对饭店服务的各种属性的看法，在促销宣传时强调顾客最为关注的某些属性。大量研究表明，可靠性要素是顾客最为关注的质量属性，因此，饭店应当针对这一质量要素向顾客传递饭店服务质量信息，使顾客能正确判断和认识饭店服务质量标准与服务质量水平，使其期望值保持合理水平。

(2)做好有形证据与价格等暗示性承诺的管理

由于服务具有无形性特征，因而有形证据(饭店的建筑风格、装修的豪华程度、设施设备的现代化程度、员工的仪表仪态等)和产品价格成为顾客判断饭店服务质量水平的重要依据，饭店应当力求做到有形证据和价格水平与饭店的档次规格相当，使之能准确地向顾客暗示饭

店的服务质量水平。

2. 帮助顾客理解自己的角色行为

在饭店服务过程中，许多服务活动是需要顾客参与配合才能完成的，如果顾客对自己在服务过程中所发挥的作用不了解，不能完成顾客自己应当完成的服务工作任务，就会将服务质量期望的实现完全寄托在饭店员工身上，从而增加服务质量期望实现的难度。因此，饭店在介绍服务项目时，应当明示该服务的完成顾客和服务人员所要做到的事项，向顾客介绍饭店的服务规章制度，帮助顾客理解自己所扮演的角色，扮演好"兼职员工"的角色，这不仅有利于顾客调整自己的服务质量期望，也有利于饭店实现顾客的服务质量期望，提高顾客的满意度。

3. 强化市场研究，全面准确掌握顾客需求信息，充分了解顾客的服务质量期望

市场研究是饭店管理者和一线员工获取顾客需求信息，准确认知和正确理解顾客服务质量期望的基本保障。饭店在运营过程中应当从以下几个方面入手进行全面系统的市场研究。

(1)顾客服务质量期望和服务质量满意度的调查评估

顾客的服务质量期望是饭店设计服务体系、制定服务质量标准的基本依据。顾客的服务质量满意度是衡量饭店产品与服务质量的基本标尺。饭店应当通过访问、问卷调查等方式了解顾客对饭店服务质量的期望，对饭店服务质量的评价，这是饭店质量改进管理工作必不可少的重要组成部分。

(2)顾客投诉分析

处理和分析顾客投诉是饭店管理者和一线员工详细了解顾客意见与愿望的良好时机。饭店首先应当鼓励顾客投诉、方便顾客投诉和奖励顾客投诉。其次是在处理顾客投诉时深入了解顾客面临的各种问题，详细记录顾客的意见与要求。最后是逐日统计顾客投诉的各类问题，分析顾客投诉的原因，并提出服务质量改进方案。

(3)重要顾客调查

饭店的重要顾客主要是长住顾客、常客和组织性顾客。他们是饭店收益的主要贡献者，也是饭店应当特别关注的服务对象，饭店可通过访问、问卷调查、联谊活动、座谈会等多种途径了解重要顾客对饭店服务质量的期望和对服务质量的评价。

4. 加强沟通、缩小差距

信息交换不畅是导致饭店管理者、一线员工、顾客三者之间的服务质量期望差距的重要原因。饭店要缩小甚至消除服务质量期望之间的差距，应当加强饭店与顾客、饭店内部的沟通来解决信息交换不畅问题。

(1)与顾客的沟通

饭店经常与顾客沟通，有助于饭店了解顾客关心的问题，理解顾客的服务质量期望；有助于饭店及时向顾客传递饭店产品与服务方面的信息，帮助顾客形成正确的服务质量期望，消除双方之间的误解；有助于增进饭店与顾客之间的情感交流与理解，提高饭店与顾客的关系质量，当饭店出现服务差错时容易得到顾客的谅解。

首先，管理者与顾客直接沟通。饭店的管理者不能仅仅依靠市场调研报告来获取顾客的需求信息，应当经常深入到服务一线，观察顾客接受服务时的反应，与顾客直接交流，体验顾客的消费经历，甚至直接为顾客服务。唯有如此，才能搜集到顾客需求的第一手信息，从而准确认知和正确理解顾客的服务质量期望。

其次，一线员工与顾客沟通。一线员工作为饭店服务的直接提供者，不仅要根据顾客的

服务需要和饭店的服务质量标准为顾客提供有效服务，而且要充分利用为顾客服务的机会与顾客沟通，了解顾客的要求和愿望以及对服务质量的评价，以便准确把握顾客的服务质量期望，提高服务的针对性与有效性。

(2)饭店内部沟通

内部沟通既是饭店管理者与一线员工、部门之间互相交换顾客服务需求信息的主要途径，也是缩小甚至消除饭店管理者、一线员工与顾客之间服务质量期望差距的重要手段。

首先，完善纵向沟通机制。一方面，管理者应当经常与一线员工接触沟通，向一线员工阐明自己对顾客服务质量期望的理解和自身的服务质量期望，阐释饭店服务质量标准、操作程序和相关规章制度，帮助一线员工正确理解顾客和管理者的服务质量期望，缩小甚至消除彼此之间期望差距。另一方面，一线员工应当及时向管理者反馈顾客的需求信息，以便管理者更全面深入地认识顾客的要求与服务质量期望，缩小甚至消除其与顾客之间的服务质量期望差距。

其次，健全横向沟通机制。一是加强营销部门与经营部门之间的沟通，这种沟通可以使经营部门及时从营销部门获取顾客需求信息与市场的变化与发展趋势，方便经营部门正确理解顾客的服务质量期望，有针对性地改进服务质量，更好地实现顾客的服务质量期望。与此同时，这种沟通有助于营销部门了解经营部门的服务能力与服务质量状况，以避免营销部门在市场沟通过程中向顾客作出不当承诺，误导顾客的期望。二是加强人力资源部门与经营部门之间的沟通。人力资源部门承担着饭店员工的选聘、培训、考核与激励的重任，通过沟通可以让人力资源部门准确掌握经营部门对人力资源的需求，有针对性地选聘、培训员工，为经营部门提供胜任的服务提供者。

第三节　饭店服务质量管理

一、优化饭店服务质量设计

服务包是指在某种环境下提供的一系列产品与服务的组合，主要包括四个要素(表 12-2)。

1. 支持性设施

支持性设施是指在提供服务前必须具备的物质资源，如饭店的建筑物、客房、餐厅、康乐等基础性设施。

2. 辅助物品

顾客购买或消费的物品，如客房内的家具、电器、低值易耗品、餐厅的食品、酒水饮料等。

3. 显性服务

即顾客可以用感官察觉到的和构成服务基本属性的利益，如饭店的外观、房间的整洁程度等。

4. 隐性服务

即顾客能隐约感到服务带来的精神上的收获，如饭店的安全、服务氛围等。

表 12-2　经济型饭店的服务质量设计

服务包特征	要 求	测量方法	不一致时的矫正行动
支持性设施	建筑外表 地面 空调与供暖	无漆片脱落 绿地 温度保持在 68°±2°(华氏)	重新粉刷 浇水 修理或更换
辅助物品	电视机 香皂 冰块	白天接收清楚 每床两块 每房间一满罐	修理或更换 提供 加满
显性服务	房间清洁 游泳池里的水洁净 房间外表	地毯无污渍 池底的标志清晰可见 窗帘拉至三英尺宽	清洗 更换滤芯并检查化学药剂 指导服务员
隐性服务	安全 良好的氛围 等候回房	所有周边灯光良好 对每位顾客说“祝今日愉快” 没有客人需等候房间	更换坏灯泡 指导服务台服务员 检查房间清洁时间表

二、建立服务质量标准体系

(一)饭店制定服务质量标准应遵循的原则

服务质量标准既是饭店服务质量审查与考核的基本依据,也是员工的行动指南。它既对服务工作具有指导意义,又应当具有可操作性,为有效降低服务质量的波动性奠定了基础。它既要反映目标顾客的要求,又要符合饭店内部实际工作的需要。因此,在制定饭店服务质量标准时应当坚持以下几个基本原则。

1. 顾客导向

顾客是饭店服务质量的权威评价者,它对服务质量的评价最具客观性,因此,饭店在制定服务质量标准时必须坚持顾客导向原则,准确反映目标顾客的要求和期望。饭店可以通过访谈、问卷调查等形式全面地了解顾客的期望。也可以鼓励一线员工积极与顾客交流沟通,随时了解顾客的愿望与要求,及时反馈给管理层,以便管理层掌握顾客期望的动态变化,制定出能真正满足顾客期望的服务质量标准。

2. 定性定量结合

尽管旅游服务质量具有较强的抽象性,但质量标准是服务人员的行动准则,也是进行工作质量考核的直接依据,因此,应在定性的基础上充分考虑质量标准的量化,避免使用含混不清的标准。饭店入住登记、结账仅要求快速是难以衡量其效率的,而应当明确规定完成每项工作任务的时间。如入住登记时间不超过 2 min,结账不超过 3 min 就非常具体明确,便于衡量。

3. 上下认可

上下认可主要体现在两个方面:一是管理人员对服务标准的理解要与服务人员的能力以及饭店的资源状况相一致。超过了服务人员的能力,饭店资源难以与质量标准相匹配,会造成服务人员在具体操作中产生挫折感,使饭店的质量目标难以实现。若服务质量标准过低,饭店服务资源配置过多,不仅会造成资源的浪费,同时也无法激励服务人员去追求卓越的服务质量。二是服务标准的制定要反映员工的要求。管理人员是服务标准制定的主要参与者,但员工是关键时刻的体验者,他们对服务质量标准的执行过程有深刻的体会,同时对顾客的满意度也有现实的了解,因此,管理人员应动员激励员工参与到服务标准的制定,这不仅有利于提高他们对服务工作与质量标准的认识，而且有助于增强员工的现任意识，自觉加强对服务过程的控制，确保或提高服务工作的质量。

(二)饭店服务质量标准体系

饭店服务产品类型多样，涉及面广，因此，服务质量标准体系是一个庞杂的系统。一个饭店要准确衡量各种服务产品的质量，应当建立以下相关质量标准。

1. 服务工作标准

饭店为了保障饭店整体服务质量水平对服务工作提出的具体要求。服务工作标准仅对服务工作本身提出要求，而不对服务效果做出明确的规定。

2. 服务程序标准

饭店将各个服务环节根据时间顺序进行有序排列，既要求做到服务工作的有序性，又要求保证服务内容的完整性。比如，客房接待服务分为到店前的准备工作、入住时的迎接工作、住留期间的服务工作、离店送别检查工作等几个环节。

3. 服务效率标准

是指在对客服务中确立的服务时间标准。饭店为了保证客人得到快捷、有效的服务，如规定前厅接待处须在 1 min 内应接宾客，结账应当在 3 min 内完成，餐厅应在客人点菜后 10 min 内上第一道冷菜，第一道热菜 15 min 内上桌等。

4. 服务设施用品标准

是饭店对客人直接使用的各种设施用品的质量和数量作出的严格规定。设施用品是饭店服务产品中的硬件部分，其标准的高低直接影响饭店服务产品的质量水平。如三星级饭店客房每房香皂 2 块，净重不小于 25 g/块，浴液、洗发液、护发素 2 套/房，净重 25 g/件。

5. 服务状态标准

饭店针对客人创造的环境状态、设施使用保养水平所制定的标准。如前厅温度冬季 20 ℃～24 ℃，夏季 22 ℃～24 ℃，相对湿度 40%～60%，噪音低于 45 dB 等。

6. 服务态度标准

是饭店对服务员提供服务时所应表现出来的态度和举止礼仪作出的规定。如服务员须站立服务，接待客人时应面带微笑等。

7. 服务技能标准

指服务员应具备的服务素质和应达到的服务操作水平。饭店一般都规定了各岗位服务员应达到的服务等级水平和语言能力、应具备的服务经验、应掌握的服务知识与技能。如客房保洁员 30 min 内完成一间走人房的保洁整理工作。

8. 服务语言标准

饭店规定的在对客服务中必须使用的标准化语言。比如对客服务时一般要用普通话、英语等，不得使用土语、俚语、粗话，在任何时候不得使用“不知道”等。

9. 服务规格标准

饭店对种类客人提供服务所应达到的礼遇标准。如对常客必须使用姓氏称呼，VIP 客人的房间内应放置鲜花、果篮、欢迎卡等。

10. 服务质量检查标准

主要详细规定服务质量检查项目与内容，评分标准，质量事故处罚标准，质量事故处理程序，对客补偿、挽回影响的具体措施等。如所有住店客人的投诉必须在 24 h 内处理，离店客人的投诉必须在 72 h 内处理。

11. 员工仪表仪态标准

是指在员工的仪容仪表、形体姿态动作、礼貌礼节、个人卫生等方面作出的规定。

12. 服务纪律标准

饭店对各岗位员工在岗前、岗位上及其操作纪律、交接班等方面作出的规定。

13. 安全消防标准

是对饭店安全消防机构的建立、安全消防设施的检查、安全监控、安全巡逻、安全事故处理等方面作出的规定。

(三)服务质量保证

服务质量保证是饭店向顾客作出无条件服务质量承诺,它既是饭店严格控制服务质量的重要手段,也是饭店的重要营销策略。1989 年汉普顿乡村饭店率先在服务行业推出向顾客提供为附带任何条件的 100%的服务质量保证的新举措:“我们保证提供高质量的客房,友好和有效的服务,清洁和舒适的环境。如果服务不能让您完全满意,作为补偿,我们不收取任何房费。”为了实现饭店对客人的服务质量保证和改善服务,饭店一方面广泛授权,让所有员工决定是否应该兑现服务承诺;另一方面专门设立了记录客人的信息库,以防止服务承诺被人滥用。如果有个别客人贪图便宜,欺骗饭店,他就会被确定为不受欢迎的人。据资料介绍,汉普顿乡村饭店“由于实施了服务质量保证,每年的利润增加了 1000 万美元以上,客人重复光顾的比率达到了本行业的最高水平”。

1. 服务质量保证应当具备的条件

根据克里斯托弗·哈特的观点,服务质量保证应当具备以下条件:

(1)无任何附加条件。最好的服务质量保证应当承诺无条件的、没有例外的顾客满意。在员工和顾客看来,解释服务质量承诺的条文越多,甚至印刷得越精美,可信度可能越低。

(2)容易理解与沟通。服务质量保证应当用最简单明确的语言表明其承诺,这样顾客才能准确地了解他们能指望什么,员工也才能知道组织寄予他们的期望是什么。比如 Bennigan 承诺:如果午餐在 15 min 没有送上,晚餐可免费享用一个菜。

(3)有意义。一个良好的服务质量保证具有两方面意义。一是作出质量保证的服务于顾客而言是重要的。它可能承诺的是服务交付的速度,如连锁餐馆 Bennigan 承诺:如果午餐在 15 min 没有送上,晚餐可免费享用一个菜,这对于要匆忙赶回办公室的许多顾客来说是重要的。二是良好的服务质量保证应当具有经济意义。它要求在服务质量保证不能兑现时要有意义的支出。是全部退款还是下次提供免费服务,往往取决于诸如服务的代价、服务失败的严重性以及顾客对公平感的知觉程度。Domino 比萨店承诺:顾客在点订后 30 min 内送上,否则比萨饼免费。管理者却发现顾客认为这个保证太慷慨了,仅仅因为 5 min 或 15 min 的耽搁而接受免费比萨饼。结果,Domino 比萨店将其保证调整为:点订后 30 min 内送上,否则顾客可少交 3 美元,顾客反而认为这样的承诺是合理的。

(4)方便使用。组织不应让实施服务质量保证的方式违背顾客的意愿。如果顾客不得不去不同的地点、向不同的人陈述、多次打电话、写信来表达自己的不满意,结果只能是顾客的不满意更加严重。同时,组织应当积极鼓励顾客执行服务质量保证,而不应当为此设置障碍。

(5)容易兑现。组织一旦出现服务质量问题,顾客应能够在服务现场得到相应的补偿,最艰的保证就是当场解决问题。

2. 实施服务质量保证的作用

(1)服务质量保证推动整个饭店关注顾客需要。知晓顾客需要什么是提供服务质量保证的先决条件，饭店必须确定目标顾客对服务要素的期望，因为实施服务质量保证就意味着顾客有权利决定是否要求饭店作出补偿，这就迫使饭店的每一个成员必须自觉地从客人的角度去思考问题，对等服务。如果缺乏对顾客需要的认识，要想保证其服务质量的组织可能作出错误的质量保证，不仅无法向顾客兑现承诺，还会给组织造成不必要的损失。

(2)服务质量保证有助于饭店及时把握服务失误的原因并避免失误。饭店实施服务质量保证，意味着客人在使用服务质量保证时需慎重考虑并说明它的原因，这就帮助饭店确定服务失败的具体性质和原因，这种原因也就成为评估服务交付系统的依据。同时，实施服务质量保证，进一步鼓励顾客对不满意的服务发表意见，所有的意见和抱怨都会促进饭店改进服务中的任何不足之处，进而避免今后出现更多的服务失误。

(3)服务质量保证有助于推动饭店全体员工更加关注和改进服务质量。任何服务失误所造成的损失因为服务质量保证的实施而变得更加严重，因此，它迫使饭店的员工更加主动地采取服务补救措施，管理者更加关注如何才能及时解决问题，使饭店的全体成员真正树立起顾客至上、质量第一的服务理念，极大地促进饭店服务质量的改善。

(4)服务质量保证有助于饭店培养忠诚顾客，创造营销奇迹。留住顾客，培养顾客忠诚是服务饭店普遍关心的问题。研究表明，尤其良好的饭店比知名饭店实施服务质量保证更有利于降低顾客在购买决策时的知觉风险，提高预期的服务质量，不仅使饭店获得了更多的销售机会(参见表 12-3)，而且提高了顾客的忠诚度，使饭店的市场份额得到巩固与扩大。在过去 10 年里 Manpower 的收入从 400 万美元猛增到 4 亿美元就是最好的例证。

表 12-3　实施服务质量保证对顾客知觉的影响

独立变量	实施保证前(平均值)	实施保证后(平均值)	平均增(减)值
预期质量			
良好饭店	4.61	5.30	0.69
知名饭店	5.58	5.90	0.32
知觉风险			
良好饭店	3.09	2.67	−0.42
知名饭店	2.47	2.16	−0.31
购买意向			
良好饭店	3.89	4.80	0.91
知名饭店	5.94	5.94	0.00

[资料来源：Jochen Wirtz, et al. Should a firm with a reputation for outstanding service quality offer a service guarantee? Journal of Service Marketing, 14(6), 2000, 507]

(四)服务失误与服务补救

1. 服务失误

服务失误是指因饭店或顾客自身的原因导致交付的服务质量达不到顾客服务质量期望的现象。

(1)服务失误的原因

对于任何一个服务饭店而言，导致服务失误的因素不外乎以下两个方面：

①饭店方面的原因

在大多数情况下，服务失误是由饭店自身的原因造成的。首先，可能是饭店提供的产品本身存在缺陷或者达不到客人预期的效果。比如餐厅为客人提供的菜品分量不足、口味欠佳；饭店为客人提供的设施用品出现故障，就会给客人留下遗憾。即使是客人购买的汉堡包不像电视广告中那样焦焦黄、香喷喷，让人垂涎欲滴，没有自己想象的那般美妙时，服务失误就已经出现了。其次,服务交付系统出现问题,导致服务不及时,让客人等候等情况发生,也会导致客人失望。再次,服务人员的服务态度不友好、不热情、不负责任、效率低下、业务不熟练、服务操作失误或错误,都会引起客人的不满。最后,服务环境可能成为服务失误的诱因。比如饭店的温湿度不当、空气不好、洗手间不干净、通道不方便、标准不明显等都可以成为客人抱怨的由头。

②客人的失误

客人往往是服务的生产者之一,其对交付服务的质量有重要影响。比如客人缺乏经验、或者自己粗心大意导致一些意想不到的问题发生,尽管有些问题的发生与饭店没有关系,但是客人在这种情况下往往怪罪于饭店。如果饭店对此处理不当,同样会造成不堪设想的严重后果。

(2)服务失误的严重后果

饭店出现服务失误,一旦处理不当,将会导致严重的后果。其一是造成客源大量流失。据调查发现:有44%的被调查者提到关键服务失误(服务过失、记账错误、服务严重失误)是导致客人流失的最主要的原因,更为重要的是这些遭遇服务失误的客人还有可能向其身边的人诉说自己的不幸,从而导致更多的潜在客源的流失。其二是造成饭店的现实或潜在的收益大幅度减少。卡迪拉克公司估算该公司的每位顾客意味着332 000美元的收入。多米诺比萨饼公司估计一位客人在10年时间的消费金额是5 000美元。地中海旅游俱乐部估计每失去一位客人公司将损失2 400美元。由此可见,如此丰厚的收益很有可能仅仅因为一次疏忽而流失。此外,如果我们假设一个为饭店叫好的客人平均为饭店介绍5位客人来消费,那5位客人又各自去介绍另外5个客人,以此类推,这个数字就会大得惊人。所以,流失一个客人,于饭店而言,损失的服务收益又何止千计。其三是严重影响饭店的形象。研究表明,为了发泄,不满意的客人会比满意的客人更加主动积极,口头宣传的负面信息大约是正面信息的2倍。不满意的客人有可能把自己的痛苦经历告诉身边的10~20个人,而满意的顾客大约会向6个人叙述自己不同一般的服务体验。消极的口头宣传恰恰是饭店形象的克星。

(3)客人对服务失误的反应

客人在知觉到服务失误之后往往会对饭店的服务产生不满,不同的客人对服务失误的反应以及所采取的行动也是有所不同的(图12-6)。

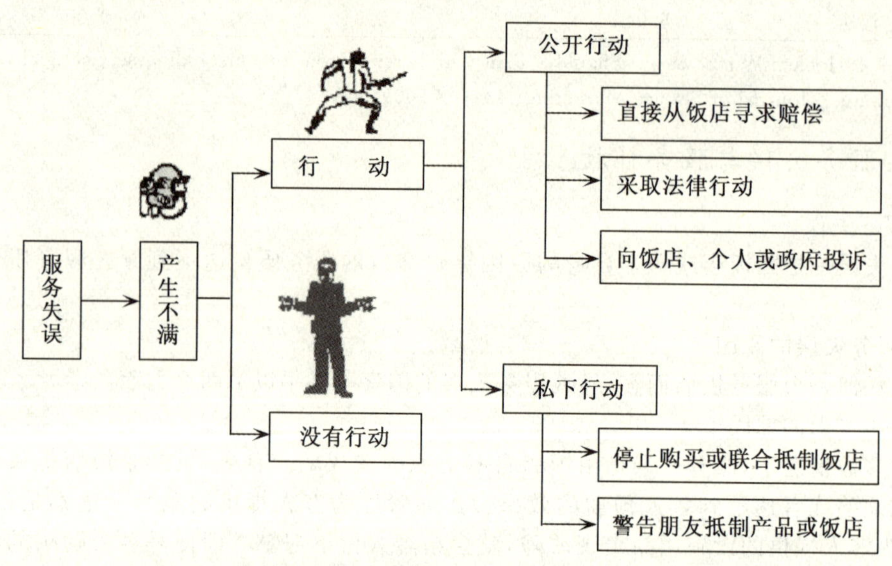

图12-6　客人对饭店服务失误的行为反应

①停止购买、不再光顾

这是绝大多数遭遇服务失败的客人表现出来的一种行为方式，客人之所以如此，一方面在于客人对饭店提供服务的人和整个服务交付系统失去了信心，不相信饭店能够为此做些什么。另一方面在于绝大多数客人不愿意自找麻烦，遇此情况，只好自认倒霉。

②私下诉说自己的痛苦经历、警告他人不要购买

不满意、不高兴的客人的眼中，出现服务失误的饭店自然会是一无是处的，可能会逢人便说自己的"痛苦经历"。如果客人付出的代价越高，客人指责饭店、向他人诉说的欲望越强烈，并且会不遗余力地劝说自己身边的人不要到让自己遭受痛苦的饭店去消费，这样，饭店的潜在客源就因此消失得无影无踪了。

③采取公开行动——投诉、索赔

客人在饭店受了委屈，遭受了损失，向饭店和相关管理部门投诉，宣泄满腹委屈，甚至要求赔偿损失也是情理之中的事情，饭店不仅要理解客人，更要允许和鼓励客人发牢骚。于饭店而言，只有遭遇服务失误的客人抱怨，饭店才可能有机会让不高兴的客人重新高兴起来，才有机会发现服务中存在的问题与不足，才有机会采取措施予以纠正，避免再次犯相同的错误。然而可悲的是，有关调查表明，在所有不满意的客人中，只有5%～10%的人会采取公开行动，抱怨投诉。而绝大多数不满意的客人要么一走了之，从此不再回头光顾；要么私下对别人诉说自己的遭遇与痛苦，以泄心头之愤。

(4)避免服务失误的策略

尽管服务失误在所难免，也可以采取补救措施予以纠正和弥补，但是作为饭店来说，尽可能避免的减少服务失误仍是服务质量管理工作的重点之一。

①预防

防患于未然是避免和减少服务失误的首要举措。因为确保客人满意的最佳途径莫过于从一开始就没有失误。预防的核心在于在真正出现之前就加以确定和解决。与此同时，从质量成本控制的角度看，饭店在预防上投入1美元，可以减少1 000美元的检查成本，甚至10 000美元的失败成本。于饭店而言，常用的预防策略有：

* 预测需求

有效预测需求是饭店及时采取应急方案，满足服务需求的先决条件。如果饭店的餐厅事先了解用餐客人的数量，管理人员就可以合理地配备人手，充分准备各类相关物品，确保服务尽如人意。如果饭店能够知道下一个季度乃至下一年的服务需求会增长20%，饭店就会有充分的时间对服务能力进行调整，及时招募新的员工进行培训，添置新的设施、增加物资储备，等到大批客人涌来之时，种种服务失误如排队等候、员工训练不足等就可以有效避免。

* 制定标准

服务标准既是员工行为的准则，检查评估服务效果的依据，又是客人了解饭店服务水平的线索。饭店一旦掌握了客人的服务需求，应当以此为依据制定相应的服务标准，并及时准备服务，这样，就能够有效地预防服务失误的发生。

* 培训员工

对员工进行适当的培训是预防服务失误的有效措施之一。一般来说，饭店在开业之前都应对全体员工进行广泛深入的培训，只有员工了解客人体验服务的全过程，明确服务内容，懂得服务标准与规范，掌握服务技术，才能确保每一位客人在每一次服务中都能满意。

* 情景模拟

情景模拟就是利用电脑模拟程序将饭店员工与客人之间如何保持接触与交流，服务交付系统如何发挥作用以及客人服务体验的全过程一一展现在人们面前，它有助于员工了解不同的情况对客人有何影响，积累经验，掌握有效的预防与补救方法。

* 事前检查

事前检查能有效避免在服务交付过程中出现服务失误。事前检查包括三大类。一是连续检查。即由下一道程序的员工对上一道程序的员工的服务质量与服务准确性进行检查，并贯穿于服务交付的全过程。比如餐厅在菜品上桌之前，传菜服务员和值台服务员分别要对厨师制作的菜肴进行检查核对，以防出错。二是自我检查。即由员工对自己的工作进行反省，以改进不足之处。如厨师在完成菜肴加工的最后程序后，把作好的菜肴与照片上样板进行比较，以确定所作菜肴是否符合要求。三是原因检查。即寻找和排查可能引发问题的根源，以避免问题的发生。如厨师在服务高峰到来之前，对服务的准备情况进行检查。

②服务交付过程监控

服务交付过程监控实际上是在服务实施系统中设置监控机制，以便在服务实施系统运行过程中及时发现和解决问题，以免影响客人的服务体验。比如饭店的管理人员可以通过监控设施发现电话接听是否及时。要实施服务过程监控，饭店必须有明确具体的服务实施标准，这不仅有助于员工在实施服务时对此进行服务评估，检查自身的服务质量，而且可以帮助员工在服务过程中及时意识到问题的苗头并及时采取措施进行矫正。

2. 服务补救

(1)服务补救的含义

格鲁诺斯(Gronroos，1988)认为服务补救是饭店对提供服务产生的缺陷或失败所采取的行动和反应。凯利和戴维斯(Kelly&Davis，1994)认为服务补救是饭店在服务失败之后所采取的补救行动。其根本原则在于第二次服务或处理问题时一定要对。扎豪斯敦·赫瓦(Jahoston Hewa，1997)认为服务补救是服务提供者为缓和或修复在服务过程中对顾客所造成的伤害。由此可见，服务补救是服务饭店对服务失败或是顾客不满意所采取的应对行动，目的是希望顾客能重新评价服务质量，避免坏的口碑宣传，留住顾客。

(2)服务补救的作用

①避免顾客在公众场合对服务作消极的口头宣传

对服务不满意的顾客为了宣泄心中的怨气，往往会向身边的人倾诉自己的不幸遭遇，使饭店的形象遭受打击，潜在的客源流失。如果饭店在服务出现失误时能及时采取令顾客满意的补救措施，补偿给客人造成的身心伤害，使客人获得慰藉，客人不但不会继续抱怨，反而会一如既往地支持饭店，继续购买饭店的产品。

②提高顾客的满意度

虽然客人遭遇服务失误是一件非常令人不愉快的事情，但饭店如果能采取积极有效的补救措施，也可以及时了将坏事变成好事，重新给客人一个惊喜，提高客人的满意度。比如一位筋疲力尽的客人，匆匆忙忙来到饭店，却被告知他预订的标准间因故没有了，可以想象此时的客人会是什么感受。饭店此时如果能提高补偿标准为这位客人在附近的饭店为他订上一套豪华套间让他免费入住，这位客人可能做梦也没有想到他会因祸得福，免费使用豪华套间，这种意外的收获自然会使顾客原谅饭店的失误。饭店也会可能会因祸得福，因为刚才还怒气冲冲、准备再也不光顾的客人现在却要四处宣扬饭店的好处了。

③巩固饭店与顾客的关系

服务补救体现了饭店对客人的尊重，重新给客人新的承诺，这不但不会削弱与顾客的关系，反而会因为饭店的真心诚心而进一步巩固与客人的关系。研究表明，如果饭店处理得当，那些抱怨的顾客中将有60%的人会继续购买饭店的产品。如果问题处理得更为及时，这一比率可能会上升到95%。另据研究发现，4%抱怨的顾客比96%不抱怨的顾客更可能继续购买饭店的产品。

④改进服务质量

服务交付过程是一个非常复杂的系统，经常会因为这样或那样的原因，造成服务质量的下降。在服务补救时，通过顾客的反馈意见及时发现服务质量问题产生的内在原因，并在解决问题时寻找真正令顾客满意的方法，因此，每一次补救就是一次服务质量改进。

⑤激励员工提供更好的服务

服务失误不仅影响顾客的感受，也会打击员工的情绪，进而影响到补救服务，甚至影响下一次服务活动。饭店如果采取恰当的方法处理服务失误问题，不仅不会影响员工的士气，还会激励他们为顾客提供更好的服务。里兹・卡尔顿饭店在员工出现服务失误时，管理人员不是去责备员工，而是帮助他们分析问题，找出解决问题的方法，并与其他员工联系，共同解决问题，尽力使顾客满意。

(3)服务补救的评价标准

服务补救是饭店解决服务失误问题的关键性举措，其是否能达到预期效果，真正能解决客人关心的问题，使饭店和客人双赢，一般应当符合以下几个评价标准。

①公正性

这是影响客人对服务补救评价的关键因素。研究表明，补救措施的公正性影响着85%以上的客人对补救措施满意或不满意的看法。公正性主要体现在服务补救程序标准、客我双方互动标准和补偿标准三个方面。其中，程序公正标准是指客人对饭店的补救程序的认可程度，公正标准的焦点在于饭店是在做官样文章糊弄客人，还是真心实意地倾听客人的意见并解决服务中存在的问题。互动公正标准指的是客人觉得饭店在服务过程中应礼貌地对待客人，让客人有机会完整地表达他们对服务的看法与意见。调查表明，诚恳地倾听抱怨，让客人有发表意见的机会，礼貌待人，再加上合情合理的解决方案，是任何一个客人都可以接受的。相反，即使是补救措施无可辩驳，出言不逊，不给客人说话的机会，饭店也难以获得客人的谅解。补偿公正标准主要体现在客人将如何对待饭店的补偿方式上。由于每个客人的具体情况不同，面对相同的问题，相同的补偿措施也不一定收到同样的效果。因此，最好的办法就是让客人自己选择补偿方式。

②全面性

由于饭店的服务失误给客人造成的伤害既有物质方面的，也有情感和精神方面的，因此，饭店采取的补救措施必须全方位地补偿客人在各个方面遭受的损失，而不能仅仅考虑在物质方面给客人以补偿就可以解决问题。

③灵活性

有效的补救措施必须具备一定的弹性或灵活性，要能够在不同的情况下解决不同的服务失误，以满足不同客人的不同要求。

④有效性

这是决定服务补救是否成功的又一关键因素。事实表明，补救无效，情况会变得更加糟糕，因为在客人看来，如果饭店出现了服务失误，也只能束手无策，还会有什么会比这种情况更令人失望和悲哀呢！

⑤针对性

针对性要求饭店面对服务失误必须针对不同的原因、严重程度采取相应的补救措施。一般而言，如果服务失误的程度严重且是由饭店造成的，恰当的补救措施是为客人提供贵宾服务。比如由于饭店的缘故使已预订客房的客人不能入住，就应由饭店出资请客人在其他饭店享受贵宾待遇。当饭店造成的服务失误不那么严重时，服务人员应当立即道歉，并提供正确的服务，尽可能地给客人一些其他方面的补偿。比如客人对餐厅提供的菜肴提出质疑，服务人员除向客人表示歉意，并更换菜肴之外，周到细致的餐厅往往会免费赠送客人一份甜品或小吃。如果因为客人自身的缘故导致服务失误，饭店不但不能袖手旁观，而且应当充分利用这个机会展示自己的补救能力，博得客人的好感。当失误不严重时，饭店负责人的道歉就能起到补救作用，大多数客人意识到饭店在主动承担责任会心存感激的。如果为了进一步密切客我关系，在费用不高的情况下，饭店还可以作出更多的努力，如有些餐厅发现客人不喜欢某些菜肴或觉得口味不对时，便会主动放弃收费。如果由于客人自己或其他外力造成严重服务失误时，饭店如果能扮演救人危难的英雄，则会给客人留下难忘的印象。多米诺比萨饼的送货员带着比萨饼出现在火灾现场时，伤心过度的夫妻二人正站在自家的废墟前，看到送货员到来一脸茫然。告诉送货员他们没有订比萨饼，同时感觉到那位送货员真不通人情，这个时候还来烦人。而送货员却不慌不忙地回答说，他刚才经过这里，知道他们的房子起了火，回去后向经理作了汇报。听说后大家都对发生的灾难感到遗憾，并一致认为应该为遭受灾难的人做些比萨饼。于是他就把比萨饼送来了，夫妻闻听此言，对如此善解人意的比萨饼店已是感激不已。

⑥及时性

立即采取行动是补救服务失误的基本原则，补救措施是否有效往往取决于问题能否当场解决。因为当服务出现问题时，任何客人都不愿意听到诸如“我作不了主，这得由经理说了算”之类的话。饭店要做到一旦出现服务失误就能立即行动进行补救，应当充分赋予一线员工处理问题的权力、责任并实施相应的奖励措施。里兹·卡尔顿饭店的格言卡上明确写道：“任何员工遇到客人抱怨的情形，都有责任进行落实和解决”。“立即采取行动改正错误。负责的员工须在 20 min 内打电话通知客人遇到的问题已经落实和解决，竭尽全力不让任何客人失望而去”。“任何员工都有充分权力补救服务失误，并有责任防止失误再度发生”。因为里兹·卡尔顿饭店明白问题如何发生或是因为谁而发生都不重要，重要的是出了问题一定要有人负责处理和补救，为此，饭店专门制定了一项政策：为了及时补救服务失误和让客人感到满意，每位员工有权自主支配不超过 2000 美元的费用。

复习思考题

1. 饭店服务质量是如何形成的？有何特点？
2. 顾客的服务质量期望是怎样形成的？
3. 饭店服务质量差距表现在哪些方面，成因是什么？如何缩小差距？

4. 试论饭店服务质量的管理。

参考文献

1. 汪纯孝. 服务营销与服务质量管理. 广州：中山大学出版社，1996

2. J·M·朱兰. 朱兰论质量策划——产品与服务质量策划的新步骤. 北京：清华大学出版社，1999

3. 张润钢. 现代饭店服务质量管理与控制. 北京：经济科学出版社，1999

4. [澳]贾伊·坎达姆普利著. 程尽能，韩鸽等译. 服务管理——酒店管理的新模式. 北京：旅游教育出版社.

5. [美]Robert C. Ford，Cherrill P. Heaton 著. 边毅，赵丰跃译. 现代美国旅游饭店服务管理. 长沙：湖南科学技术出版社，2003

6. 庄玉海. 现代旅游饭店全面质量管理. 深圳：海天出版社，1998

7. 秦远好，刘德秀. 现代饭店服务管理. 北京：中国大地出版社，2005

8. 彭建军. 酒店顾客抱怨管理. 广州：广东旅游出版社，2005

9. 王大悟. 酒店服务学. 合肥：黄山书社，2004

第十三章　饭店营销管理

营销是饭店的产品与服务进入市场并满足顾客需求的前提。由于饭店行业销售给顾客的最终产品是具有十分明显的无形性特征的服务，因此，饭店的营销理念与营销方法与生产有形商品的行业有显著的差别。本章围绕饭店营销与营销管理的基本内涵与特点，全面介绍了饭店市场细分与定位，目标市场的选择，营销组合等相关理论与方法，阐述饭店营销的新理念。

第一节　饭店营销管理概述

一、饭店营销

（一）饭店营销的概念

饭店营销属于市场营销的范畴。市场营销，源自英文“Marketing”一词，是企业在市场环境中从事的一种经营活动，是在市场营销观念指导下产生的一种现代企业行为。对于市场营销，各国学者和研究机构从不同角度下了多种定义，反映了不同时期人们对市场营销的认识和其发展过程。我们简洁地表述为：市场营销是组织或个人通过交换提供满足消费者需求的产品的管理过程。

根据市场营销的概念，结合现代市场营销理论，可以给出饭店营销的定义：饭店营销是饭店营销管理人员在变化的市场环境中，综合运用各种营销手段，满足饭店顾客需求和实现饭店目标，把饭店产品、服务销售给饭店顾客的管理活动过程。从概念中可以看出，饭店营销的目的有两个：一是提供产品和服务以满足顾客需求，二是实现饭店的经营目标。

(二)饭店营销活动的特点

企业营销活动是围绕企业所生产的产品而进行的,营销活动的特点明显地受其产品特点的影响。饭店业作为一种典型的服务性产业,生产的产品属于典型的高服务产品范畴,从某种意义上说,饭店产品的核心即是服务,它具有其他一般有形产品所没有的特性。因此,我们从饭店产品的特性出发,研究饭店营销活动的特点。具体地讲,有以下几个方面:

1. 饭店产品无形性特点要求饭店营销活动重视有形证据

饭店提供的产品是以服务为主体的组合,饭店借助各种设施设备和物品原料,通过员工的劳动,向饭店顾客提供各种旅居生活所需。服务是无形的,饭店顾客在首次购买饭店产品之前无法具体接触或明确感受它们,这就给饭店营销活动带来了很大的难度。无形的服务如何取信于公众,成为饭店营销活动的难点和重点。针对这个特点,饭店在营销无形的服务时,就应巧妙地提供各种有形证据来吸引顾客,让顾客眼见为实。这些有形证据包括设施设备、人员形象、环境布置、广告宣传等饭店顾客可以直接感受的一切视觉要素。

2. 饭店产品的不可储存性特点增添了饭店营销活动的艰巨性

饭店产品是不可储存的,具有效用瞬时性的特点。当天的产品卖不出去,当天的效用也就失去了,饭店无法把没有销售的“存货”留给将来。因此,饭店在提供产品时,要掌握恰当的时机,提高产品的时间效用,尽量实现产品的使用价值,减少损失。饭店在开展营销活动时,尤其应注重协调供给与需求的关系,以便降低饭店产品的“报废率”。

3. 饭店产品的不可运输性特点使营销活动缺少灵活性

饭店是以饭店本体作为营销对象的企业,即其产品只能在饭店内交换,顾客消费饭店产品只能在饭店内就地进行,饭店顾客离店时带走的只是一种感受,而不能带走具体的服务产品。这一特点决定了饭店规模必然受到区域性的限制,因而饭店必须根据目标市场的大小决定企业设施规模和接待能力,开展营销活动。近年来世界范围内兴起的连锁经营、共同促销等方式,就是为了降低不可运输性所带来的局限性,实现饭店产品与服务的灵活销售。

4. 饭店产品的非均质性要求饭店强化服务营销意识

饭店产品的非均质性指饭店服务产品质量缺乏稳定性,易发生波动。这一方面是因为服务人员在工作过程中往往受诸多因素的干扰,影响了服务质量的稳定性;另一方面,饭店顾客对饭店产品的评价也带上了浓厚的个人色彩。鉴于这一特性,要求饭店强化服务营销意识,在营销的诸多环节上体现服务意识,确保饭店产品与服务质量的相对稳定性。

5. 产品生产和消费的同步性要求饭店营销重视服务过程

饭店产品和服务的生产必须以饭店顾客的到来为前提,没有饭店顾客的参与,饭店服务就不可能发生。当饭店顾客离开饭店时,服务自然也就结束。生产与消费的同时性性体现出饭店顾客更加重视活动过程,由于饭店顾客参与了服务过程,因此如何引导、鼓励饭店顾客的参与将对服务质量产生重要影响。而饭店的有效引导和鼓励将使饭店顾客积极参与到服务过程中,饭店顾客参与的热情越是强烈,他们对服务过程的控制越大,饭店顾客满意度也越高。

以上所述均是从饭店产品的服务性特征出发,分析饭店营销活动的特点。除此以外,还需要注意两个方面:第一,饭店产品具有非专利性的特点,即饭店不能为自己的客房装饰、菜肴糕点、服务项目、服务方式等申请专利,很容易被诸多竞争对手所模仿。因此,饭店营销要灵活掌握饭店顾客的消费心理,具有创新意识,在创新产品成为大众产品之时做好产品的更新换代工作。第二,在知识经济背景下,文化成为人们的需求热点。作为旅游业的支柱产业之一，饭店就应首先满足顾客的文化需求。因此，饭店要研究文化性的产品，开展文化营销活动，在营销的各个环节上（如产品设计、促销设计等）体现浓厚的文化气息，使营销成为一项文化型的经济活动。

二、饭店营销管理

（一）饭店营销管理的概念

饭店营销管理是指为了实现饭店目标，创造、建立和保持与饭店顾客之间的互利交换和关系，而对饭店营销活动进行的分析、计划、执行和控制。市场营销管理的基础是交换，目的是满足各方需要。

在现代市场经济条件下，饭店必须十分重视市场营销管理，根据市场需求的现状与趋势，制订计划，配置资源。通过有效地满足市场需求，来赢得竞争优势，求得生存与发展。

（二）饭店营销管理的过程

饭店营销管理过程是指饭店识别和分析市场机会，研究和选择目标市场，制订营销策略，实施营销控制，实现饭店营销任务和目标的管理过程。饭店营销部门应在营销战略规划的指导下，完成营销管理过程的各项工作，这些工作主要包括：分析市场机会、选择目标市场、优化营销策略、控制营销活动。

（三）饭店营销管理的实质与任务

饭店营销管理的主要任务是刺激、创造、适应及影响饭店顾客的需求。从此意义上说，饭店营销管理的实质是需求管理。任何市场均可能存在不同的需求状态，根据需求水平、时间和性质的不同，可归纳八种不同的需求状态。在不同的需求状态下，市场营销管理的任务有所不同，要通过不同的市场营销策略来解决。

1. 负需求

负需求状态表现为部分顾客不喜欢或厌恶饭店的产品，故意避免去购买它们。在这种情况下，饭店管理需要分析顾客不喜欢这家饭店的原因，并加以解决。如果产品过时，则需要对产品进行重新设计；如果产品质量不好，则需要提高产品质量；如果顾客对产品有误解，则需要用更积极的促销手段来改变顾客的态度。这种需求管理称为扭转性营销。

2. 无需求

无需求表现为顾客对饭店的产品不感兴趣，没有人来购买饭店的产品。如某城市旅游涉外饭店已过剩，而又有一家新的旅游涉外饭店开业，这家饭店的位置又远离城市中心，顾客对这种饭店的兴趣就会很低。在这种情况下，饭店管理就必须发现一些能把自己饭店产品的利益与顾客的需求联系起来的方法。如某些饭店就采用在开业时打折的方法，也可宣传其环境高雅、宁静，可供单独享用的气氛，来吸引顾客光临。这种需求管理称为刺激性营销。

3. 潜在需求

潜在需求状态表现为顾客具有一种需求，但这种需求目前还没有被任何现存的饭店产品和服务来满足。如饭店星期天的早午餐，饭店健身俱乐部等。在这种情况下，饭店管理的任务就是要了解这一潜在市场的需求类型和需求规模，发展合适的产品和服务来满足这一需求。这种需求管理称为开发性营销。

4. 下降需求

下降需求状态表现为顾客对饭店的某一种产品需求量下降。例如，在饭店附近又有一家新饭店开业，本饭店住宿人数就会下降。在这种情况下，饭店管理者必须努力发现新的客源市场来增加新的需求，也可以改变原有产品特点，或使用更有效的沟通手段。这种需求管理称为再生性营销。

5. 不规则需求

不规则需求表现为饭店的需求在一年不同时间或季节里出现波动的状况。这样就会产生两方面的问题：一方面是旺季高峰时顾客过分拥挤，另一方面是在淡季时设施大量闲置。在这种情况下，饭店管理人员必须通过灵活的价格、促销和其他激励手段来调整宾客需求量的时间分布形态，分流旺季、高峰的需求量，增加淡季需求量。如饭店可以在淡季招徕会议客，城市饭店可以推出傍晚正餐之前“幸福时刻”的较便宜餐饮项目，以吸引年轻的恋人。这种需求管理称为平衡性营销。

6. 充分需求

充分需求状态表现为饭店的产品拥有充足的需求。如在我国旅游热点城市的涉外饭店保持较高的客房出租率。在这种情况下，饭店管理者要密切注意顾客需求偏好的变动和饭店竞争态势，保持饭店较高的顾客满意度。在维持原有需求水平的基础上，还可用高质量客源来代替低质量客源。这种需求管理称为维持性营销。

7. 过度需求

过度需求的状态是需求量高于饭店的提供能力。在这种情况下，饭店管理者的任务就是要减少过度需求，设法使需求降到理想水平，否则会降低饭店产品质量，破坏饭店形象，从而导致饭店需求的大量减少。营销策略包括提高价格、减少服务或广告宣传、增加销售限制等。这种需求管理称为降低性营销。

8. 有害需求

指消费者对某种事实上有害于个人或社会环境的产品或服务的需求。如烈性酒、带有赌博、色情的服务等都可以归入有害需求。饭店管理者的任务是，在不影响大多数顾客在饭店正常消费、享受的环境和气氛中，应做到事先有针对性的预防和事后小范围的处理，尽量避免在大庭广众面前产生不必要的紧张气氛。这种需求管理也被称为抵制性营销。

第二节　饭店市场细分、目标市场选择与市场定位

一、饭店市场细分

（一）饭店市场细分的概念

饭店市场细分是饭店营销管理人员根据饭店顾客对饭店产品需求的差异性，将顾客市

场划分为若干具有不同需求特征的子市场，从而使饭店有效地分配和使用饭店资源，进行各种营销活动的过程。

饭店市场细分是针对现代市场的复杂性以及庞大规模而提出的一种需求分类方法，对实现饭店营销目标意义重大。体现在：一是有利于发现市场营销机会；二是有利于深入了解消费者的需求；三是有利于制定正确的营销策略；四是有利于提高饭店经济效益。此外，市场细分对于中小型饭店有特殊的意义，有利于中小型饭店发挥优势，开发和占领市场。

(二)饭店市场细分的原则

对饭店市场进行细分，既不能过于粗放，忽视顾客需求的差别，又不能过于琐碎，使细分市场失去经济意义。市场细分要有实用价值，必须符合以下原则：

1. 可衡量性

细分结果必须明确，各细分市场具有明显的需求差异，并且这些差异可以用具体的指标加以衡量。

2. 可进入性

饭店能有效地进入被细分的市场，即该细分市场和消费者可以通过饭店的营销而被获得。

3. 稳定性

细分市场在一定时期内应是相对稳定不变的，这样对饭店才有意义。

4. 可盈利性

细分市场应足够大，具有一定的稳定性，以使饭店进入该细分市场后最终能够盈利。

5. 可行性

饭店有足够的资源来设计出吸引和满足该细分市场的有效营销方案。

(三)饭店市场细分的方法

饭店市场细分要依据一定的细分变量进行，概括起来主要有四类，即地理变量、人口变量、心理变量和行为变量。以这些变量为依据来细分饭店市场，就产生了地理细分、人口细分、心理细分和行为细分四种基本的市场细分方法。

1. 地理细分

按照顾客所处的地理位置、自然环境来细分市场。如根据国家、地区、城市规模、气候、人口密度、地形地貌等方面的差异将整体市场分为不同的小市场。地理细分强调饭店顾客的需求特征与地理因素之间的相关关系，强调顾客的文化及生活习俗的区域性特点，从综合的角度描述消费者的需求特征。

2. 人口细分

该方法是市场细分中最流行的方法，既直接又十分有效。其分析变量非常明确，包括性别、年龄、职业、收入、家庭结构、种族、宗教、国籍、受教育程度及文化与血缘关系等，饭店顾客的需求与爱好往往同这些因素有着十分密切的关系。如像马里奥特和凯悦饭店，已经建立了老年生活中心，以满足这个细分市场的需要。

3. 心理细分

对饭店顾客也可以按其心理特征进行细分，这种细分常常可以解释消费者需求变化的原因和行为规律，一般人们习惯于用生活方式、性格特征等因素细分饭店市场。如德国凯宾斯基饭店集团在美国纽约、波士顿和华盛顿特区设立的饭店都采用社会阶层和生活方式作为市场细分的标准。凯宾斯基所选定的细分市场就是为数不多的高档商务旅行者，这些人欣赏那种能提供古典风格的服务的小型欧式饭店，并能够支付得起高价格。

4. 行为细分

购买行为变量包括购买动机、购买时间、购买频率等。如按购买动机可以把饭店市场细分为商务市场、会议市场，度假市场；按购买时间可以细分为旺季市场、淡季市场、节假日市场；按购买饭店产品的频率特征可细分为较少旅游者、多次旅游者和经常旅游者等。

二、饭店目标市场决策

（一）饭店目标市场的概念

饭店目标市场是饭店在市场细分基础上，选择作为销售对象的某一类似的消费者群体，是饭店营销活动所要满足的市场需求。“足够大”“有潜力”“未饱和”是饭店选择目标市场的三大依据。

（二）饭店目标市场营销战略

与其他企业一样，饭店占领目标市场的基本营销策略主要有三种，即：无差异性营销策略、差异性营销策略和集中性营销策略。

1. 无差异性营销策略

是指饭店将整体市场作为自己的目标市场，只推出一种饭店产品，运用一种营销组合方案，去满足所有顾客的需求。

无差异性营销策略的优点在于它可以发展规模效益优势，降低成本，简化营销工作。缺点在于有效性较差，易引起其他企业模仿，造成更激烈的市场竞争。

2. 差异性营销策略

是指饭店从不同的细分市场的需求差异性出发，针对各个不同细分市场的特点，分别推出不同的饭店产品，采用不同的营销组合方案，以满足各类不同顾客的需求。

差异性营销策略的优点在于能针对性地满足各个目标市场顾客的不同需求，有利于塑造企业及产品的良好形象，增加重复购买的数量，并减少饭店的经营风险。缺点在于目标市场过多，营销费用也会随之增多，同时增加了营销管理工作的难度。

3. 集中性营销策略

是指饭店在市场细分的基础上，从整体市场中选择一个或少数几个细分市场作为目标市场，集中企业力量争取在所进入的细分市场获得大的市场占有率。

集中性营销策略的优点在于能集中力量、发挥优势、以特色取胜，缺点是风险较大。集中性目标市场策略为中小企业发挥自己的优势提供了一个较好的途径。

三、饭店市场定位

（一）饭店市场定位的概念

饭店市场定位，是饭店通过识别消费者需求，开发并向消费者传播与竞争者不同的优势产品，塑造饭店、产品形象在消费者心目中独特位置的行为过程。

对市场定位概念的理解应该把握四个方面：第一，准确识别消费者需求，是市场定位的前提；第二，塑造饭店产品及形象特色，并根植于消费者心中是市场定位的核心内容；第三，产品差异化是树立饭店特色形象，区分竞争对手的重要途径，是市场定位的实质和关键环节；第四，市场定位是一个整体行为过程。

（二）饭店市场定位的方法

正确的市场定位有助于饭店在市场上营造自己的特色，增强竞争力。同时，市场定位决策也是制定饭店营销组合的依据。通常饭店可以通过创造产品差别、服务差别、员工差别、价格差别、消费群体差别与销售渠道差别等来建立起自己区别于竞争对手的市场形象。饭店在进行市场定位时，可以采取以下方法：

1. 针对饭店产品的具体产品特征定位

重点在于产品本身。如雅高集团旗下的六号汽车旅馆在广告中宣扬其低价位；希尔顿饭店则强调其地理位置对商务客人的优越性："如果美国企业家要携带家眷进行商务旅行，那么他们下榻的是希尔顿饭店"。

2. 针对饭店能满足的需要或能提供的利益定位

强调市场一方利益。如：拉・昆塔饭店的广告"就住一晚"，强调暂住客人的利益，而"××饭店是一家女性饭店"则强调女性市场的利益。

3. 针对竞争者定位

通过与竞争者比较，彰显差异。这种定位策略是在肯定本饭店产品的潜在竞争优势时采取的一种定位策略。定位决策需要考虑如下因素：一是本饭店的生产与服务质量、特色和水平；二是市场潜力和市场容量的大小；三是饭店的市场开拓能力；四是饭店产品价格调整的空间。

4. 拾遗补缺定位

饭店在进行市场的细分时，可能发现一些市场空缺，即某些需求未得到充分满足，甚至根本不存在迎合该需求的饭店产品。例如，在目前我国饭店业中，分时度假饭店还几乎是空白，汽车旅馆未能充分开展起来等等。在此前提下，饭店的市场定位可以采取拾遗补缺的定位策略，使本饭店的产品具有明显的优势，避免同行饭店的竞争威胁。

（三）饭店市场定位的步骤

饭店市场定位工作大致可分为五个具体步骤：

(1) 明确饭店目标市场客人所关心的关键利益；

(2)形象的决策和初步构思；

(3)确定饭店与众不同的特色；

(4) 进行形象的具体设计；

(5)有效地传递和宣传形象。

第三节 饭店营销组合策略

所谓饭店营销组合，也就是饭店的综合营销方案，即饭店为了满足目标市场的需要，有计划地综合应用企业可以控制的各种市场营销手段，以达到销售产品并取得最佳经济效益的策略组合。

饭店营销组合策略主要包括产品策略(product)、价格策略(price)、渠道策略(piace)和促销策略(promotion)，也就是通常所说的4P策略，即从产品、价格、销售渠道、促销四方面进行综合分析考虑，选择最有效的组合以最好地实现饭店营销目标的过程。

一、产品策略

饭店产品是营销组合的第一要素，产品策略是关系到饭店生死存亡的关键，是饭店营销组合策略中最基本的策略。

(一)饭店整体产品概念

整体产品概念是现代市场营销观念的产物，反映了饭店营销的重点在于向饭店顾客提供具有完整效用的产品，给饭店顾客带来完整的消费满足。按照现代市场营销理论的整体产品观念，饭店产品包括核心产品、形式产品和延伸产品三部分。

1. 核心产品

核心产品是饭店产品最重要的构成部分，是饭店顾客希望从产品中获得的最根本的利益，如里兹·卡尔顿饭店认为它出售的是“让游客有一些美好的旅行回忆”。饭店在设计产品时，应善于研究和发现不同饭店顾客对饭店产品或服务的不同的核心需求，并通过具体的产品和服务及时加以满足。

2. 形式产品

形式产品是饭店产品的外在表现形式，它既可表现为实体产品，又可表现为无形的服务。饭店建筑、地理位置、周围环境、店内氛围、价格等均是形式产品。借助于形式产品，饭店顾客可更直观、清晰地了解饭店产品核心利益所在。形式产品在一定程度上直接影响饭店顾客的购买决策。

3. 延伸产品

延伸产品指饭店为饭店顾客提供的各种附加价值与利益。在附加值竞争时代，饭店顾客的消费选择在很大程度上取决于饭店产品所提供的附加价值和利益。因此，延伸产品的设计与提供直接影响饭店产品的市场竞争力，饭店可从物质、价格、心理等方面适时向饭店顾客追加附加利益与价值。

(二)饭店产品组合

饭店产品组合可概括为饭店提供给市场的全部产品线和产品项目的组合和搭配,即经营范围和结构。饭店可以从产品的广度、长度、深度和关联度四个方面进行产品组合,形成不同的饭店产品系列。

1. 产品组合的广度

指饭店所拥有的产品线的数量,即饭店经营的分类产品的数量,如客房服务、餐饮服务、娱乐服务等。产品线多,说明产品组合的广度较宽。

2. 产品组合的密度

指饭店的每一个分类产品中所包含的不同服务项目的数量。如娱乐服务是否包括 KTV 包厢、台球室、迪斯科舞厅、保龄球馆、桑拿中心、网球场、健身房等服务项目。

3. 产品组合的深度

指每一服务项目能提供多少相关的服务内容。如 KTV 包厢中能提供多少 MTV 曲目、有无茶水服务、夜宵服务等。

4. 产品组合的关联度

指各类产品中各种服务项目之间在使用功能、生产条件、销售渠道或其他方面的关联程度。

饭店可以通过扩充或缩减产品组合的广度、长度和深度,提高或降低产品组合的关联度,调整产品组合,使得饭店产品更具竞争力。

(三)新产品的开发

饭店产品都要经历一个由进入市场到被市场淘汰的生命周期。在这一生命周期中,饭店产品一般要经历介绍期、成长期、成熟期和衰退期四个不同的阶段。饭店应依据产品生命周期的变化,及时调整产品组合,并不断开发新产品,满足人们不断变化的需要。开发新产品是饭店具有活力和竞争力的表现,也是饭店适应营销环境变化的一种策略。

新产品不等于全新产品。新产品是指在技术、功能、结构、规格、实物、服务等方面与老产品有明显差异的产品,是与新技术、新理念、新潮流、新需求、新设计相联系的产品。如一间客房,改进了房内的设施设备,就成为新产品;即使不改进设施设备,但改变了房内的文化氛围,也就成为一种新产品。一种产品,只要是饭店顾客以前未接触过、尝试过的,但又愿意去接触、喜欢去尝试,便是新产品。它包括以下三类:

1. 全新新产品

采用新原理、新结构、新技术、新材料研制而成的全新产品,技术含量最高,是过去人们未曾想到的产品,如客房内的 VOD、娱乐场所的镜宫等。

2. 改进新产品

采用各种技术,对现有的产品在性能、结构等方面加以改进,提高其质量,以求得规格、式样等的多样化,它是在原有产品的基础上发展而来的,如各种改良的传统菜式、各类主题客房等。

3. 仿制新产品

市场上已经存在,饭店通过模仿而生产出来的产品。

饭店开发新产品任重而道远,饭店应本着创新、对路、有利可图、量力而行的原则,不断开发各类新产品,满足人们不断变化的"求新求异"的需要。

二、定价策略

价格一向是影响顾客选择饭店的主要因素之一。因此，饭店定价是不可忽视的重要问题。价格是营销组合中十分敏感的因素。饭店价格制定是否合理，会直接影响需求量的多少和饭店利润的高低，并且还影响着饭店营销组合的其他因素。

影响饭店产品定价的主要因素是产品成本、市场需求与市场竞争。除此以外，饭店的营销目标、饭店产品的生命周期和品牌、饭店所在国家和地区的政治经济因素等也会不同程度地影响饭店产品价格的制定。饭店产品的定价方法主要包括以成本为中心的定价方法、以需求为中心的定价方法和以竞争为中心的定价方法三类。

（一）新产品定价策略

1. 市场撇脂定价

是在饭店新产品上市之初，市场对价格不敏感时确定高价。市场撇脂定价的优点在于可以在短期内获取厚利，尽快收回投资，通过高价创造优质印象，同时保留价格调整的空间。一般而言，对于全新产品、需求的价格弹性小的产品、流行产品、未来市场形势难以测定的产品等，均可以采用撇脂定价策略。但从根本上看，撇脂定价是一种追求短期利润最大化的定价策略，因此，采用这一定价策略必须谨慎。

2. 市场渗透定价

是与撇脂定价相反的一种定价策略，即在新产品上市之初将价格定得较低，吸引大量的购买者，扩大市场占有率。采用渗透价格的饭店无疑只能获取微利，这是渗透定价的薄弱之处。但是，由低价产生的两个好处是：首先，低价可以使产品尽快为市场所接受，并借助大批量销售来降低成本，获得长期稳定的市场地位；其次，微利阻止了竞争者的进入，增强了自身的市场竞争力。利用渗透定价的前提条件包括：市场对价格高度敏感；必须存在规模经济；低价必须有助于抵御竞争。

（二）心理定价策略

心理定价通常要考虑价格的心理作用，而不是简单的经济学问题。常用的心理定价策略有整数定价、尾数定价、声望定价和招徕定价。

1. 整数定价

凭借整数价格给顾客造成高价的印象。整数定价常常以偶数，特别是“0”作尾数。例如，饭店客房可以定价为 1 000 元。整数定价策略适用于需求的价格弹性小、价格高低不会对需求产生较大影响的情况，往往针对高收入阶层。

2. 尾数定价

又称奇数定价、非整数定价，指饭店利用顾客求廉的心理，制定非整数价格，而且常常以奇数作尾数，尽可能在价格上不进位。如把饭店餐厅某菜品的价格定为 19.90 元，而不定为 20 元，可以在直观上给顾客一种便宜的感觉，从而激起顾客的购买欲望，促进产品销售量的增加。尾数定价往往还与 9、8、6 等吉祥数字相连，以满足消费者的习俗文化心理需求。

3. 声望定价

这是根据产品在顾客心目中的声望、信任度和社会地位来确定价格的一种定价策略。声望定价可以满足某些顾客的特殊需求，如地位、身份、财富、名望和自我形象等，还可以通过高价格显示名贵优质，因此，这一策略适用于一些传统的、享有盛名的、有较大市场影响力和深受市场欢迎的饭店。

4. 招徕定价

是指将某几种产品的价格定得非常低，在引起顾客的好奇心理和观望行为之后，带动其他产品的销售。在营业淡季，饭店会提供一种特殊的促销价，如情人节周末特价（产品包括一间客房、香槟酒、两人的正餐以及早晨客房送餐），通过制造一些特殊的事件，使饭店顾客有了前来消费的理由，而这种产品捆绑方式会产生物超所值的积极形象。

（三）价格调整策略

针对不同的饭店顾客以及环境的变化，饭店常常要对基础价格进行调整。我们讨论以下几种价格调整策略：

1. 数量折扣

指按购买数量的多少，分别给予不同的折扣，购买数量愈多，折扣愈大。其目的是鼓励大量购买，或集中向本饭店购买。

2. 季节性折扣

是饭店在淡季需求低迷的时候，对饭店顾客提供的价格减让。季节性折扣使饭店得以在一年中维持稳定的需求。

3. 现金折扣

是对在规定的时间内提前付款或用现金付款所给予的一种价格折扣，其目的是鼓励顾客尽早付款，加速资金周转，降低销售费用，减少财务风险。

4. 功能折扣

中间商在产品分销过程中所处的环节不同，其所承担的功能、责任和风险也不同，饭店据此给予不同的折扣称为功能折扣。功能折扣的结果是形成购销差价和批零差价，目的在于对中间商经营的有关产品的成本和费用进行补偿，并让中间商有一定的盈利。

5. 歧视定价

歧视定价是指饭店常常根据饭店顾客、产品和地点、时间的差异调整其基础价格。运用歧视定价，企业对同一产品或服务可以有两种甚至更多的价格水平。歧视定价的作用在于给不同的细分市场以不同的价格，从而使每一个饭店顾客的支出最大化。

三、饭店销售渠道策略

饭店销售渠道是指饭店产品和服务从饭店向顾客移动时取得饭店产品和服务的所有权（使用权）或帮助转移其所有权（使用权）的所有企业和个人。建立科学有效的销售渠道对饭店经营非常重要。一般来说，饭店营销渠道有两种：一个是直接渠道，即饭店直接面对消费者；二是涉及中间环节的间接渠道，即饭店中间商。

（一）饭店直接销售渠道

饭店直接销售渠道是饭店的直接销售方式。消费者直接向饭店购买饭店产品和服务，不经过任何中间环节。对于饭店来说，直接销售渠道的优点在于：第一，可以对销售和促销过程进行有效的控制;第二,无中间环节,减少佣金支付或价格折扣;第三,直接了解饭店顾客需求及其变化趋势;第四,可以在销售过程中直接进行促销。如前台的接待可以在饭店顾客选择是否入住时适时地向其介绍本店的特点和优势;行李员在送饭店顾客入房时也可以适当地向其介绍本饭店的相关服务。

目前,饭店直接销售渠道有三种类型:

1. 饭店柜台销售

接受客人亲自上门的方式,将产品和服务销售给顾客。

2. 自设销售网点

指饭店通常将销售网点设立在用户较集中的地方或商业区。

3. 预订销售

是指饭店通过互联网、电话、传真或饭店自有的预定系统进行销售。

(二)饭店中间商

饭店中间商是指作为饭店间接分销渠道成员的具有经济法人资格的组织、机构和个人。对于饭店而言,采用中间商的优点体现在三个方面:其一,扩大市场覆盖面。其二,补充饭店资源,分担经营风险。其三,延伸信息触角,拓宽信息来源。

目前,饭店中间商主要有如下一些类型:

1. 旅行社

旅行社拥有大量的连接航空公司、铁路、饭店和景点等旅游企业的网络系统,也拥有十分广泛的团体客源市场。旅行社直接向消费者销售其代理的交通产品、住宿产品或景点门票,是一种典型的代理零售商。

2. 旅游批发商和经营商

旅游批发商和旅游经营商将饭店、交通、餐饮、观光、娱乐和购物等产品项目加以组合,然后将这些组合产品提供给旅游市场,购买他们的产品的,往往是作为零售商的旅行社。他们的优势体现在能够接近大量的各种旅游产品生产商,而且对市场需求相当熟悉,在组合产品方面有很强的专业知识。

3. 会议策划人

会议策划人负责与饭店或其他旅游企业进行接触、洽谈,因此构成了饭店的中间机构之一。他们在合同的基础上为某些组织机构进行会议和展览策划,是一种在展会选址、谈判、预算和促销方面都很有专长的中间商。

4. 全球分销系统

全球分销系统是一种网络化的预定系统,它可以被看做是旅游代理商和其他接待业产品分销商的产品目录。全球分销系统由航空公司订票系统发展而来,进入 20 世纪 80 年代之后,不仅能够预订机票,而且可以预订饭店、租车、景点和剧院门票等。全球分销系统将各种旅游及相关企业整合其中,其终端设立在旅行代理商的营业场所。目前,它已经成为西方旅行社广泛使用的销售途径。

(三)饭店销售渠道策略

饭店在营销过程中选择何种销售渠道,以直接销售为主还是以间接销售为主,涉及销售渠道选择的问题。饭店在选择销售渠道时要受到来自于饭店产品、饭店自身资源以及营销对象等方面因素的影响。可供饭店选择的销售渠道策略一般有如下几种：

1. 广泛销售策略

指对中间商不作选择，数量越多越好。该策略的优点是为饭店顾客创造了购买方便，缺点是增加了饭店控制管理销售渠道的难度。

2. 独家销售策略

指饭店在一定的市场区域内择优选择一家中间商作为销售渠道。采用这一策略，有助于饭店控制中间商，监督其改进服务态度，但相应影响了饭店顾客购买的方便性。

3. 选择性销售策略

指饭店在一定的市场区域范围内挑选几家中间商作为销售渠道，这一策略具有较广泛的适用性。

4. 短渠道销售策略

指饭店选择涉及中间商较少的销售渠道。

5. 长渠道销售策略

指饭店选择涉及中间商较多的销售渠道。采用这一策略，要考虑效率原则（便于饭店顾客购买）、经济原则（销售渠道能带来足够的营业收入和利润）、客源原则（考虑客源的基本特点）。

6. 联合营销

联合营销是营销渠道的发展趋势。随着市场竞争的加剧，饭店依靠单一的营销手段已显得越来越力不从心，因此在营销渠道的选择上开始走联合营销的路子，组建全国性乃至全球性的营销网络，充分拓展营销渠道的长度和宽度，以更灵活的方式在最接近饭店顾客的地方进行最有效、最方便的营销。

四、促销策略

促销是指饭店通过一定的手段，将有关饭店及其产品的信息传递给消费者，从而促进消费者对饭店产品的了解、偏爱，以达到销售的目的。促销的实质是宣传和沟通产品信息，通常通过广告活动、公共关系、营业推广、人员推销等方式实现信息沟通。

（一）促销策略的内容

促销策略，是指信息沟通手段和过程的系统化、规范化，即对促销对象或领域、促销任务、促销目标、促销效果、促销投入、各种限制条件等进行科学的选择、分析、配置、控制，使信息宣传尽量提高促销活动的效果和效率。在具体设计促销策略时，应从以下方面着手：

1. 选择促销对象

饭店在开展每一次促销活动时，首先要明确促销的对象，针对具体的促销对象来设计具体的促销内容。

2. 选择促销目标

促销目标指通过促销活动要解决的问题，促销目标通常由浅到深，分为三个层次：第一，通过促销，让饭店顾客知晓、了解饭店的产品；通过促销，让饭店顾客对饭店的产品产生好感，产生好的评价；通过促销，让饭店顾客采取购买行为，促进饭店产品销售。

3. 选择促销设计方案

饭店要合理设计促销方案，确保信息传递的有效性。促销设计方案应注意以下方面：第一，促销信息的主题鲜明清晰；第二，促销信息的形式恰当醒目；第三，促销信息的结构有序合理；第四，表达促销信息的信息源真实可信。

4. 选择信息沟通渠道

指采用何种渠道来传递信息，主要是人员渠道和非人员渠道。

5. 建立促销预算

指根据饭店经营现状、产品特点、流动资金状况、目标饭店顾客和竞争者情况等因素制定促销费用预算。

6. 确定促销组合方式

指决定各种促销方式如广告活动、人员推销、营业推广、公共关系等方式的主辅关系和配合方式。

7. 衡量促销结果

指按照先前确定的促销目标，比较营业额、公众态度等指标的变化，衡量每次促销能释放出的“能量”，总结成败得失。

（二）常用促销方式

1. 饭店广告

所谓饭店广告，是指饭店用付费的方式，选择和制作有关饭店产品的信息，并由媒体发布，以传递有关信息，唤起饭店顾客注意，引导饭店顾客购买或使用，扩大影响和知名度，树立饭店和产品的形象，达到促销目的的一种广告形式。为强化广告效果，应遵循真实性、艺术性两大基本原则。

2. 公共关系

公共关系是指饭店为了与公众沟通信息，使饭店与公众相互了解，协调各方面关系，树立良好形象，提高饭店知名度和声誉，为饭店的市场营销活动创造良好外部环境而开展的一系列专题性或日常性活动的总和。这些活动始终贯穿于饭店的发展过程，既包括各项专业色彩浓厚的专题公关活动，如新闻发布会、大型庆典活动、大型酬宾活动等，还包括所有日常性的活动，如日常的服务活动、广告活动、礼仪活动等。公共关系的优势在于其浓厚的“感情色彩”，往往能达到“以情动人”。

3. 营业推广

营业推广也称销售促进，是企业用来刺激早期需求，或引发强烈市场反应而采取的各种短期性促销方式的总称，目的在于劝诱消费者购买某一特定产品。饭店的营业推广，包括产品展销、现场操作、赠送样品等多种促销方式。营业推广的各种方式能使消费者产生强烈而又快速的反应，能被用来表现产品的特点，也能被用来通过刺激使即将低落的销售得到回升，但其推广效果往往是短期性的，对于建立长期品牌偏爱方面的效果并不理想。

4. 人员推销

人员推销是一种古老的推销方式，也是效果最好、费用最高的促销手段。饭店的人员推销指通过人际交往的方式向饭店顾客进行介绍、说服等工作，促使饭店顾客了解、爱好、购买本饭店产品或服务，如联系走访饭店中间商、机关、团体、饭店 VIP 顾客等。这种促销方式的优势在于强化了交易过程中的感情色彩，有利于培养稳定的交易关系，但促销人员成本较高。

第四节　饭店营销的新理念

随着饭店市场的日益成熟，竞争日趋国际化、全球化。在这种新形势下，出现了一些新型的营销理念。这些营销理念丰富了饭店营销管理的内容，进一步推动了现代饭店营销实践。

一、饭店主题营销

（一）饭店主题营销的内涵

主题营销就是饭店在组织、策划和管理各种营销活动时，根据消费时尚、民族特色、时令季节、消费需求、社会文化等因素，选定某一主题作为活动的中心内容，以此开展一系列营销活动，吸引公众关注并令其产生购买行为。它的最大特点是赋予一般的营销活动以某种主题，使主题成为饭店经营的特征和消费者产生消费行为的刺激物。

（二）主题营销的本质

1. 主题营销的本质——差异营销

自从饭店市场转入买方市场后，走差异化经营之路成了饭店在竞争中制胜的利器。差异越明显，饭店在竞争中的优势就越多，制胜的机会也就越大。而主题营销的特色在于强调差异与个性。主题营销中强调的"差异"不仅包括客房布置、桌椅餐具、梳洗用具等有形的差异，还包括微笑服务、个别关照等无形的差异；不仅包括设施设备的新旧、多寡、优劣等产品属性上的差异，还包括广告宣传、营销策划等销售环节上的差异。

营销活动中主题的选择切忌照搬照抄，饭店要准确分析目标客源的需求，正确分析企业的优势和劣势，正确了解企业的外部机遇和挑战，发挥内外各种资源的综合优势，扬长避短，形成其他饭店不具备条件模仿的主题，使主题具有较长时期的生命周期，从而逐步形成垄断优势。

2. 主题营销的本质——文化营销

主题营销是富有文化内涵的经营行为，它蕴涵着丰富的主题文化特色。文化是主题营销的灵魂和根本，是饭店的竞争优势所在，抽去了文化这个灵魂，饭店就毫无生气，就谈不上竞争力和吸引力。

主题文化本身并无高低贵贱之分，贵族文化可以成为主题内涵，平民文化也可成为主题卖点。文化的雅和俗，文化的新和旧，文化的中和西，与主题的吸引力毫无关联，关键在于文化的独特性、唯一性和合宜性。搜寻、挖掘、设计和制作文化产品和服务，策划文化型的活动，这是饭店开展主题营销的关键所在。

（三）主题的表现方式

饭店在实施主题营销战略时，应根据自身的特色、消费的时尚、对手的表现，因地、因时、因人选择不同的主题，并采用不同的表现方式使饭店的营销主题呈现“百花齐放”的发展势头。饭店的主题表现方式一般可以从以下三个方面去考虑：

1. 整体形象

饭店在营销策划时把其整体形象定位于某一主题，所有的产品设计、推广宣传等营销活动都紧紧围绕并着力再现这一主题，通常以主题饭店的形式出现于市场，如宗教旅馆、蜜月饭店等。

2. 局部产品

饭店通过其所经营的某一局部产品，如餐饮产品、客房产品、娱乐产品等体现某一主题。这三大类主题产品既可长期定位于某一主题产品，又可在不同的时期表现不同的主题产品，也可根据某一主题形成发展阶段为线索设计主题产品，还可将某一产品分成不同的主题进行设计。饭店也可充分发挥其内部整体资源优势，策划各类主题型产品。

3. 各类活动

饭店在经营活动的过程中以主题文化作为其基本思路，按月、按季或按年策划各类主题型的促销活动，如“真情奉献主题月”、“岭南文化主题月”、“乡土风情活动周”、“经典乐队演出年”等。

二、饭店网络营销

（一）饭店网络营销的概念

饭店网络营销，就是指借助联机网络、计算机通信和数字交互式媒体等技术来为饭店顾客设计产品，从而实现饭店的营销目标。

网络营销方式符合饭店产品的销售特性、消费方式和经营特点。对于饭店营销部门而言，可以利用网络在全球范围内进行市场调研，并通过互联网取得反馈信息；对于饭店顾客而言，通过网络就可以了解饭店的有关信息，选择和预订自己所需要的饭店。因此，饭店采用这种营销方式，可以提高服务效率，拓宽信息渠道，并争取到更多的客源市场。可以说，网络营销是目标营销、饭店顾客导向营销、双向互动营销、远程全球营销等一系列先进营销方式的综合体。

（二）网络营销方法

1. 网络调研

饭店网络调研的内容包括对饭店顾客、竞争者以及整个市场情况的及时报道和准确分析。饭店只需在公司站点上发出电子调查问卷，提供相关的信息，然后利用计算机对访问者反馈回来的信息进行整理和分析，即可得出调研结果，大大减少了饭店的人力和物力耗费。而且，由于站点的访问者一般都对该饭店有一定的兴趣，所以这种基于客户市场的调研结果是客观而真实的，反映了饭店顾客的消费心态和市场发展的趋向。饭店既可借助专业网络研究公司的网站进行调研，也可在自己的网站上进行市场调研。

2. 网站设计

饭店网站在整体上必须充分代表饭店的形象，要与饭店的市场定位相符，体现出服务至上的特点。在内容方面，应该覆盖饭店的大部分业务，使之成为饭店在虚拟空间中的化身。它应该能够为饭店顾客提供在线交流的场所，吸引饭店顾客关心饭店的动态，允许饭店顾客根据自己的需要定制服务组合。饭店在网站设计时应预留出今后发展和升级的空间，支持中、英、日等大语种，面向更广泛的目标客户。饭店在更新网站的日常内容时应及时、主动，网站设计必须以高效、安全为基本要求。著名的马里奥特饭店集团是第一家提供在线交互式地图和定位系统的公司。通过该系统，上网浏览的饭店顾客可及时了解到关于饭店的具体位置、健身俱乐部、画廊、高尔夫球场、旅行代理商、购物中心等信息。饭店也可详细地了解饭店顾客的需求，并详细解释饭店将怎样为他们解决问题。

3. 网络广告

网络广告相对于传统广告而言，具有高扩张度、跨越时空限制、内容详尽、形式多样、更新及时、反馈可测性高等优势。网络广告使饭店和饭店顾客在沟通中能实现即时的双向沟通，在双向互动的基础上为饭店顾客提供定制化的服务。网络广告的空间几乎是无限的，且成本低廉，具有极为广泛的传播时空。它完全可以向访问者提供文字、声音、图像等综合性的详尽信息。此外，开放式的网络结构，使不同软硬件环境、不同网络协议的网络之间可以互联，真正达到资源共享的目标。在各种软件的帮助下，饭店还可以统计出潜在饭店顾客市场的大小及其分布情况，直接地评价营销效果。

网络广告的关键在于是否被大众注意并留下深刻的印象。有关网络广告的一个重要技巧就是选择适合的网站设置标牌广告。饭店既可以在自己的网站上做广告，也可以在其他企业的站点、搜索引擎、电子杂志等上面做标牌广告。广告本身的内容、网站的选择设计，都可能影响网络广告的效果。

三、饭店关系营销

关系营销是识别、建立、维护和巩固饭店与饭店顾客及其他利益相关方关系的营销活动，其实质是在买卖关系的基础上发展良好的非交易关系，以保证交易关系能够持续不断地建立和发生。关系营销的目的是建立和发展同相关个人与组织的兼顾双方利益的长期联系。对饭店而言，饭店必须处理好与饭店顾客、供应商、竞争者、内部员工、社会公众五个子市场的关系。

(一)饭店关系营销的中心

关系营销的中心是饭店顾客忠诚。饭店顾客忠诚是关系营销的核心和归宿。与交易营销相比，关系营销更关注的是如何提高饭店顾客满意度，如何保持饭店顾客，培育饭店顾客忠诚。建立饭店顾客的忠诚度，即提高回头率是饭店重要的营销目标。忠诚的饭店顾客对价格的敏感程度较低，消费能力更强，并有助于节约饭店的营销费用。因为忠诚的饭店顾客会向相关群体带去良好的口碑，而且忠诚的饭店顾客具有高度的“参与意识”，是饭店的“兼职咨询饭店顾客”，愿意为饭店提供各类重要信息。

(二)关系营销的三个层次

1. 一级关系营销

又被称作频繁市场营销，是最低层次的关系营销。它维持饭店顾客关系的主要手段是利用价格刺激增加目标市场饭店顾客的财务利益。如香格里拉饭店就与一些航空公司开发了

“频繁飞行奖励计划”,入住该饭店可以得到航空公司的里程积累。还有的饭店集团如希尔顿、喜来登等,实施常客计划或成立常客俱乐部,对常客或大客户在价格上享受更多的折扣和优惠。一级关系营销的另一种常用形式是对不满意的饭店顾客承诺给予合理的财务补偿或退款的特权。

2. 二级关系营销

就是在增加目标饭店顾客财务利益的同时,也增加他们的社会利益。在这种情况下,营销在建立关系方面优于价格刺激,饭店员工可以通过了解单个饭店顾客的需要和愿望,不断充实饭店顾客信息资料,并使服务个性化和人格化,来增加饭店与饭店顾客的社会联系。二级关系营销把人与人之间的营销和旅游饭店与人之间的营销结合了起来。如服务时尽量称呼饭店顾客姓名,逢年过节或饭店顾客生日时送一些卡片之类的小礼物或电话问候,以及与饭店顾客共享一些私人信息等,都会增加饭店顾客入住同一饭店的可能性。当然,饭店建立完善的回访机制,与饭店顾客建立持续对话的通道,妥善处理饭店顾客投诉,及时发现饭店服务中的差错和不足,改进服务质量,也是二级关系营销中非常重要的内容。

3. 三级关系营销

就是增加与饭店顾客的结构纽带,与此同时附加财务利益和社会利益。结构性联系要求在营销中与饭店顾客建立稳定、便利的联系方式。要更加关心饭店顾客的内心。如北京王府饭店规定,凡入住王府饭店20次以上的饭店顾客,就列入“王府常客”名单,并可享受下列特殊待遇:拥有一套烫金名字的个人信封、信纸、火柴,一件合身定制的专用浴衣,浴衣上用金线绣着饭店顾客的名字,饭店顾客离店时收起,下次来店入住时,客房部又取出为饭店顾客挂好。只要可能,饭店尽量安排饭店顾客中意的同一间客房。

三级关系营销还有一种方式,就是根据自身客源结构的特点,通过饭店顾客组织化的形式,建立特殊的团队,并为这个团队提供特别的服务,使饭店顾客感觉饭店销售的不仅仅是一种产品,还是一种生活方式。如上海和平饭店的“金融家俱乐部”、上海某饭店的“建筑师之家”等,饭店为专业会员免费定期提供专业论坛、洽谈会、优惠卡和组织一些文体活动等,深受饭店顾客欢迎。

四、饭店分时营销

分时营销,是指将饭店客房的使用权分时段卖给饭店顾客,即不同的消费者购买客房不同时段的使用权,共同维护、分时使用,并且可以通过交换网络与其他消费者交换不同饭店的客房使用权。

分时营销是近年来兴起的一种饭店营销方式,尤其是度假型饭店的一种主要营销手段。分时营销主要是运用时序性这一特点,引入分时共享和分时交换这两大消费理念,把饭店客房的使用权按时段分割开来供不同的权益消费者使用,从而实现客房价值的最大化。

(一)分时营销的特征

作为一种新兴的营销方式,分时营销具有三方面的特征:

1. 销售价格相对较低

与其他营销形式相比,分时营销可以最大限度地利用时间、分摊费用,降低住宿价格,可以满足那些没有经济实力购买度假别墅但又具有较强休闲度假愿望的家庭的需要。因此,购买饭店的分时产品，成为我国富裕、小康型家庭饭店顾客的首选。

2. 使用方式较为灵活

分时营销提供了一种较为灵活的消费形式，购买者可以根据自己的需要而选择在什么时候享用、分几次享用等。如果实行分时营销的饭店是联号经营的，还可以运用集团网络的优势，使消费者在同一个时间段里，在几个不同的地方使用，从而获得最大的消费价值。

3. 饭店产品具有家庭氛围

分时营销的饭店产品，一般不会采用规范化的标准间设计，而是根据消费者的需要，设计或改建成套间式的客房，强调具有家庭气氛的装饰和布局。在服务方面，更强调个性化的人文关怀，使之真正成为度假者的“家外之家”。

(二)分时营销的运作

分时营销早已为旅游界所公认，20 世纪 70 年代在国外就开始出现一些专门从事饭店分时营销的销售商，到目前为止，从事分时营销的企业越来越多，运作网络也越来越复杂。其运作主体大致可以分为时权交换公司、时权销售公司、分时俱乐部、分时饭店等四种。依据不同的操作主体，饭店分时营销的运作方式可以分为双边式、三边式和多边式三大类。

1. 双边式

双边式是分时营销中最初的一种模式，其运作过程也较为简单。大部分饭店可以通过自己的客户网络，将客房每年一定时段的使用权以极其优惠的价格卖给饭店顾客，以此提高饭店的开房率，拓展客源，实现饭店目标效益。

2. 三边式

饭店分时营销对大部分消费者来说是一个新事物，其“先付费，后消费”的操作模式也不容易让消费者理解。因此，在此情况下，一批专业的销售分时产品的公司便应运而生。不管在行政隶属关系上如何，他们在运营过程中，始终与饭店保持着委托代理的关系。

3. 多边式

随着分时交换系统的完善，整个运作过程发生了根本性的变化，出现了进一步的专业分工。专业的分时交换系统公司通常把所有的时权信息进行整理归类，并按照提交申请的先后次序及相应的匹配条件提供交换信息，以此获得交易费用。这样，消费者可以通过该交换程序非常方便地置换到不同饭店、不同销售公司提供的时权产品。显然，多边式交换程序要比前两种复杂，但却能更好地满足消费者的需求。

复习思考题

1. 名词解释：饭店营销，饭店市场细分，饭店市场定位，网络营销。
2. 简析饭店营销活动的特点。
3. 简析饭店营销管理的实质与任务。
4. 简析饭店目标市场营销策略。
5. 如何正确理解饭店“整体产品”与“新产品”的内涵？
6. 简析饭店新产品定价策略。
7. 饭店促销的方式有哪几种？
8. 简析饭店销售渠道策略。
9. 简析饭店主题营销的内涵和本质。

10. 饭店关系营销的中心是什么？简析其层次。

11. 简析饭店分时营销的特征和运作方式。

参考文献

1. Philip Kotler，John Bowen，James Makens. 旅游市场营销. 北京：旅游教育出版社，2002

2. 尼尔·沃恩. 饭店营销学. 北京：中国旅游出版社，2001

3. 郑红. 现代饭店市场营销. 广州：广东旅游出版社，2004

4. 钱炜，李伟，谷惠敏. 饭店营销学. 北京：旅游教育出版社，2003

5. 赵毅，叶红. 新编旅游市场营销学. 北京：清华大学出版社，2006

6. 邹统钎. 饭店经营战略. 北京：清华大学出版社，2005

7. 邹益民. 饭店整体管理原理实务. 北京：清华大学出版社，2004

8. 张永安. 现代饭店管理. 广州：暨南大学出版社，2004

9. 吕建中. 现代旅游饭店管理. 北京：中国旅游出版社，2002

10. 朱承强. 现代饭店管理. 北京：高等教育出版社，2003

11. 蒋丁新. 饭店管理. 北京：高等教育出版社，2002

第十四章　饭店客户关系管理

客户是饭店的生命之源。高度重视和加强饭店客户关系管理是饭店生存和发展的根基。广义的客户是指与饭店经营管理相关的供应商、顾客、营销中介成员等，狭义的客户是指饭店的顾客。客户关系管理是一种旨在改善饭店与客户之间关系，提高客户忠诚度和满意度的新型原理机制，是对传统饭店管理理念的一种更新。本章主要介绍饭店客户关系管理的理论基础、实施内容与步骤以及重点客户关系管理等内容。

第一节　客户关系管理的含义和理论基础

一、客户关系管理的概念和含义

客户关系管理(customer relationship management, CRM)是指通过培养企业的最终客户、分销商和合作伙伴对本企业及其产品更积极的偏爱或偏好，留住他们并以此提升企业业绩的一种营销策略。CRM 的营销目的已从以一定的成本取得新顾客转向想方设法地留住现有顾客，从取得市场份额转向取得顾客份额，从发展一种短期的交易转向开发顾客的终生价值。总之，CRM 的目的是从顾客利益和公司利润两方面实现顾客关系价值的最大化。

CRM 作为一种新的经营管理哲学和新型管理机制，可以从不同角度、不同层次对其内涵进一步理解。

(一)CRM 是一种战略

CRM 首先是一种战略理念，在后工业化时代，随着信息技术的飞速发展和服务业在国民经济中所占的比重日益占据主导和消费者的不断成熟，企业需要一种新的战略导向。作为一种战略，CRM 并非直接以提高利润为目的，而是以提高企业的核心竞争力为目的，遵循以客户为导向的原则，主张对客户信息进行系统化的分析和管理，通过改进提供给客户产品、服务及其品质，同时与客户建立起个别化的关系，提高客户的满意度，从而提高他们的忠诚度，最终实现企业长期利润得以增长的目的。从这种角度来理解 CRM 是实施 CRM 的基础，它在理念的层面建立起了导向和原则，主张摒充原先以利润为直接目的的做法，将利润视为客户高度忠诚的自然结果。在具体操作时，企业将看待客户的视角从独立的各个部门提升到了企业，各个部门负责与客户的具体交互，但向客户负责的却是整个企业。以一个面孔面对客户是成功实施 CRM 的根本。

（二）CRM 是一种经营管理模式

CRM 意味着管理模式和经营机制的改革。作为一种旨在改善企业与客户之间关系的新型管理机制，它的实施要跨部门进行，这些部门包括营销、销售、生产（制造）、服务与技术等部门。当然，CRM 的成功推进也是各部门合作的结果，并非一个项目小组就能推进。在整个 CRM 流程中，营销部需要对客户的需要进行测量，对客户进行评估和选择，并且对分类后的客户喜好和购买习惯进行深入的研究。这些信息都将与销售部、制造部、服务与技术支持等部门共享。CRM 系统主要集中在业务操作管理、客户合作管理、数据分析管理和信息技术管理四个方面，它使客户数据得以全面储存和分析，并消除了信息交流和共享的障碍与消耗；该系统实现了以客户价值对客户的优先级进行划分，并根据客户满意度和重购情况的分析来确定其忠诚度，还能与客户进行深入的交流以发现企业的问题；重要的是这个管理模式强调在以上信息的基础上提供即时的业务分析和建议，反馈给管理层和各职能部门，保证决策的全面性和及时性。

（三）客户关系管理也是一种管理软件和技术

它将最佳的商业实践与数据挖掘、数据仓库、一对一营销、销售自动化以及其他信息技术紧密结合在一起，为企业的销售、客户服务和决策支持等领域提供了一个业务自动化的解决方案，使企业有了一个基于电子商务的面对客户的前沿，从而顺利实现由传统企业模式到以电子商务为基础的现代企业模式的转化。

二、客户关系管理的理论基础

（一）顾客让渡价值理论

菲利普·科特勒在 1994 年出版的《市场营销管理——分析、规划、执行和控制》（第 8 版）中，新增了《通过质量、服务和价值建立顾客满意》一章，提出了“顾客让渡价值”（Customer Delivered Value）的新概念。这一概念的提出，是对市场营销理论的最新发展之一。

“顾客让渡价值”是指顾客总价值（Total Customer Value）与顾客总成本（Total Customer Cost）之间的差额。顾客总价值是指顾客购买某一产品与服务所期望获得的一组利益，它包括产品价值、服务价值、人员价值和形象价值等。顾客总成本是指顾客为购买某一产品所耗费的时间、精神、体力以及所支付的货币资金等，因此，顾客总成本包括货币成本、时间成本、精神成本和体力成本等。如图 14-1 所示。

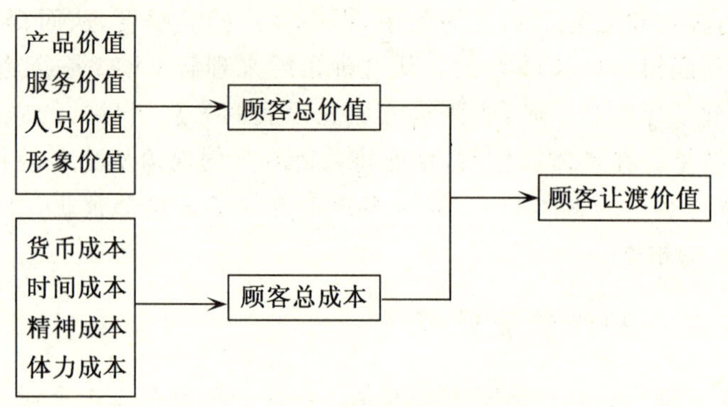

图 14-1　顾客让渡价值

顾客总价值是指顾客购买某一产品与服务所期望获得的一组利益。它主要包括:①产品价值。即由产品的性能、特征、质量、式样等所产生的价值。这是顾客需要的中心内容,也是顾客选购商品的首要因素。所以,它是决定顾客总价值大小的关键和主要因素。②服务价值。即伴随产品实体的出售,企业向顾客提供的各种附加服务。一般来说,服务项目越多越周到,服务价值越高。③人员价值。即企业员工的经营思想、知识水平、业务能力、工作效率以及应变能力等所产生的价值。④形象价值。即企业及其产品在社会中形成的总体形象所产生的价值,如企业产品形象、人员形象、广告形象等产生的价值。

顾客总成本是指顾客在购买某种产品或接受某种服务时的总支出。顾客总成本主要由以下成本构成:①货币成本。即购买产品或服务时所支付的货币额,这是总成本中的主要和基本因素。②时间成本。即顾客在购买过程中所耗费的时间的价值,如等候时间、路途时间、服务时间等。③精神成本。即顾客在购买过程中的精力支出。④体力成本。即顾客在购买过程中耗费的体力。

由于顾客在购买产品时,总希望把有关成本包括货币、时间、精神和体力等降到最低限度,而同时又希望从中获得更多的实际利益,以使自己的需要得到最大限度的满足,因此,顾客在选购产品时,往往从价值与成本两个方面进行比较分析,从中选择出价值最高、成本最低,即“顾客让渡价值”最大的产品作为优先选购的对象。企业为在竞争中战胜对手,吸引更多的潜在顾客,就必须向顾客提供比竞争对手具有更多“顾客让渡价值”的产品,这样,才能使自己的产品为消费者所注意,进而购买本企业的产品。为此,企业可从两个方面改进自己的工作:一是通过改进产品、服务、人员与形象,提高产品的总价值;二是通过降低生产与销售成本,减少顾客购买产品的时间、精力与体力的耗费,从而降低货币与非货币成本。

(二)关系营销理论

关系营销这个概念最先由巴巴拉·本德·杰克逊于 1985 年提出。随着市场营销环境的变化,到 20 世纪 90 年代中后期,关系营销成为市场营销理论界最热门的话题之一。

关系营销可定义为:企业与其顾客、分销商、经销商、供应商等建立、保持并加强关系,通过互利互换及共同履行诺言,使有关各方实现各自目的,共同获益。关系营销是以系统论为基本思想,将企业置身于社会经济的大环境中来考察企业的市场营销活动。关系营销将建立与发展同所有利益相关者之间的关系作为企业营销的关键,把正确处理这些关系作为企业营销的核心,其中以企业与顾客之间的长期关系作为重点。关系营销是以科学理论和方法为指导的新型营销观念,其产生和发展是市场营销理论的又一个里程碑。关系营销与传统营销的区别表现如表 14-1 所示。

表 14-1 关系营销与传统营销比较

关系营销	传统营销
以保持顾客为导向	以单纯的销售为导向
保持与顾客的不间断的联系	偶尔与顾客进行联系
注重顾客价值	注意产品特征
注重长期效益	注重短期效益
高度强调顾客服务	对顾客服务的强调不够
对满足顾客期望的承诺度高	对满足顾客期望的承诺有限
所有员工都关心质量	只有生产人员才关心质量

关系营销具有如下本质特征：

1. 信息沟通的双向性

社会学认为关系是信息和情感交流的有机渠道，良好的关系就是渠道畅通，恶化的关系就是渠道阻滞，中断的关系则是渠道堵塞。交流应该是双向的，既可以由企业开始，也可以由营销对象开始。广泛的信息交流和信息共享，可以使企业赢得支持与合作。

2. 战略过程的协同性

在竞争性的市场上，明智的营销管理者应强调与利益相关者建立长期的、彼此信任的、互利的关系。这可以是关系一方自愿或主动地调整自己的行为，即按照对方要求的行为；也可以是关系双方都调整自己的行为，以实现互相适应。各具优势的关系双方，互相取长补短，联合行动，协同合作去实现对各方都有益的共同目标，这可以说是协调关系的最高形态。

3. 营销活动的互利性

关系营销的基础，在于交易双方相互之间有利益上的互补。如果没有各自利益的实现和满足，双方都不会建立良好的关系。关系建立在互利的基础上，要求互相了解对方的利益要求，寻求双方利益的共同点，并努力使双方的共同利益得到实现。真正的关系营销是达到关系双方互利互惠的境界。信任和承诺是关系营销的重点。当信任和承诺同时存在，它们就会产生能够促进效率和效益的结果。

4. 信息反馈的及时性

关系营销要求建立专门的部门，用以追踪各利益相关者的态度。关系营销应具备一个反馈的循环，连接关系双方，企业由此了解到环境的动态变化，根据合作方提供的信息，以改进产品和技术。信息的及时反馈，使关系营销具有动态的应变性，有利于挖掘新的市场机会。

营销正日益从关注个别交易转向对重要关系和营销网络建设的关系。关系营销更注重的是长期效益。其目标是向顾客提供长期的价值，其成功的手段是长期的顾客满意。关系营销要求公司所有各部门都要团结成一个营销团队，共同为顾客服务。这种关系体现在诸多层面：经济的、社会的、技术的和法律的，其结果是建立顾客的高度忠诚。关系营销的效益来自忠诚顾客的不断光顾、营销成本的减少、忠诚顾客对价格的敏感度的降低以及忠诚顾客的合作行为。营销成本减少的根源在于，维持一个顾客比创造一个顾客成本低，而且，通过忠诚的顾客之口所传播出来的有关本企业的赞誉之词还可以创造新的顾客。忠诚的顾客不太会因为价格的原因而转向别的产品，他们的购买量也比类似的非忠诚顾客多。饭店及顾客之间的合伙关系体现在这样一些活动上：巨大的口碑效应，生意上的推荐，提供各种参考性意见，宣传作用，提供顾问团成员。忠诚顾客的所有这些作用意味着，忠诚的顾客有一点点的增加，就会使企业利润有大幅度的增长。雷茨海尔德与萨瑟发现，在他们所研究的九个服务产业当中，提高5%的顾客保持率，就可以增加利润25%～125%。他们的研究结果表明，对于大多数服务企业而言，建立起与顾客间的良好的关系是服务型企业经营战略的重点。

三、客户关系管理兴起的原因

自20世纪50年代市场营销观念形成以来，企业开始有意识地高度重视客户需求。自20世纪80年代以来，企业开始强调与客户关系，并把客户关系管理上升到企业经营战略高度。尤其是伴随着高度发达的信息技术及其在企业管理中的运用，从1999年开始，客户关系管理得到了更加广泛的关注，国内外很多软件商（如Oracle、Siebel和SAP等）推出了以客户关系管理命名的软件系统，有一些企业开始实施以客户关系管理命名的信息系统。这一发展有其必然性。总的说来，客户关系管理的兴起主要有下述三个方面的原因：

（一）需求的拉动

近年很多企业在信息化方面已经做了一些工作，收到了较好的经济效益，但仍存在一个普遍现象：在很多企业，销售、营销和服务部门的信息化程度还不能适应业务发展的需求，越来越多的企业要求提高销售和服务等日常业务的自动化和科学化。这是客户关系管理应运而生的需求基础。企业面临的问题可归纳为两个方面：①企业的营销、销售、客房服务部门难以获得所需的客户互动信息；②来自销售、客户服务、市场、制造、库存等部门的信息分散在企业内部，这些零散的信息使得营销人员无法对客户有全面的了解，各部门难以在统一的信息基础上面对客户。这就是需要各部门对面向客户的各项信息和活动进行集成，组建一个以客户为中心的企业，实现对面向客户的活动的全面管理。

（二）技术的推动

计算机、通讯技术、网络应用的飞速发展使上述想法不再停留在梦想阶段。办公自动化程度、员工计算机应用能力、企业信息化水平、企业管理水平的提高都有利于客户关系管理的实现。现在，信息化、网络化的理念在我国很多企业已经深入人心，很多企业有了相当的信息化基础。电子商务在全球范围内正开展得如火如荼，正在改变着企业经营的方式。通过国际互联网，可开展营销活动，向客户销售产品，提供售后服务，收集客户信息。客户信息是客户关系管理的基础。数据仓库、商业智能、知识发展等技术的发展，使得收集、整理、加工和利用客户信息的质量大大提高。在可以预期的将来，我国企业的通讯成本将会降低。这将推动互联网、电话的发展，进而推动呼叫中心的发展。网络和电话的结合，使企业能够以统一的平台面对客户。

（三）管理理念的更新

当前，一些先进企业管理的重点正经历着从以产品为中心向以客户为中心的转变。有的企业提出了客户联盟的概念，也就是与客户建立共同获胜关系，达到双赢的结果。在引入客户关系管理的理念和技术时，不可避免地要对企业原有的管理方式进行改变，变革、创新的思想将有利于企业员工接受，而业务流程重组则提供了具体的思路和方法。在互联网时代，仅凭传统的管理思想已经不够了。互联网带来的不仅是一种手段，它触发了企业组织架构、工作流程的重组以及整个社会管理思想的变革。

第二节　客户关系管理的实施

一、客户关系管理的实施基础——客户数据库

进行客户关系管理，必须建立客户数据库。客户数据库最初的含义是为实施直复营销而收集的客户和潜在客户的姓名和地址，后来发展成为市场研究的工具，如收集市场资料、人口统计资料、销售趋势资料以及竞争资料等等，配合适当的软件，对数据作出相应的分析，目前它已经作为整个管理信息系统的一部分发挥着重要作用。它可以收集和管理大量的信息以便呈现出顾客的“基本状况”，便于进行客户分析，确定目标市场，跟踪市场领导者以及进行销售管理等，是协助规划整体营销计划和计划、控制、衡量传播活动的有力工具。营销数据库可以把有关的资源整合在一起（邮件、电话、销售、第三方和其他渠道），统一协调制度，有针对性地进行直接调度。客户数据库为企业合理分配资源提供了有力的支撑工作。

（一）客户数据库的作用

(1)选择和编辑顾客数据。收集、整理客户的数据资料，构建客户数据库。收集客户的数据应包括顾客个人资料、交易记录等信息。

(2)选择适当的客户。有针对性地进行沟通，提高反馈率，增加销量，从而降低营销成本。

(3)为使用营销数据库的公司提供这些客户的状况，应用于邮件、电话、销售、服务、客户忠诚计划和其他方法。

(4)反击竞争者的武器。数据库可以反映出与竞争者有联系的顾客特征，近而分析竞争者的优劣势，改进营销策略，提供比竞争者更好的产品和服务，增进与客户的关系。

(5)及时的营销效果反馈，可以分析市场活动的短期和长期效果，并提出改进方法。

(6)可以为今后与该客户交往的本企业人员提供有价值的资料。

（二）客户资料卡的主要内容

通过数据库的建立和分析，可能帮助企业准确了解用户信息，确定企业目标用户群，同时使企业促销工作具有针对性，从而提高企业营销效率。建立以“客户资料卡”为核心的客户数据库是客户关系管理的基础。客户资料卡通常包括客户基本资料、客户特征、业务状况和交易状况等四个方面的内容。具体内容见表 14-2。

（三）管理客户资料卡应注意把握的原则

(1)动态管理

“客户资料卡”建立后不能置之不理，否则就会失去其价值。由于客户的情况总是在不断地发生变化，所以对客户的资料也应随之不断地进行调整。通过调整剔除陈旧的或已经变化

的资料，及时补充新的资料，在档案上对客户的变化进行追踪，使客户管理保持动态性。

表 14-2　客户资料卡

类别	详细内容
基本资料	客户的原始资料包括客户名称、地址、电话、所有者、经营管理者、法人代表、个人性格、爱好、家庭、学历、年龄、创业时间、起始交易时间、企业组织形式、资产等
客户特征	主要包括服务区域、销售能力、发展潜力、经营观念、经营方向、经营政策、企业规模、经营特点等
业务状况	主要包括销售实绩、经营管理者和业务员的素质、与其他竞争对手之间的关系、与本企业的业务关系及合作态度等
交易状况	主要包括客户销售现状、存在的问题、保持的优势、未来对策、企业形象、声誉、信用状况、交易条件等

(2)突出重点

应从众多的客户资料中找出重点客户。重点客户不仅要包括现有客户，而且要包括未来客户和潜在客户。这样可以为选择新客户、开拓新市场提供资料，为市场的发展创造良机。

(3)灵活运用

客户资料收集管理的目的是为了在销售过程中加以利用，所以，不能将建立的“客户资料卡”束之高阁，应以灵活的方式及时提供给销售人员及相关人员，使死资料变成活材料，从而提高客户管理效率。

(4)专人负责

由于许多客户资料是不能外流的，只能供内部使用，所以搞客户管理应确定具体的规定和办法，由专人负责管理，严格控制、管理客户情报资料的利用和借阅。

二、客户关系管理的实施目标

CRM 主要实施于企业的市场营销、销售、客户服务和技术支持等与客户相关的部分，其实施目标主要有以下几点：

(一)通过提供快速和周到的服务帮助企业吸引和保持更多的客户

CRM 不仅是一种管理手段，还是一种全新的营销管理理念。利用 CRM 系统，企业能够从与客户的接触中了解他们的姓名、年龄、家庭状况、工作性质、收入水平、通信地址、个人兴趣爱好以及购买偏好等信息，并基于此进行一对一的个性化服务。通过搜集、追踪和分析每一客户的信息，知道他们需要什么，为他们量身订制产品，并把他们所需的产品和服务及时地送到他们的手中。这就是随着市场不断细分而最终出现的大规模定制的市场营销原则的精髓，即根据不同的客户建立不同的联系，并根据其不同的特点和需求提供不同的服务，从而真正做到“以客户为中心”，赢得客户的“忠诚”。

(二)通过对业务流程的全面管理降低企业的成本

CRM 通过对客户信息的管理和挖掘，不仅有助于现有产品的销售，而且提供了对历史信息的追溯，并及时对未来趋势进行预测，从而能够很好地实现企业与客户之间的互动。举例来说，企业能够依据不同的客户过去的购买行为，分析他们的不同偏好，预测他们未来的购买意向，据此有针对性地分别对他们实施不同的营销活动，避免大规模广告的高额投入，从而使企业的营销成本降到最低，而营销的成功率最高。

（三）通过电话呼叫中心能够实现多种服务的自动化

用户只需拨打一个统一的电话号码即能得到"直通车"式的服务，如故障申报、业务受理、客户投诉等，一改以往拨打多个电话问题仍得不到解决的情况。

三、客户关系管理的主要内容

CRM 的基本内容主要包括客户信息管理、联系人管理、时间管理、潜在客户管理、销售管理、电话销售、客户服务、呼叫中心、电子商务等。企业的客户关系管理主要是围绕着上述几个方面来展开。具体内容简要介绍如下：

1. 客户信息管理

包括客户基本信息，与此客户相关的基本活动和活动历史，联系人的选择，订单的输入和跟踪，建议书和销售合同的生成，客户的分类，客户信用限度的分析与确定等。

2. 联系人管理

包括联系人概况的记录、存储和检索；跟踪与客户的联系（如会议、电话、电子邮件、传真、备忘录），进行团队事件安排，查看团队中其他人的安排，以免发生冲突，把事件的安排通知相关的人，可以以任务表、预告或提示、记事本、电子邮件等形式来实现。

3. 潜在客户管理

包括业务线索的记录、升级和分配，销售机会的升级和分配，潜在客户的跟踪等。

4. 销售管理

包括组织和浏览销售信息（如客户、业务描述、联系人、时间、销售阶段、业务额、可能结束时间等），产生各销售业务的阶段报告，并给出业务所处阶段、成功的可能性、历史销售状况评价等信息，对销售业务给出战术、策略上的支持；对地域进行维护，把销售人员归入某一地域并授权，地域的重新设置；根据利润、领域、优先级、时间、状态等标准，定制关于将要进行转账、业务、客户联系人、约见等方面的报告；销售费用管理，销售佣金管理，应收账款管理。

5. 电话销售

包括电话簿，电话列表，把电话号码分配给销售人员，记录电话细节，并安排回电，电话内容草稿，电话录音、电话统计和报告，自动拨号等内容。

6. 客户服务

包括服务项目的安排、调度和重新分配，事件的升级，跟踪与某一业务相关的事件，事件报告，服务协议和合同，订单管理和跟踪，问题及其解决方法的数据库。

7. 呼叫中心

包括呼入呼出电话处理，互联网回呼，呼叫中心运行管理，电话转移，路径选择，报表统计分析，通过传真、电话、电子邮件、打印机等自动进行资料发送，呼入呼出调度管理，客户投诉管理。

8. 电子商务

包括个性化界面、服务,网站内容管理,店面,订单和业务处理,销售空间拓展,客户自助服务,网站运行情况的分析和报告。

四、客户关系管理的实施步骤

CRM 的成功实施必须有一些前提和基础。首先,最重要的是必须得到高层领导的理解和支持。一般情况下企业的销售副总经理、营销副总经理或总经理本人应该是项目的支持者,他为 CRM 项目设定明确的目标,并为项目提供达到目标所需的时间、资金和其他资源的支持,而且在项目的进行中,特别是遇到困难和问题时,要坚持对项目小组进行激励和支持。

其次,CRM 的实施队伍应该是一个组织精良的团队。这个团队的成员不仅要对企业的业务流程充分了解,对技术解决方案充分了解,而且要善于将技术与需要改善的特定问题联系起来,根据问题来选择合适的技术,而不是一味地调整流程来适应技术的要求。另一方面,小组成员还要擅长于沟通,以使项目小组能掌握更多的事实,这样才能保证开发的 CRM 系统能最大程度上适应本企业的需要,使用户更快地适应和接受未来的新业务流程。

最后,CRM 是一个全员项目。CRM 事实上并不是哪个项目小组的事,而是全员的工作。企业全体员工都能认识到客户关系管理系统的价值,并且身体力行,全力配合,才能使 CRM 项目成功推进。如果其中某些个人或群体消极对待,CRM 项目的价值将无法得到充分体现。例如,如果客户经理觉得客户资料并不重要,不愿详细录入也不愿及时更新,那么客服中心就无法取得正确的资料进行联络和分析。

在这三个前提之下,CRM 项目实施的基本步骤如下:

1. 确立业务计划

企业要清楚地认识到自身对于 CRM 系统的需求,以及 CRM 系统将如何影响自己的商业活动。在准确把握和描述企业应用需求的基础上,企业应制定一份最高级别的业务计划,力争实现合理的技术解决方案与企业资源的有机结合。

2. 建立 CRM 团队

企业在 CRM 项目成立之后,应当及时组建一支团队。团队可以从每个拟使用 CRM 系统的部门中抽选出得力代表组建。为保证团队的工作能力,应当进行前期培训和 CRM 概念的推广。

3. 分析客户需求,开展信息系统初建

CRM 项目团队必须深入了解不同客户的不同需求或服务要求,了解企业和客户之间的交互作用有哪些,以及人们希望它如何工作。客户信息的收集工作和信息系统的初步建设就是建立客户信息文件,一般包括客户原始记录、统计分析资料和企业投入记录。企业应该根据自身管理决策的需要、客户特征和收集信息的能力,选择确定不同的客户档案内容,以保证档案的经济性和实用性。

4. 评估销售、服务过程,明确企业应用需求

在清楚了解客户需求的情况下,对企业原有业务处理流程进行分析、评估和重构,制定规范合理的新业务处理流程。在这个过程中,应该广泛地征求员工的意见,了解他们对销售、服务过程的理解和需求,并确保企业管理人员的参与。重构流程后,应该从各部门应用的角度

出发，确定其所需各种模块的功能，并让最终使用者寻找出对其有益的及其所希望使用的功能。

5. 选择合适方案，投入资源全面开发，分段推进

企业在考虑软件供应商对自己所要解决的问题是否有充分的理解和解决的把握，并全面关注其方案可以提供的功能的前提下，选择应用软件和实施的服务商。然后投入相应的资源，推进软件和方案在企业内的安装、调试和系统集成，组织软件实施。

企业应该以渐进的方式实现 CRM 方案，因为这样可以根据其业务需求随时调整 CRM 系统，而不会打断最终用户对系统的使用。所谓渐进的方式，是指分段地实现某一方案，当需要更多的功能时，再不断向系统添加，这样可以避免系统实现上的混乱。如有必要，可以针对某用户群进行测试以确定新的功能是否必要和有效。这样通过在企业内依照需要分部门地部署软件系统，然后才与其他应用系统集成。

6. 组织培训

企业应该针对 CRM 方案实施相应的培训，培训对象主要包括销售人员、服务人员以及管理人员，培训目的主要是使系统的使用对象掌握使用方法，了解方案实现后的管理与维护方面的需要，以使 CRM 系统能成功运行。

7. 使用、维护、评估和改进

企业通过使用新的系统，如通过衡量管理绩效的数据监控体系、内部管理报表体系、决策数据及分析体系对企业经营状况做出分析，在此过程中，企业要与系统的供应商一起对系统应用的有效度进行评估；如在使用中发现问题，要对不同模块进行修正，不断提高其适用程度。

第三节　饭店重点客户关系的管理

一、饭店与旅行社关系的管理

饭店的主要业务来源之一是旅行社的预订，饭店与旅行社建立良好关系至关重要。饭店与旅行社精诚合作、利益共享、风险共担的业务关系的建立，对于饭店和旅行社双方都十分有利。而良好关系的建立需要共同努力，共同培育。饭店要想使旅行社成为自己的合作伙伴，为饭店进行大力推销，必须做到知己知彼，认清旅行社对饭店的要求，理清饭店与旅行社合作的思想，把握双方的运作规范。在这几个方面，美国的同行为我们提供了较好的指导和借鉴。

1. 旅行社对饭店要求

在美国《旅行周刊》(1994)对旅行社的市场调查中，旅行社把饭店能够遵守预订的信誉列为选择饭店的最重要因素。其他重要因素见表 14-1。饭店必须尽力给旅行社介绍来的客人留下良好印象，以便日后还能从该旅行社那里得到更多的长期业务。

表 14-3　旅行社选择饭店至关重要的因素

因素	所占比例(%)
如约履行预订客房的声誉	90
为客人提供良好服务的声誉	83
托收佣金的便利	7
客房价格	76
在特定饭店与预订客人成功的合作经验	76
饭店预订系统的效率	70
佣金	64
与特定饭店的打折客房价格	61
可通过计算机系统进行预订	48
与饭店销售代表之间的关系	31
顾客对饭店提供经常性暂住计划的要求	26

(资料来源:旅行周刊,1994 年第 65 期,第 118 页,按占旅行社的百分比统计)

2. 饭店与旅行社合作的 10 种思路

(1)尽快支付佣金。考虑到旅行社的需要,及时支付佣金。

(2)在整个组织范围内都承担对旅行社进行营销的义务,首先从管理层开始。

(3)让员工认识到对旅行社营销的需要和重要性。

(4)开展员工与旅行社之间的交易活动以增进彼此间对各自需要和义务的了解。

(5)对经常在饭店预订的旅行社给予嘉奖。

(6)通过销售宣传册、电子表单和饭店广告为旅行社提供有关饭店服务和设施的详细信息。

(7)与当地的旅游组织合作,为旅行社提供熟悉的旅游线路。

(8)确保给予旅行社免费和打折的权利。

(9)通过组织研讨会等为旅行社提供学习的机会,让他们懂得如何组织会议和奖励活动。

(10)提供有关特殊活动和大型活动的信息,尽早促销以便旅行社能够进行销售。如果你提供活动后的专车,也要通知旅行社。

3. 饭店与旅行社之间的动作规范

饭店与旅行社之间的良好关系须建立在平等互利、规范经营的基础上。但是由于各自利益不同,双方在业务往来中也会出现纠纷和冲突,如旅行社拖欠款现象、饭店随意涨价、饭店未能提供合格服务时的索赔等。对此,需要建立相应的运作规范来约束双方的经营行为。我国目前还未制定相应的法规,因此,本节仅介绍美国旅行社协会制定的《饭店与旅行社之间的营业关系与运作标准》,供我国旅游界同行参考借鉴。

美国旅行社协会为了建立它们和饭店之间的一种理想的营业关系与运作标准,已经提出若干试验实施的原则,并为饭店方面所采用。一切努力都是为了饭店与旅行社之间的共同利益。

饭店与旅行社之间的营业关系与运作标准

(美国旅行社协会订)

1. 收费标准与预订

a. 饭店应当随时制定并发布一种收费标准一览表,列出各种房间及其他各种服务的最高与最低的收费额。一览表的收费标准应适用于所有的顾客,不管他是直接订房或者通过旅行社代为预订。业已公布的一览表收费标准应予严格遵守,直至新的一览表公布为止,或者直至代理人收到书面通知改变收费标准时为止。

b.旅行社或代理人仅可根据规定的收费标准提出报价与推销,但如由于实际的需要或经顾客的要求,他们可不受这种标准限制而接受订房。

c.代理人接受订房要求时,应直接和饭店或其授权之代表联系处理。有关订房所需之通讯费用,诸如邮资、电报电话费等,均由代理人负担。饭店对于订房的要求应当尽快予以答复;可能时,最好是在 24 h 内答复。

2. 佣金

a.代理人收取佣金,系依饭店规定的收费标准而获得的推销额的 10%。

b.对于代理人是否应当提取某项推销的佣金有疑问时,代理人应当提出确定证据,证明他在该销售中所具有的影响力。有关此次销售的通信、电话或电报记录均可作为具体证据,而不必空言争论。

c.代理人代表饭店收受的一切款项,均应在扣除其应得的佣金后,立即汇交饭店。如果饭店原已同意,代理人代收之费用可暂以收费收据联单记账,实际汇款则依协议的时间稍后寄出。

d.代理人提供服务后,一切账款如经饭店自行直接收取,则代理人应得之佣金,饭店应在收账后 30 天内结算付与代理人。

3. 广告

a.饭店与代理人双方所做之广告均应切合实际。广告格调尤应注意高雅,并应避免可能导致误解之言词。

b.广告中如果列有最低收费标准,应该肯定而明确地指出最低标准,不可含糊其辞。

c.代理人为饭店服务时,不可在言词上明示或暗示各家饭店的相互比较情形。

d.代理人与顾客之间的往来关系,饭店应当予以尊重。在以后的生意中,即使饭店可以直接向该顾客招徕,仍应当通过代理人处理之。

e.代理人有义务展示或分发饭店提供的小册子或其他类似的广告宣传品。

4. 一般条款

a.代理人与饭店之间的关系应维持在营业上的道德标准,双方对于顾客或社会大众亦应如此。

b.如果饭店委托的代理人并非美国旅行社协会会员,且其待遇较其会员优厚,则会员亦有权享受此种同等待遇。

5. 争执

a.双方如有任何争执,包括佣金之争执在内,可由饭店将争执事件交饭店协会,并由代理人将争执事项提交旅行社协会共同调解之。

b.饭店对代理人如有索赔要求,或代理人对饭店有此要求,均应在合理的时间内提出。

(资料来源:谢明成,张顺程.旅游市场及行销.台湾众文图书公司)

4. 饭店建立与旅行社良好关系的业务工作

饭店建立与旅行社良好关系的业务工作,必须做好以下几个方面的工作:

(1)挑选合适的旅行社作为饭店的销售代理

饭店必须根据选择中间商的原则和标准来确定哪些旅行社适宜作为本饭店的主要客户。具体做法是:首先确定饭店客源主要地理分布区域,如主要市场所在的 20 个城市,或主要航空公司的客源的所在的主要城市;然后了解主要客源地区的旅行社组团销售情况,并对他们进行分析评估,从中挑选对本饭店最有利的旅行社。所需有关市场及旅行社的资料可采用多种途径获得。

(2)作好对旅行社的服务和沟通工作,提供各种促销信息,以帮助它们销售

饭店可以组织旅行社人员参观本饭店,使之了解本店小册子、文选招贴画、促销录像带、

幻灯片等，为旅行社推销本饭店创造良好的条件。同时，饭店应通过函件、人员访问等形式及时向旅行社提供饭店各种新产品和服务、新项目及新计划等最新动态，以加强旅行社对饭店的了解。如果因经营发生变化必须提高价格，饭店应尽早通知旅行社，否则临时调价将使旅行社的工作处于十分被动的状况。目前，国内有些饭店在旅行社交往时往往忽视及时的信息沟通，临时通知旅行社调价信息，致使因调价引起的退团现象经常发生，给饭店和旅行社双方都带来经济损失和声誉损害。

(3)采用各种激励措施，提高旅行社代理销售的积极性

饭店可采用的销售激励措施很多，如增加佣金，提高佣金比例，对淡季销售给予奖励佣金，并及时支付佣金；给予通过旅行社订房的公司和机构以更大的折扣，促使它们通过旅行社订房；免费为旅行社人员提供膳宿；开展销售竞赛，对销量高的旅行社实行奖励等。

(4)加强预订受理工作，方便旅行社订房

饭店应根据旅行社订房特点，建立相应的预订受理程序。旅行社订房时，要求饭店回答能否接受预订并提供有关房价、订金政策，以及其他服务费用，诸如行李运送费、客房税等方面的订房信息，饭店应以书面形式(客房销售合同)向旅行社确认房价(含早餐)、定金、预订截止时间、付款方式等。另一方面，在电脑日益普及的新环境下，饭店应采取新技术，改变以往的电话、信函预订形式，实现订房的电脑化，这是我国饭店业今后发展的重要方向。

(5)搞好旅游团队的接待工作，使旅游团成员和旅行社双方满意，这是维持饭店与旅行社关系的重要方面

在实际工作中，有的饭店销售人员往往重视销售工作，忽视团队进店后的服务工作。饭店与旅行社的关系好比“销售蜜月期”，而蜜月过后热情便骤然降温，导致顾客不满，旅行社也“移情他恋”。旅游团接待工作的重点是团队进店和离店时的前台签进签出，为了尽可能提高效率，饭店应要求旅行社在团队到达前7～10天将旅游团有关信息如团队名称，预订客房数(包括陪同用房)，来店交通工具，抵离店时间，膳食要求，团队成员名单等送交饭店，饭店据此做好团队接待准备工作。在团队离店时，饭店负责团队的工作人员应与领队或导游联系，以提供客人结付个人账单。团队下榻饭店时，应同导游确定叫早时间，用餐时间和地点，出行李时间，并将有关信息通知电话总机、行李处、餐饮部等，保持整个安排的顺利。

(6)加强售后工作，保持与旅行社的密切联系

旅行团离店后并不等于销售工作的结束，饭店销售人员必须给旅行社寄去正式信函，为旅行社带来生意而表示感激，并寻求新的合作机会。

(7)重视账款清算工作，维护饭店的经济利益

过去一些饭店存在销售人员只管招徕客源，不管收款清算的现象。有些人甚至认为“要欠款就会影响客源”，致使一些国内外旅行社欠款严重，饭店资金回收不上来，饭店的正常经营受到影响。强化账款回收工作，不能为了客源搞无偿接待。饭店应建立对销售人员执行应收工作，不能为了客源搞无偿接待。饭店应建立对销售人员执行应收款考核制度，使之认识到一个销售人员不仅是联系团，把团送走就算完成任务，而是团走回款后才能算一个全过程。对于已经发现的拖欠款，饭店应及时负责追回。这一工作由饭店销售部、财务部、前厅部协同完成。通常，旅行社付款期限应在团体离开后30天内。如果逾期未付，饭店应向旅行社发催款函，敦促其尽快付款。催款函应说明对方应付账款额，强调对方必须立即付款，以及不付款饭店将采取的措施。

二、饭店与顾客关系的管理

饭店顾客是饭店的立足之本，饭店经营管理的中心内容就是围绕顾客关系管理。本部分仅就制定顾客关系营销计划和顾客投诉管理两个内容进行重点探讨。

（一）制定顾客关系营销计划的主要步骤

饭店顾客关系营销并非要与每个顾客建立起特殊关系。事实上，有一些顾客是没有价值的或价值不大。饭店应该有选择地建立顾客关系，弄清楚哪些顾客值得培养，并制定有针对性的营销计划，才能比任何别的竞争者都能更有效地满足顾客的需要。

下面是饭店制定顾客关系营销计划的主要步骤：

1. 识别出那些适合进行关系管理的关键顾客

选择最大的或最佳的顾客群体，并将他们确定为关系管理的对象。还可以加上其他一些顾客，只要这些顾客属于快速增长的群体或属于某些倡导新兴产业发展的群体。

2. 对每个关键顾客都指派一位谙熟关系管理技巧的经理

当前正负责为该顾客服务的销售人员应该接受关系管理的训练，或者用别的更懂得关系管理技巧的人替换他。关系管理人员应该具有某些符合顾客需要或能吸引顾客的品质。

3. 为关系管理人员制定清晰的工作守则

要对他们的报告程序、目标、责任和评价标准给予描述。要使关系管理人员成为所有涉及顾客事务的焦点。每一位关系管理人员应该只管理一个或少数几个关系。

4. 让每一位关系管理人员都制定年度和长期顾客关系计划

这些计划要明确各种目标、战略、各种特殊行动和必要的资源。

5. 安排一位总管来监督关系管理人员的工作

这个人要撰写工作描述，制订评估标准，开发各种支持性资源，以便使关系管理人员的工作更有成效。

关系管理人员都得到很好的落实之后，饭店就要开始集中精力对顾客以及产品施加管理。

（二）顾客投诉处理的管理

留住顾客的核心内容之一是解决顾客的抱怨。美国技术研究规划院（Technical Research programs Institutes）的一项研究发现，如果顾客对服务非常不满，那么，91%是不会再回来光顾的。但是，倘若他的抱怨得到了迅速的解决，其中 82%还会回来。妥善的投诉处理可以将顾客流失率从 90%降低到 18%。对于一些不严重的投诉，倘能妥善处理，则会将顾客流失率降低到 5%以下。处理顾客投诉是客户管理的重要内容。出现顾客投诉并不可怕，问题是如何正确地看待和处理顾客的投诉。一个饭店要面对各种各样的顾客，每天进行着庞大复杂的销售业务，做到每一项业务都使每一个顾客满意是很难的。所以，我们要加强与顾客的关系，倾听顾客的不满，不断纠正饭店在经营过程中出现的失误和错误，补救和挽回给顾客带来的损害，维护饭店声誉，提高饭店形象，做到留住老顾客的同时吸引新顾客。

顾客投诉处理宜按照以下程序：

1. 记录投诉内容

利用顾客投诉登记表详细地记录顾客投诉的全部内容，如投诉人、投诉对象、投诉要求等。

2. 判断投诉是否成立

了解顾客投诉的内容后，要制定顾客投诉的理由是否充分，投诉要求是否合理。如果投诉不能成立，即可以婉转的方式答复顾客，取得顾客的谅解，消除误会。

3. 确定投诉处理部门

根据顾客投诉的内容，确定相关的具体受理部门和受理负责人。

4. 投诉处理部门分析投诉原因

要查明顾客投诉的具体原因及造成顾客投诉的具体责任人。

5. 提出处理方案

根据实际情况，参照顾客的投诉要求，提出解决投诉的具体方案，如退房、换房、维修、赔偿等。

6. 提交主管领导批示

对于顾客投诉问题，领导应予以高度重视，主管领导应对投诉的处理方案一一过目，及时作出批示。根据实际情况，采取一切可能的措施，挽回已经出现的损失。

7. 实施处理方案

处罚直接责任者，通知顾客，并尽快地收集顾客的反馈意见。对直接责任人和部门主管要按照有关规定进行处罚，依据投诉所造成的损失大小，扣罚责任人一定比例的绩效工资或奖金。同时对不及时处理问题造成延误的责任人也要进行追究。

8. 总结评价

对投诉处理过程进行总结与综合评价，吸取经验教训，提出改善对策，不断完善企业的经营管理和业务运作，以提高顾客服务质量和服务水平，降低投诉率。

顾客投诉处理流程包括以下几个步骤，如图 14-2 所示。

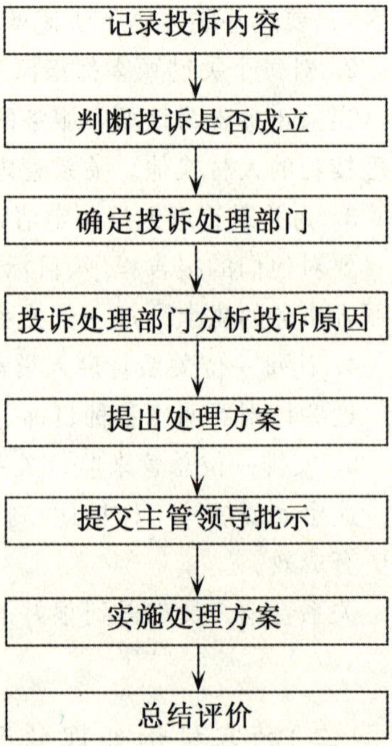

图 14-2　顾客投诉处理流程图

处理顾客投诉应注意的问题：

1. 建立各种规章制度

要有专门的制度和人员来管理客户投诉问题。另外要做好各种预防工作，使顾客投诉防患于未然。因此需要经常不断地提高全体员工的素质和业务能力，树立全心全意为顾客服务的思想，加强饭店内外部的信息交流。

2. 及时处理顾客投诉

一旦出现顾客投诉，应及时处理。对于顾客投诉，各部门应通力合作，迅速作出反应，力争在最短的时间里全面解决问题，给顾客一个圆满的结果。否则，拖延或推卸责任会进一步激怒投诉者，使事情进一步复杂化。

3. 妥善处理顾客投诉

处理问题时应分清责任，确保问题的妥善解决。不仅分清造成顾客投诉的责任部门和责任人，而且需要明确处理投诉的各部门、各类人员的具体责任与权限以及顾客投诉得不到及时圆满解决的责任。

4. 登记顾客投诉

对每一起顾客投诉及其处理都要作出详细的记录，包括投诉内容、处理过程、处理结果、顾客满意程度等。吸取教训、总结经验，为以后更好地处理顾客投诉提供参考。

复习思考题

1. 如何理解客户关系管理的含义？
2. 关系营销理论在客户关系管理中有何指导意义？
3. 客户关系管理实施的内容有哪些？
4. 怎样实施客户关系管理程序？
5. 饭店与旅行社建立良好关系的工作有哪些？
6. 如何制定饭店顾客关系营销计划的步骤？
7. 说明饭店处理顾客投诉的程序。
8. 名词解释：客户关系管理，顾客让渡价值，关系营销。

参考文献

1. [美]菲利普·科特勒著. 谢彦君译. 旅游市场营销(第二版). 北京：旅游教育出版社，2002

2. 卢爽. 关系营销. 北京：中国纺织出版社，2003

3. 纪宝成，吕一林. 市场营销教程(第三版). 北京：中国人民大学出版社，2002

4. 金润圭，黄焱，杨蓉. 市场营销(第二版). 北京：高等教育出版社，2004

5. 钱炜. 饭店营销学. 北京：旅游教育出版社，1996

6. 杨岳全. 市场营销策划. 北京：中国人民大学出版社，2000

7. 郭国庆. 市场营销学. 武汉：武汉大学出版社，2004

8. 林南枝. 旅游市场学(修订版). 天津：南开大学出版社，2000

后 记

《现代饭店经营管理》第二、六章由秦远好(西南大学)编写,第三、五章由孙雯昕(西南大学)编写,第四章由黎霞(西南大学)编写,第七章由郭阳旭(重庆工商大学)编写,第八、十一章由陈绍友(重庆师范大学)编写,第九、十章由孙峰(重庆工商大学)编写,第十二章由刘德秀(西南大学)编写,第十三章由牟松(西南大学)编写,第十四章由黄军(西南大学)编写。全书由秦远好确定写作框架并审查统稿。

该书的面世是项目组全体成员的智慧与辛劳的结晶,是各方人士共同关心、支持与帮助的结果。

首先,我们要衷心感谢全国人大常委会委员、民革中央副主席、上海社科院部门经济研究所所长、博士生导师厉无畏研究员。厉老在百忙之中不仅为本书的撰写与修改提出了许多宝贵意见,并且亲自为本书作序。其次,我们要衷心感谢西南师范大学出版社的领导与员工为本书的出版所付出的辛勤劳动与智慧。最后,我们要衷心感谢学术界的同仁们,因为他们的研究为我们提供了丰富的可资参考的宝贵资源。

尽管我们力图全面认识与把握饭店经营管理的核心与实质,但囿于时间、精力和能力的限制,书中纰漏之处在所难免,望读者提出宝贵意见与建议。

编者

2007 年 4 月于西南大学

内容简介

本书共3编14章，以现代饭店的主营业务部门——房务部、餐饮部和康乐部的经营管理为核心内容，辅之以饭店安全、服务质量、营销和客户关系等综合职能部门的运营管理。在全面阐述了饭店行业的发展历程和未来的发展趋势，饭店经营管理的理论基础、经营管理思想与方法以及饭店经营管理目标与任务的基础上，重点讨论了饭店主营业务部门——房务部、餐饮部和康乐部的经营管理理论与方法体系，探讨了饭店安全、服务质量、营销和客户关系等综合职能管理的理论与实践。本书可作为高等院校旅游管理或饭店管理专业的教材，也可为饭店从业人员提供参考工具。

图书在版编目(CIP)数据

现代饭店经营管理/秦远好主编.—重庆：西南师范大学出版社，2007.9

高等学校规划教材

ISBN 978-7-5621-3957-7

Ⅰ.现… Ⅱ.秦… Ⅲ.饭店－企业管理－高等学校－教材 Ⅳ.F719.2

中国版本图书馆CIP数据核字(2007)第142140号

现代饭店经营管理

主 编 秦远好

副主编 刘德秀 陈绍友

责任编辑：雷 刚 杨光明

整体设计：CASPALY 尚品视觉 周 娟 钟 琛

出版、发行：西南师范大学出版社

重庆·北碚 邮编：400715

网址：www.xscbs.com

印 刷：重庆市圣立印刷有限公司

开 本：787mm×1092mm 1/16

印 张：15.25

字 数：420千字

版 次：2007年9月第1版

印 次：2015年2月第2次

书 号：ISBN 978-7-5621-3957-7

定 价：24.00元